知识生产的原创基地
BASE FOR ORIGINAL CREATIVE CONTENT

颉腾商业
JIE TENG BUSINESS

创新书系

动态创新

技术变革与竞争优势

[美] 詹姆斯·阿特拜克（James M. Utterback） 著

焦典　峨嵋　译

Mastering the Dynamics of Innovation

中国广播影视出版社

图书在版编目（CIP）数据

　　动态创新 ：技术变革与竞争优势 ／（美）詹姆斯·
阿特拜克（James M.Utterback）著 ；焦典，峨嵋译. --
北京 ：中国广播影视出版社，2022.9
　　书名原文：Mastering the Dynamics of Innovation
　　ISBN 978-7-5043-8879-7

　　Ⅰ．①动… Ⅱ．①詹… ②焦… ③峨… Ⅲ．①企业管
理－技术革新－研究 Ⅳ．①F273.1

　　中国版本图书馆CIP数据核字（2022）第146826号

本书版权登记号：图字01-2022-2877

动态创新：技术变革与竞争优势
[美] 詹姆斯·阿特拜克（James M. Utterback）　著
焦典　峨嵋　译

策　　划	颉腾文化
责任编辑	王萱　赵之鉴
责任校对	龚晨

出版发行	中国广播影视出版社
电　　话	010-86093580　010-86093583
社　　址	北京市西城区真武庙二条9号
邮　　编	100045
网　　址	www.crtp.com.cn
电子信箱	crtp8@sina.com

经　　销	全国各地新华书店
印　　刷	北京市荣盛彩色印刷有限公司

开　　本	710毫米×1000毫米　1/16
字　　数	224（千）字
印　　张	16.75
版　　次	2022年9月第1版　2022年9月第1次印刷

书　　号	ISBN 978-7-5043-8879-7
定　　价	89.00 元

创新理论的四梁八柱

出版缘起

依稀记得那是一个春寒料峭的春天，我在奥林匹克森林公园与北京颉腾文化传媒有限公司董事长周中华先生散步。期间我们二人无意中谈到了关于创新丛书引进的想法，没想到就此开启了这套创新丛书的大项目。周中华先生在经管图书出版领域拥有深厚的经验，曾经多次作为主要推动者完成德鲁克、定位等丛书在中国的出版与发行工作。他透露他有一个夙愿——希望能够完成创新类书系的集结出版，由于没有找到合适的学术合作伙伴，以及其他原因，这件事一直被搁置。

没有想到，我已经开始行动了，并计划用 20 年左右的时间将创新理论四梁八柱（重点书）分批次、有序地引入中国，并已先后出版了《创新的扩散》《组合式创新》《种子用户方法论》等图书。我推动创新理论四梁八柱的系统翻译更多源于兴趣和热爱，但缺乏出版团队强劲的支持，尤其是在版权和相关出版事宜上。

一切也许只是在等待合适的人。两位有点天真、有点理想化的人走到了一起，作为这套丛书早期的启动者，我们开启了丛书的选书、翻译、编辑与出版工作。在这个过程中也得到了许多专家的支持，这不是我们两个人的功劳，而是这个时代的助推，是一群认同创新将成为国家和民族未来最为重要的推动力的人，在凝聚共识下一起完成的。我相信在不久的将来，这套丛书将变得越发充盈、扎实，也会绽放鲜艳多彩的花朵。

如何选书

如今，创新和相关的概念、理论被大家广泛使用。一些人一张嘴就会说到创新，不管是技术创新、管理创新、意义创新还是商业模式创新，等等，都被一股脑儿地称为创新。鲜有专家和学者能够给出关于创新的清晰的知识图谱与脉络，为此，这套丛书的立足点是帮助政府、社会、企业和个人更好地理解创新、发展创新、应用创新。以创新的名义与努力来推动社会变得更美好。

丛书书单主要是通过以下方式筛选出来：

● 哈佛商学院、沃顿商学院、斯坦福商学院等众多海外商学院关于创新与技术管理课程推荐书单，合并同类项后作为书单的基础部分。

● 海外关于创新知识图谱、必读书单等来进行交叉验证。

● 国内专家、亚马逊和相关的学术论文引用数据作为支撑。

通过交叉验证，我们将分批次、分阶段来引进相关的创新丛书。首批初选出四十五本，丛书中有不少图书都是首次引入国内，期待在译者的帮助下，能够为后来人更好地认识创新、理解创新、应用创新打下坚实的理论与思想基础。丛书是动态性的，虽然我们已经力求抓住创新理论的四梁八柱（与此同时，我们也会持续关注全球创新著作），但也怕漏掉好书，如果你发现好的作品，请不要吝啬，发邮件告诉我们（唐兴通：along5418@gmail.com），我们来共同见证优秀的作品。

数字时代创新要看东方

在200年的西方工业化进程中，传统的创新理论更多集中在产品、生产、研发、市场、管理等领域，大工业时代关于创新的主旋律和理论的贡献者集中在西方。

但人类社会正在快速进入数字社会，中国处在全球数字社会的领先位置。一线科技企业和创新者积极探索的过程给了创新研究者观察时代变迁、范式转变所涌现出来的创新机会，尤其是关于数字化、新商业的部分。我们有理由相信，中国将会再一次为人类社会贡献自己的创新理论与智慧。

希望这套书能够起到抛砖引玉的作用，更期待能够为激发涌现出东方创新理论、中国的熊彼特、中国的罗杰斯、中国的克里斯坦森而努力和奋斗。

拿破仑说："世上只有两种力量：利剑和思想。长远而论，无论利剑多么强大，最终必将败于思想手下。"

唐兴通

于北京一然斋

把握产业创新的规律

创新无处不在，应该是每一个创新研究者的共识。但是单个企业在从事创新的过程中，却无时不刻受到了外部环境的制约，同时，企业所完成的特别重要的创新，也会反过来影响到所在行业中的其他创新行为。因此，有必要从产业的角度来对创新之间交互演化的关系进行研究。

麻省理工学院资深创新管理教授詹姆斯·阿特拜克从 1975 年开始，和哈佛商学院埃伯纳西教授联合发表了一系列论文，主要内容就是关于产品创新和流程创新的动态模型、主导设计等，其标志性成果就是著名的 U-A（Abernathy-Utterback）曲线。其主要思想是，在某类产品的创新周期中，一开始总会出现大量的产品创新，从而导致不同企业产品之间的巨大差异性，但是最终在竞争中会形成一个占据主导地位的产品技术标准，这就是主导设计，在主导设计确立之后，产品创新的数量会减少，而流程创新则会增多。

在《动态创新：技术变革与竞争优势》一书中，作者结合不同时代、不同行业和不同领域的重要创新案例——从打字机的诞生到个人电脑的出现，从煤气灯到荧光灯，从乔治·伊斯曼的业余摄影到电子成像技术等，对于产业创新的 U-A 模型规律进行了进一步的分析与论证。

本书的重要观点：

第一，将创新置入竞争的动态性视野。作者认为，创新从来不是一种静态的行为，而是一个和产品生命周期和市场竞争紧密联系的过程，在不同的阶段，企业会倾向于产生不同的创新战略。同时，在竞争中处于不同地位的企业也会对不同种类的创新抱有不同的态度：在行业内居于主导地位的企业总是倾向于通过渐进式创新来保持自己的优势地位，从而忽略了新进入者的重大创新所带来的威胁。因为那些重大创新在一开始和主流产品相比总是显得非常弱小，毫无威胁可言。但是一旦这些重大创新完成了自身的技术演化过程，相对于原先的产品就会有更大的优势，从而获得市场的主导地位。这也就是一般所说的，一条新的创新曲线替代旧有的创新曲线的过程。而这同时也必然是市场竞争中新的企业取代旧的企业的过程。

第二，企业要充分认识到产品创新与流程创新的动态交互过程。基于正向创新的视野，企业在创新的早期要加强产品创新，赢得先发优势，在创新的后期则要加强流程创新，提升产品的质量并不断降低成本，赢得进一步的竞争优势。作者对流程创新的强调是十分重要的，譬如，日本企业虽然在产品创新方面不如美国企业，但在流程创新方面不断加大投入，反而在汽车、家电等产业赢得了产业的国际竞争优势。在逆向创新，或者引进消化吸收再创新的过程中，流程创新（在制造业创新中也可称为工艺创新）承担着极为重要的作用。在后续的研究中，中韩学者都对此进行了深入的讨论，如以韩国大学金麟洙教授的模仿创新理论和浙江大学许庆瑞院士、吴晓波教授为代表的二次创新理论等。

第三，理解产业创新的动态过程，必须关注"主导设计（Dominant Design）"概念。阿特拜克是这样来定义"主导设计的"：某一种产品种类的主导设计是赢得市场信赖的一种设计，是竞争者和创新者为支配重要的市场追随者而必须奉行的一种设计。主导设计通常是以综合过去产品变化中各自采用的技术创新而形成的一种新产品（或者一系列特征）为形式的。在任何一类产品中，都会产生主导设计，而在主导设计产生的前后，企业的创新重心是不同的。在主导设计产生之前，企业创新的重点是产品创新，希望通过产品在技术上的先进性来赢得消费者；而在主导设计形成之后，企业创新的重点则变成了流程创新，也就是努力在产品制造工艺等方面进行创新，以此来降低产品成本或者增加产品的附加值。以打字机为例，主流的键盘被称为 QWERT 键盘，也就是说，其字母键位于左上角的是 QWERT 这五个字母。目前市场上的绝大多数英文打字机或者键盘都遵循并且必须遵循这一设计标准，否则就无法获取市场的成功。在主导设计形成前后，参与市场竞争的企业数量也会有很大的变化。在主导设计产生之前，由于市场的不明确性，会有越来越多的企业参与到竞争中；而一旦主导设计形成，就会产生占据市场主导地位的企业，从而参与竞争的企业数量会下降。阿特拜克晚年出版的《设计激发创新 (Design-Inspired Innovation)》一书明确指出，那些长于"设计"的制造业企业可获得持续的成长，并由此推动了整个国家的制造业升级。

总之，作为第一代专门从事创新管理研究的学者和麻省理工学院"创新四杰"之一的阿特拜克教授（其他三位分别是专注于技术战略和科技创业的爱德华·罗伯茨教授、专注于用户创新的艾瑞克·冯·希伯尔教授、专注于创新型组织信息流的汤姆·艾伦教授），对产业创新动态规律做出了独特的研究，值得我国创新理论研究和实践者的高度关注，并以此推动我国产业链供应链的安全可控和产品竞争力的不断攀升。

陈劲

清华大学经济管理学院教授

1998 年美国麻省理工学院斯隆管理学院访问学者

2022 年 8 月 22 日于清华园

译者序（一） | Translator's Preface (One)

非常荣幸翻译这本创新领域的经典之作，作为十多年教育行业的创新践行者，我从担任行业头部企业首席顾问伊始，到成为两家上市教育机构的集团高管，主导从 0 到 1 的创新业务规划以及落地实施。激烈的竞争态势和复杂的宏观环境，使得创新方向的评估与决策，成为对个人发展与企业增长都尤为重要的考量因素。特别是在发展初期，方向比努力更重要。而如何判断创新的发展态势和方向呢？本书作者詹姆斯·阿特拜克（James M. Utterback）引出了两个经典概念：主导设计（Dominant Design）与动态创新 （The Dynamics of Innovation，从产品创新到流程创新的过渡）。

当主导设计形成之后，市场上的产品的主要功能特性就会出现趋同。一个典型的例子是苹果公司在 2007 年推出 iPhone 之后十多年的智能手机产业的发展，导致了目前智能手机产业中的核心主导设计之一——触摸屏。围绕触摸屏，用户形成了新的操作习惯，构成了从九宫格键盘与全键盘操作输入方式之后，新的产业"主导设计"。而当时智能手机产业中的竞争品牌——诺基亚、黑莓、摩托罗拉等公司，不是没有关注到触摸屏可能成为主导设计的趋势，它们也相应推出了各自的触摸屏设计，但无奈囿于现有可观利益而无法实现真正的突破例如，黑莓在 2008 年推出了该公司历史上最成功的黑莓 9000 系列 （相比第一代 iPhone 还要早一年推出，但因其是行业中具有突破性创新的产品，问题颇多，投诉不断），没有引起黑莓对潜在崛起的"主导设计"足够的重视，当其推出全触摸屏的 Storm 系列时，要么不被原有用户接受（用户即上一代主导设计的投入者——习惯使用全键盘）；也不被新用户接纳（已经形成了新的触摸屏使用习惯与操作逻辑），最终与诺基亚（困于塞班系统庞大生态的眼前利益）一样，被跨界而来的创新企业击败。同理，备受关注的华为鸿蒙系统也饱受"跟安卓系统太相似"的诟病。其实，如果无法打破以触摸屏为核心的交互硬件、成熟的移动操作系统、应用生态以及用户习惯构建的系统生态，那么鸿蒙也将不可避免地在核心体验上与目前占据主导设计地位的安卓或 iOS 有很多相似之处。这当然也是先辈存下来的最有效的办法。

那么，该如何判断产品与模式创新已经步入尾声？相信作为企业管理者与职场人士都希望能够拥有预判该趋势的"超能力"。这里，我推荐读者可以关注这样一个重要信号——拼运营（运营行为是典型的流程创新阶段），如果读者在某些行业中常听到"拼运营"的口号，那基本可以断定该行业的产品与模式创新阶段已经趋近于尾声（产品与模式同质化严重），只能在流程创新环节发力，急需新产品和新模式的引入。举个例子，互联网平台生态目前就处于这样的阶段——平台模式对供求两端的阶段性补贴行为，以及资本驱动的市场圈地价格大战导致的利润急剧下滑，任何一个被互联网生态盯上的"新品类"（如 2020 年的新冠肺炎疫情催生出的遍地开花的买菜业务等），都不可避免地卷入流程创新的阶段，于是，"拼运营"的呼喊声一次又一次回响在各大互联网平台的相关事业部……互联网生态在 4G 网络时代就已经趋近于产品与模式创新的尾声，即便是在短视频流量暴涨下，用户所需的数据流量和速率，4G 网络也是足够的，导致新兴的 5G 网络依然缺乏"杀手级应用"（产品创新）——在能源变革因素、产业弯道超车之外。现在，大量企业跨界转型新能源汽车产业的重要驱动力之一：自动驾驶功能所需的数据传输速率以及数据量才真正是 5G 网络的杀手级应用，即名副其实的产品与模式创新。

焦典

2021 年 4 月　北京

把握创新真意，谋定而动

近十年，"创新"成为一个流行词。这既表明商业大潮中，人们对未知的渴望、探索与创造的强大动能，也映射出每个人在此之中产生的内心的焦虑、困惑与强烈的不确定性。因此，也引出对创新的很多误读与错用。例如，将创新的表层现象作为本质，把创新作为一场"找不同"的商业游戏。进而，造成刻意"为创新而创新，为增长而增长"的舍本逐末的资源浪费。

而在此中，大型企业常常固守现有的技术与资源优势，选择通过精耕细作的流程创新获得更可预估的盈利增长，却错过了通过整合自身能力与资源方面的优势，进行超级创新实现指数型增长的机会；新企业又为了实现快速盈利，或过于激进或过于注重短期效益，而将"创新"作为宣传噱头使用，浪费了通过踏实经营获得分阶段成长的时间与空间。

此书，恰是通过带领读者回顾在商业史上不同时代、行业和领域的重要创新案例，总结出理解创新的规律、范式、阶段性进程等方面的模型，让当下的创新有据可依，有理可言。

作为在大型科技企业内进行商业、市场与消费者洞察研究分析的技术人员，在翻译此书的过程中，詹姆斯·阿特拜克教授总结出的以下两个观点让我颇为感同身受。

第一，超级创新往往来自局外人。这一点对"局内人"的启发更大。在涉及企业竞争力分析时，因易于量化，我们会更多专注于与当下竞争对手的比较分析，而忽略具有潜在替代性的局外人。当入侵者突破其瓶颈期后，可能会给局内人带来毁灭性打击。当然，局内人可通过收购、并购等方式来进入潜在替代者赛道，但在收购、并购后如何打造协同效应，又将是大型企业面对的另一个挑战与长期投入。

第二，在分析如何把握创新动态时，作者非常强调创新的"连续"与"非连续"两个层次，分别给企业带来了机会与短、中、长期的影响。这也让我们在分析今日的创新内容与思考布局时，可有更好的工具，识别不同类型、不同层次的创新，用来指导目标设定、资源整合与效果达成。

有缘翻译此书的部分章节，通过深度理解阿特拜克教授的分析与总结，结合我的从业经验、思考与沉淀，当我再面对创新时，它不再是单纯的动与发展，而是动与静的融合，是一个谋定而动的战略决策与实践过程。借《大学》所言："知止而后有定，定而后能静，静而后能安，安而后能虑，虑而后能得。"那么此书将带我们拨开创新的浮云，安静地品味与梳理创新背后的逻辑与范式。温故而知新，更好地把握创新的时与位，坚定地去践行有效创新以实现可持续成长。

此为把握创新动态之真意。

峨嵋

2021 年 5 月 北京 雅舍

作者序 | Author's Preface

像所有著作一样，本书的构思时间远远长于实际写作时间，且是在多方努力下才促成的。几年前，就技术的创新与管理的话题，我和唐纳德·马奎斯（Donald Marquis）教授曾讨论过一个范围较广泛的思考提纲。我们的合作虽然因马奎斯教授的突然离世而中断，但本书中也为读者剖析了不同产品与流程工艺的创新类型的差异，以及不同产业之间创新模式的差异。我们的结论是，企业之所以坚守特定类型的创新模式，在于企业之间、技术之间和产业之间存在显著的差异。但是，当时对这些差异或知之甚少或尚未明晰。

对创新的深入研究是要建立一个可操作的模型，从而能反映出企业间和产业间的差异。通过观察分析不同企业和产业的产品创新差异，我开始构建这个模型并试图把这些差异与企业出于成长或竞争需求而制定的竞争战略关联起来。我期待最终能够发现的是，那些为满足消费者对产品性能有所要求的企业[①] 将会加强产品创新，而关心产品成本和质量的企业[②] 则会强化供应链与过程创新。

直到 1974 年，我的努力还大多毫无成果，恰好当时有幸结识威廉·艾博纳西（William Abernathy）教授，他正在从事生产过程中的动态创新，及其与产品创新之间关系的研究。我们立即意识到双方合作是揭开一个企业的产品和流程工艺技术，与企业所在竞争环境和自身组织架构之间复杂关联因素的最佳出路。由此，

---

① 通常指服务 C 端客户——消费者。——译者注
② 通常指服务 B 端客户——其他企业或机构。——译者注

我们发展了他的动态创新理论，最终的一些研究成果写进了他的著作《生产力的困惑》（*The Productivity Dilemma*）。

我还受到另一位哈佛同事理查德·罗森布卢姆（Richard S. Rosenbloom）的影响和鼓励。罗森布卢姆教授的研究着重于理解"在竞争企业间，创新过程差异的重要性"。其间，罗森布卢姆教授安排我作为访问副教授，在他的哈佛商学院研讨班教了两年课。如果没有这些机会以及他的热情与持续的鼓励，我都怀疑这项计划能否开始，更不会是现在这样能够完整呈现出的成果。更重要的是，哈佛的教学经验使我有机会能与艾博纳西共事，那时我们的思考正处于成型的过程中。

当我离开哈佛到麻省理工学院（MIT）全职工作时，我有幸获得了国家科学基金会两年的半奖研究支持①，并开始收集产业案例，这些案例成了本项工作的基础。那时，艾登·贝恩（Alden Bean）博士在国家科学基金会主管政策研究与分析部，威廉·赫兹纳（William Hetzner）博士和后来的戴维·勒斯纳（David Roessner）博士是项目管理人员。他们给予了我很多鼓励，提供了许多建设性建议与意见。1983 年，该项目授予我担任 MIT 工程学院的试验室主管的任务，承担一项重要研究项目及随之而来的各项行政事务，以及之后的产业联络项目的影响。研究曾中断过一段时间。幸运的是，我于 1989 年重新开始全职教学和研究工作后，在 MIT 的制造业新兴领导者项目下，担任了一个学期的主席，使我能重拾研究和写作，并最终完成了这本书。我也感谢 MIT 当时新建立的国际技术管理研究中心的费尔南多·苏亚雷斯（Fernando Suarez）博士为完成本书第 2 章所提供的帮助。

非常重要的是，我在 MIT 的这些年里，三位亲密的同事：已故的赫伯特·霍洛蒙（J.Herbert Hollomon）教授、爱德华·罗伯茨（Edward Roberts）教授、汤姆·艾伦（Tom Allen）教授，不断地给予我鼓励和帮助。没有他们，我肯定坚持不到完成这部著作。

---

① 原文 Half-time research 指半工半薪。——译者注

在构思本书的早期，金霖苏（Linsu Kim）博士曾与我在项目上紧密共事。他根据一定的假设条件筛选出许多非连续创新的案例，在本书第9章有所阐述。他还完成了一篇未纳入本书的、关于民用航空产业技术演变的论文。特瑞萨·康斯坦察·诺丽（Teresa Costanza Nolet）在我的指导下首次对平板玻璃产业进行了分析，这项工作始于与斯科维尔公司合作举办的研讨班；后来以一手资料为主的研究方式分析了再生纤维产业①。费尔南多·苏亚雷斯博士帮助我完成了第2章，我最初对汽车、计算器和半导体晶体管产业的观察与思考由此扩展到其他产业。安德鲁·吉拉迪博士（Andre Ghirardi）、保罗·霍维茨（Paul Horwitz）博士和李晋州（Jinjoo Lee）博士分别在我的指导下分析了电子设备产业、工程机械和合成橡胶工业的产品和流程工艺演进。这些案例虽未能完全纳入本书，但其研究的核心价值对本书论述的观点皆有所帮助。另外，詹姆斯·布莱特（James R.Bright）教授介绍我参加了MIT的早期创新研究，并提出了许多有益的建议。

后来，我有幸读到伯顿·克莱恩（Burton Klein）教授的《动态经济学》（*Dynamic Economics*）一书，克莱恩教授正在从极为不同的观点和角度寻求同一问题的答案。他对一个产业中相互竞争企业的研究所得出的结论与我和艾博纳西的观点略同。在对成熟型企业、大型企业升级迭代方面的问题的研究上，他提供了许多有益的见解。

埃尔·莱纳德（Al Lehnerd）现就职于世楷公司（Steelcase），他提供了在百得公司（Black & Decker）负责便携式动力工具组件设计的详细经验，并对引言部分和第4章中模式的建立提出了中肯的意见。约翰·里茨（John Rydz）为了提供电视及电视显像管案例的细节，反复查阅在美国无线电公司（RCA）工作时的笔记与记录，其案例用在了本书第2章中，他还就创新是企业升级迭代的基础这一论题，提出了许多有益的想法。乔治·怀特（George White）博士以他在施乐公司

---

① 原文 rayon，一种丝质的人造纤维，由纤维素构成。——译者注

的亲身经验提供了一个生动的故事，其经历对第 2 章中主导设计概念的形成很有价值。雅各布·戈德曼（Jacob Goldman）博士是施乐公司的研究、开发与工程副总裁，帕洛阿尔托研究中心就是由他组建的。他也对书中许多主题涉及的观念及经验提出了大量有益的见解。

在 MIT 时，亨利·蒙特利（Henry Montrey）博士在我指导写作硕士论文时，对绞合板代替胶合板的案例进行了分析。同样，艾兰·厄夫（Allan Afuah）分析了大规模并行超级计算机挑战冯·诺伊曼设计的案例，而秀隆·甲斐（Hidetaka Kai）分析了个人计算机产业。他们的部分研究汇总材料被运用到了本书中，我向他们的贡献致以谢意。

丹尼斯·奥利弗（Dennis Oliver）博士为我引见了皮尔金顿公司和阿拉斯泰尔·皮尔金顿（Alastair Pilkington）爵士。皮尔金顿爵士不仅安排我访问了欧洲最先进的浮法玻璃工厂，分享了他开发浮法玻璃的知识，并就第 5 章中的观点作出了建设性评论。

克莱顿·克里斯坦森（Clayton Christensen）教授给我的帮助极大，他不但允许我使用和重新分析他的博士论文中关于计算机硬盘驱动器产业的资料，并且毫无保留地对案例分析乃至整书手稿提出建议。罗伯特·斯托鲍（Robert Stobaugh）教授热情地许可我在本书的第 6 章中使用他关于石油产业创新著作中的部分观点和数据，并给予我许多的个人支持和鼓励。乔安妮·耶茨（JoAnne Yates）教授为第 1 章所著内容提供了部分材料并提出建议。迈克尔·罗帕（Micheal Rappa）教授帮助我设计送审手稿，特别是帮我制作了书中众多的图表与图示。

迈克尔·塔什曼（Michael Tushman）教授从本书伊始就了解我的工作。1975 年他曾是我和艾博纳西在哈佛商学院教授博士生课程时所教的学生，后来，当我打算在与安德鲁·凡德曼（Andrew Van de Ven）教授合编的论文集中出版我的文章时，他对文章提出了许多建议。塔什曼和他的副手菲利普·安德森（Philip Anderson）认可我的观点，并把它与其他社会科学理论广泛结合起来。

而且，他们最近又把诺丽和我对玻璃与再生纤维产业创新的分析，扩展到玻璃容器、水泥和微型计算机产业，我从他们的真知灼见中获益匪浅。凡德曼和唐纳德·弗雷（Donald Frey）教授从不同方面对手稿提出了广泛的评论，我对此深表谢意。

过去的两年里，理查德·罗森布卢姆教授和理查德·尼尔森（Richard Nelson）教授的书面评论对改进我的工作很有帮助，而且积极为我创造机会。例如，在哈佛大学和哥伦比亚大学的斯隆基金会的研讨会上报告我的工作。班特·艾恩·维丁（Bengt Arne Vedin）教授在摄影产业方面知识渊博，他对手稿特别是第 8 章提出了详细意见，帮助我纠正了一些错误并增添了许多观点。

英国萨塞克斯大学科学政策研究所的克里斯·弗莱曼（Chris Freeman）教授自始至终都鼓励和支持我的工作，凯思·帕维特（Keith Pavitt）、罗尔·罗茨韦尔（Roy Rothwell）和威尔·沃克（Will Walker）等教授亦是如此。在密歇根大学的研讨会上，维尔·米切尔（Will Mitchel）教授和卡耐基梅隆大学的史蒂芬·克莱伯教授（Steven Klepper）提出了有益建议。克莱伯教授还特意对我的工作给了技术性评论，使我受益颇多。我想把所有的建议和意见都融入本作，但迫于篇幅限制未能如愿，成书后如出现任何错误或误解都应由我承担。

当我同意由哈佛大学商学院出版社出版此书时，有幸由理查德·吕克（Richard Luecke）作为责任编辑为我操刀。从许多方面来看，吕克应是本书的合著者，为使本书简洁和明晰，他不遗余力，为书中的所有案例收集了新的研究资料，并帮我核对数据和图表。为保证本书的清晰性和连贯性，我们逐章讨论和改写，特别是第 1 章、第 3 章、第 5 章、第 7 章和第 8 章，都饱含了他的努力。最终，是哈佛大学商学院出版社的编辑卡洛尔使我从一开始就确信这的确是一部书，而且是关于我在工作中的一个值得讲述的故事。她目标明确，即使是在阅评人的意见令人气馁时，在我长期从事行政工作的那段时间，都未改变。感谢上述所有朋友，尤其是迪克① 和卡洛尔的耐心帮助和鼓励。

本书的出版用于纪念威廉·艾博纳西。在生命最后的日子里，他与家人、同事在一起，但仍在用他的学识致力于促进产业向更具生产力和创造力方向发展。难能可贵的是，比尔②（Bill）帮助我们用新的方法看事物，使我们的视野得到了扩展。他能将零散的、有时是矛盾的事物放在一起，然后提出新颖的观点并揭示其中的关联。他的许多最初想法成了我们研究的舞台，为我们深入不懈地思考和管理产业创新提供了更具深度和更严谨的框架。一本书不可能把艾博纳西的许多贡献都囊括进来，但我对他在这个项目伊始所提供的帮助深表感谢。我希望本书中融入我和他的创造性观点，并能够使读者体会到这些新颖且明晰的想法。

① 指理查德·吕克。——译者注
② 指威廉·艾博纳西。——译者注

今天绕着马萨诸塞州的剑桥地区（Cambridge）^① 的麻省理工学院散步，与25年前我还是研究生时第一次来到这里看到的情景已迥然有别。1970 年，这里简直是个被废弃的地方，破旧不堪且成簇的建筑物遗迹，见证了这里在新英格兰全盛时期作为美国制造业中心的核心地位。如今，这些建筑中，许多已由新建立的企业翻新并使用，这些新兴企业就像寄生蟹一般爬进并占据了这个废弃产业基地的躯壳。American Twine 大楼现已是一家激光打印机公司的办公地。一个老的钢琴厂已成为软件创业企业的孵化器。街道的对面就是软件产业的新星——莲花公司（Lotus Corporation）的总部^②。Biltrite 曾是制造鞋楦和鞋底的工厂，现已进驻了新型生物技术公司。你可以在不同的建筑上看到像生物基因（Biogen）、基因酶（Genzyme）和基因复制（Repligen）这样的名字。而麻省理工学院新的生物实验室已建成，原址就是 TRW 公司^③ 的卡尔分部，是为汽车工业铸造金属紧固件的生产厂。

现在只需几磅玻璃纤维就能接通的电话通信网络，曾经却须由 Simplex 电线电缆公司生产一吨的铜芯电缆才能完成。该公司的办公大厦现已被一个科技

---

① Cambridge 与英国剑桥同名，是美国诸如哈佛、麻省理工、波士顿大学等顶级学府所在地。——译者注
② Lotus 公司最后被 IBM 收购，其旗舰产品 Lotus Notes 办公套件已成为 IBM 联合办公解决方案中的核心组成部分。——译者注
③ 天合汽车集团 TRW Automotive Holdings Corp 是全球领先的汽车安全系统供应商，汽车安全系统的先驱和领导者，世界十大汽车零部件供应商之一。——译者注

产业园取代。20世纪40年代，麻省理工学院的研究人员和工程师在此大厦旁边新成立的瑞森公司（Raytheon）里发明了无线电所使用的微型真空管，这项技术直接影响了第二次世界大战的结果。

当代的研究人员在同一幢楼里探索开发海洋资源的方法。以我曾领导五年之久的产业联络项目为例，此项工作的核心任务是把当今的研究成果转化为商业用途。剑桥地区和类似地区新成长起来的企业都验证了这样一个观点：普遍来说，与传统的生产要素——劳动力和资本的贡献相比，技术变化对经济增长和财富创造作出了同样巨大的贡献。这也是距离我不远处办公的罗伯特·索罗（Robert Solow）得出的结论。尽管索罗的发现使他获得了诺贝尔经济学奖，却没有几个产业领导人听说过他，按照他的研究成果去贯彻实施的人更是寥寥无几。与之相反，现在的企业经理和主管们更痴迷于短期业绩、裁员、关厂和精简当前业务。研发活动被视为成本而不是为了将来的投资，在企业的高管层和董事会更是难以看到科学家和工程师们的身影。

当我们这个时代的产业巨头为重振自身而采取诸如削减规模、重塑组织、合资或其他办法时，技术创新的重要性并未得到应有的重视。创新既是产业和企业的创造者，同时也是毁灭者。多年以来，新技术已使许多产业巨头变身为新贵企业：那些拥抱变化的老企业焕发出新活力，而那些不思改变的企业则被市场淘汰。如今，竞争力更是与开发或采用新技术革新产品、服务和流程工艺能力紧密联系的时代，理解产业创新和变化的动态过程，是企业生存和成功的根本。本书的目的是明确技术变化在企业成长中的重要性。技术变化既是企业成长中的创造力量，也是企业易受竞争对手影响的破坏力量。

传统研究只是通过商业经济周期分析，间接地研究企业的成长和生存状况。直到最近，研究人员才在研究战略和机构组织生态时，更直接地探讨该问题。战略研究人员指出企业生存、财务优势与市场进入时机之间的关系。组织机构生态学的拥护者认为企业与组织的生存能力，会受当时的企业数量（密度）、所在市场的大小（容量）和产业增长性的影响。本书解释了技术演进和创新在决定产业发展和企业命运中的作用，并视这种解释为现有认知的补充，两方相得益彰。本书的目的是阐明一些使企业管理者和研究人员困惑的重要问题，并提供针对技术、创新和产业变化中一些重要问题的思维框架。书中强调的议题主要有：

● 创新在产业竞争中的角色与定位。

● 产业突破式创新的源头。

● 产品创新与流程创新在产业发展和竞争中的关系，特别关注终端产品（如汽车和打字机）与原料或同质化产品之间的差别（如再生纤维和玻璃）。

● 突破式创新侵入一个稳定产业时，产业内企业的行为研究。

● 阻碍领军企业在现有产品技术与未来发展之间构筑连接通道的思维定式和战略部署示范。

● 当出现科技迭代时，企业如何成功刷新自己的核心竞争能力。

大企业给我们的直观印象是具有持久和稳定的经济状况。不难想象，他们拥有更多的资源，既有的成熟产品和客户是帮助他们渡过危机和管理失误时期的力量。但长期来看，即使是大型企业也有生存的隐忧。用一个时间轴来检视美国最大的几家企业名录，你会看到一个惊人的变化：许多曾是体量最大、财务状况最佳、拥有最专业管理团队的一众大企业从名单的前列滑落到低谷。其他企业则完全跌到了名单之外，从前的小企业或当初不存在的企业升了上来，取代了原来一些大企业的位置。这些新进入者多半来自半导体、软件技术、超级计算机和生物科技领域——这些上一辈人完全不能想象的技术领域。而许多长期"幸存者"，诸如摩托罗拉、惠普等企业已经大大改变了他们的产品服务和技术发展方向，假如有 30 年前穿越到现在的时光旅行者，可能已经辨认不出这些他们曾经熟知的企业了。

广泛关注企业竞争力和生存的最初动因，并非完全迫于美国国内市场基本饱和的现状。现今一切都在改变。从表面上看，一个国内生产者失去的市场份额和产业竞争力被某个国外生产者获得，其实质是经济利润从国内转移到国外，对就业环境、供应链和整个城市和地区的经济活动都产生了一些不利影响。因此，企业就须寻找在国际市场上的扩张机会，这意味着，产品生产在设计之初就必须具备全球视野和成本——价值领先策略。这些新常态使得学者、企业高管、政府和公众更加关注那些能够决定企业、产业和国家竞争力与生存能力的影响因素。

本书的目的是不将技术视为外来或孤立的影响因素，而是将其视为企业内部成员，并联结其他因素的必要因子来对待。在这里，竞争力被视为一个系统问题，而不是指单独的受企业某优势或劣势影响导致的因果要素。我计划审视一些产品和产业，从具体某个案例到整体趋势。随时间变化的发展经过，看看我们是否能够理解创新的过程，以及创新在一个范围更广、更动态化的环境中对企业的重要性。

理解问题的基础：把视角放长远

产业的创新过程往往因其复杂性而引人入胜，特别是与作为创新催化剂的投资者、企业家和产业建设者一起畅想时更是如此。通过一系列简洁而真实的案例，本书对产业创新和转变进行翔实的阐述。我希望通过这些案例，更加形象地描绘有关"创新、竞争和企业生存"的基本概念。用案例描述这些产业时，都是将其放在一个很长的时间轴内去审视，这使我们有可能避免因过于靠近研究对象①，反而辨认不出其转变模式的现象。

第一个案例始于 1874 年，即美国建国一百年的前两年。其他一些案例的起始时间甚至更早。研究百年前的东西，绝不是出于好奇和文献生僻②，而是

---

① 担心若研究案例企业的时间跨度过短，可能会忽视一些关键转型的隐藏因素。——译者注
② 研究这些生僻文献不免有"炫技"的嫌疑，一般国外作者会在这里稍加解释。——译者注

为今天的发展探索新的思路，为理解个人计算机、制冷设备和电子显像等迥异的案例奠定基础。19世纪后期，欧洲和美国在科技、商业等领域，与我们当下的许多方面表现出同样的生机勃勃。莱斯特·梭罗（Lester Thurow）在他的著作《交锋》（*Head To Head*）中也得出了相同的结论，认为如果美国企业要建立和保持竞争上的持续优势，就需要在领导力、投资、生产和产品开发创造力上与他们的先辈在20世纪的表现相匹敌。

使用扩充案例和相关知识的目的是阐述创新是如何进入产业并使产业发生转变的，检视为什么管理者通常作出的反应最终会导致其失败，并指出企业更迭的重要力量是掌握创新战略。

产品和工艺创新模型

从1975—1978年，我和威廉·艾博纳西发表了几篇文章，提出了产业动态创新模型（图0-1）。该模型假设产品和流程（工艺）的突破式创新率遵循与时间相关的普遍模式，并且产品和流程（工艺）创新存在重要联系。

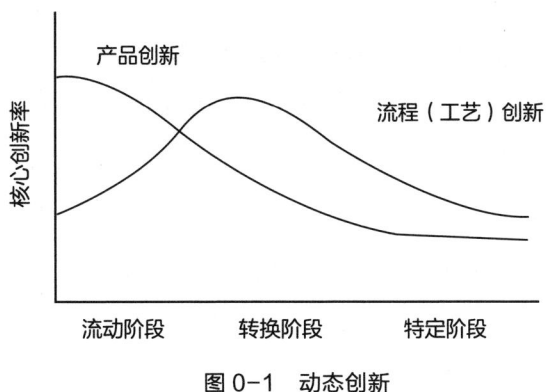

图 0-1　动态创新

正如图 0-1 所示，一个产业或一个品类的产品创新率在产品形成阶段最高。这个阶段被称为"流动阶段"。在这个阶段，各竞争者对产品设计和使用特征进行大量实验。一个描述流动阶段特征的代表案例，是早期的汽车工业。当时，数十家制造厂生产了各式各样的汽车——包括电力驱动和蒸汽动力的汽车。每家厂商都希望以活力新颖的设计和驾驶舒适性吸引公众进行关注。这个时期的产品的巨大变化，对比当今汽车时代的设计创新就令人顿感索然无味。产品创新处于高流动时期时，很少注意制造工艺，因此，流程创新率明显处于偏低的状态。

根据创新动态模型，流动阶段过渡到"转换阶段"的标志是大部分产品创新率下降，流程创新率加速上升。此时，产品多样化开始让位于标准设计。标准设计的定义是那些被证明能够满足市场中用户需要的最好形式，抑或是作为产业中应遵循的标准、法律或规定而被迫接受的改进。随着产品形式被迅速确定下来，产品的生产方式以创新的步伐加快。汽车工业提供了另一个例子，早期那些富于想象力的设计让位于统一要求标准①的汽车样式和特征的设计时，汽车企业已将这整套成熟技术以及公众的期待融入现代汽车设计的特征中。与此同时，企业在低成本制造汽车的能力方面取得了卓越进步。

有些产业进入了我和艾博纳西描述的"特定阶段"。在特定阶段，产品和工艺的突破式创新率逐渐下降。这个时期的产业极为重视成本、产量和生产能力；产品和流程（工艺）创新以微创新或渐进式创新为主。

当然，不是所有的产业或产品都经历过所有这些阶段。但多年以来，该模型对解释创新步调下各时期产业竞争要素的价值，已得到验证。在日益增多的有关这个重要问题和企业战略问题的文献中，艾博纳西——阿特拜克模型占据了一席之地。本书将从展望未来的角度重温产业创新问题，而不是去回顾过去十年的研究和寻找更广泛的证据。例如，我们对"技术断层"在改变竞争和产

---

① 安全技术、交通法规等。——译者注

业地位上的重要性有了更多的认识。从百年发展中得出的一个关键结论是，产业创新浪潮时期与产业稳定和壮大时期交替出现。当一次突破式创新浪潮横扫某一产业时，根据定义，这意味着一种或更多种现有技术已经过时，而以这些现有技术为产品基础和内在能力的企业要么从外部引入新的技术，要么可能被挤出该产业或者经过调整后在该产业中扮演新的角色。在后面的各章中，我将说明大多数成熟企业在向新技术迁移时是怎么失败的，以及为什么迁移如此困难。

本书的最后，将在技术创新和进一步理解当今的组织学习力及其核心能力之间建立联系。组织学习力及其核心能力使现有企业能够弥合因技术变化引起的鸿沟。过去几个世纪中，有太多曾让人们引以为傲、繁荣兴盛的企业被冷酷的收购者买下。为了避免此情此景再次发生，现代企业管理者必须发展和培育出能把企业从一代产品和工艺技术成功迭代到下一代产品和工艺技术的组织能力，这也许是企业管理的终极挑战。

内容概要

第 1 章内容里包含着追溯打字机的发展，是本书中五个扩充案例中的第一个。现在，打字机是一件普通用品，但在 19 世纪后期是一个惊奇且实用的创新用品。本章阐述从 19 世纪 70 年代开始，打字机从既有的科技与机械系统中发展而来，在众多机体与键盘布置设计中最终出现主导的机器与键盘设计的演化过程。通过对几次创新浪潮的分析，理解产业发展的沿革。例如，电动打字机时代和早期基于计算机原理的文字处理器阶段，都极大地驱动了打字机产业发生巨大的改变。

后续将详细探讨的主题，有不少的内容在第 1 章就已提到。例如，现有企业必须勤于更新、迭代和使其核心业务多样化，而不是简单地改进既有产品。

更新的动力通常来自外部压力的刺激。这章的案例，以及后来将看到的众多其他案例中，新产品的首次亮相会引发既有企业和新进入者的争相模仿。把每个进入者和新产品视为一项实验，作为对市场的反馈或从市场中获取数据的方式[1]，从而促进新产品开发进度的迅猛提升。最初，以打字机为例的一项创新也许几乎是以其他既有产品的设计成分为原型的一种组合方式[2]。随着市场的发展，企业逐渐专注于为满足用户需求而研制相应的升级功能或部件。最终，综合这些改进元素，一个包括新特性和满足大多数用户要求的模型就形成了。我们把这个模型称为"主导设计"。

第 2 章从打字机产业的案例中提炼出一个重要概念，即"主导设计"的创造。主导设计的概念是基于大量学术文献和管理经验提出的。威廉·艾博纳西和我引入了主导产品设计概念，并认为一个企业和一个产业的创新特质会因为它而发生改变。主导设计通常融合了许多单项技术创新，并以一个新的产品组合形式呈现。这些单项技术创新是以往每次产品迭代的结果。主导设计有加强或促进标准化的作用，有助于实现生产或其他方面的经济效能。主导设计出现后，开始出现以生产效率以及成本经济规模优势为基础的竞争态势。

在许多产品线上都能辨识出主导设计的里程碑标志。家用电冰箱和制冷机的密封制冷单元正是其中的一个案例；另一个案例是道格拉斯 DC-3 机型的出现[3]，该机型有效地建立起商业航空产业。铁路产业使用的标准柴油机车是第三个案例。书中还列举了许多其他案例。主导设计包含许多特质，通常是为避免仅用一个产品或功能来满足多元化的需求。一旦这样的产品设计被接受，它不仅会影响未来技术进步的方向与节奏，而且也会对竞争结构产生深刻的冲击。

第 3 章研究了白炽灯的发展，并从创新的角度研究了早期照明工业，继续

---

① 销量、用户口碑或反馈评价。——译者注
② 尝鲜者、极客等少数人群的"玩物"。——译者注
③ 全称为麦克唐纳·道格拉斯公司，1997 年被波音公司并购。——译者注

解释创新及其与影响成功关键因素之间的关系。在这里我们可以看到产业内前仆后继的创新浪潮。使用炭灯丝的白炽灯代替了煤气照明设备，后来又被使用金属灯丝的电灯取代，而金属灯丝的电灯接着又面临荧光灯的挑战。今天，荧光灯面对的是各种设计新颖和效率更高的照明设备[①]。这些案例表明当新技术进入一个产业时，创新模式的浪潮是如何再现的。

我们必须了解产品技术与制造工艺、企业组织与商业战略、产业结构与动态变化之间的关系，所有这些必要因素之间如果缺乏平衡与整合，就意味着企业在某个领域的大量投资会使竞争者率先使用新产品或新工艺技术而取得优势。仅聚焦致力于制造（或产品研发，或金融财务）是远远不够的。致力于产品设计、组织变化和适用性战略也都是保持竞争优势的前提条件。同样，产品创新潜力和竞争力的强弱越来越取决于制造过程中的创新能力。第 4 章再论创新动态模型（见图 0-1），对其增添了阐述的内容以及更详细的论证，深入讨论与总结了企业处于不同阶段时的特征。

本书和其他著作中用于说明创新的大量案例是组装类产品[②]，如打字机、电视机、汽车、电灯等。而非组装类产品[③]，如化工产品和原材料等受到的关注相对较少。但第 5 章研究了平板玻璃制造业的发展。在过去的一百年中，作为创新的成果，该产业的工艺步骤大大减少，生产效率大幅度提高。这一研究使得我们对创新视角的分析更加完善。

第 6 章继续研究玻璃产业，分析终端型产品和原料型产品在创新上的异同。书中引用了约翰·艾诺斯（John Enos）和罗伯特·斯托鲍关于石油化工产业的研究，艾伦（J.A.Allen）对聚乙烯的研究，以及丹尼尔·霍兰德（Daniel

---

① 如 LED 灯管等。——译者注
② 原文 Assembled Product，在今时今日泛指"终端型产品"，即通过现有成熟技术组合式产生，之后将用"终端型产品"指代。——译者注
③ 原文作者使用 Nonassembled Product，其意义指代"原料型产品"，之后将用"原料型产品"指代。——译者注

Hollander）对杜邦企业的再生纤维生产的评论。这些研究工作丰富了我们对产业流程工艺中，突破式与渐进式创新具有的不同作用的理解。

对终端型产品而言，主导设计包含了对产品所必需的诸多性能的要求，这些要求是在经过长时期的制造实验和产品试用后达成的。类似的思考结果似乎也适用于原料型产品。然而，由于原料型产品包含的材料种类比终端型产品少，原料型产品更关心生产工艺的技术实验与效果。在同样经过了许多时期的实验与革新后，形成了所谓的"可行性技术"（Enabling Technology）概念。可行性技术包含许多保障连续生产工艺的必备要素，使技术的努力方向的关注焦点在于工艺改进，而不是工艺的创新和设计。

对终端型产品而言，流程及工艺创新通常采用自动化形式。开始时，出现的是局部自动化，然后通过材料转化和其他机制的关联取得进展。原料型产品则不同，流程及工艺创新通常消除了全部的手工和自动化生产步骤，被连续性生产工艺取代。在原料产品领域中的这种现象，不与产品变化相关，而主要与设备创新关联。它们的表现通常是将过去的两三个操作步骤合成一个步骤。由于分开的步骤在不同的生产单位完成，新的工艺中把它们组合起来去完成就产生了新的组织形式。

第7章描述突破式创新对既有稳定业态的侵入。这种侵入的可能来源是什么？通常的结局如何？现有企业应如何应对？我们考虑了另一个扩充案例：天然冰制造业。新英格兰的天然冰制造业在经历了许多年的成长与繁荣后，由于机器制冰方式的创新而最终衰落。本章分析了建立在原有技术上的企业受到冲击时所面临的困难。由于对冲击作出反应的应对模式常常适得其反，导致企业不能长期生存。由侵入式创新（Invading Innovation）引起的技术扰动期是既有企业必须勇敢面对的挑战。然而，勇敢常常来自那些在产业中当时并无声望的新兴企业。

第8章继续探讨关于产业创立和市场成长时期，创新所蕴含的颠覆性潜力。本章的重心是一个产业的进化历程研究：摄影成像产业。其中，产品和工艺技术的创新是取得最后成功的关键因素。乔治·伊斯特曼（George Eastman）成长于玻璃基板摄影时代，但是，由于他敏锐的洞察力且成功地研发出基于明胶胶片的感光胶卷，因此他使该产业发生了创新变革。感光胶卷从根本上改变了摄影成像设备产业。照相机的构造、冲洗照片的方式都因此而改变。同时，这一变革创造出了"业余摄影"市场，将本属于专业领域的技术引入大众市场[①]。这一变革为后续与爱迪生共同开辟电影产业奠定了基础。本章在创新和产业迭代方面为企业管理人员注入了许多生动的内容：创造市场过程中，技术创新的浪潮、产品创新与流程工艺创新的关联及"系统"的重要性。

第9章把前面几章案例中关于技术创新与长期存续经营，企业战略与市场行为的关系进行了综合探讨。其中心思想是：创新引发的技术断层及其对现有企业能力所产生的影响。某些技术断层可能与企业的现有能力相适应；而其他技术断层可能与企业的现有优势不能兼容，使得现有企业需要具备新的技能、技术和方法。然而，这些技能、技术和方法是现有企业尚未掌握或者不愿意采纳的。通过对案例的全面分析，我们可以理解产品以及工艺产业领域中出现技术断层的原因。简单总结，比起突破式创新，渐进式创新对在现有市场中占据主导地位的企业更具吸引力。

最后，第10章着重强调企业长期以来的管理问题，即企业怎样才能更新迭代其技术、产品和流程工艺，从而为保持持续竞争活力奠定基础。产业中，在永不停息地为生存而战的过程中，从技术断层或技术"代际差异"的角度来看，通常表现为一系列的企业内外部挑战。能经受住其中任何挑战的企业仅占很少的一部分。那些在经受一项挑战后生存下来的企业必须做好面对一系列来自其他方向挑战的准备。因此，我们诚挚地建议企业管理层，要努力地提高产品构成的质量和稳定性，并同步扩展企业的核心能力。这是具有众多产品家族序列

---

① 为后续的大众摄影方式奠定了低成本的可能的基础。——译者注

企业的根基，能够帮助企业跨过一定时期内出现的技术断层。

在诸如技术史、企业战略研究的种种成果中，与创新动态的研究成果一样，都有一个共同且令人不安的结论：一款副产品在某一代技术上的成功，可能就是拥有者在下一代技术竞争中比其他竞争者视野狭窄、竞争力脆弱的原因。如果这个结论正确，那么，我们正处于十分危险的时期。技术单一的现有企业对那些正在努力开创的新领域缺乏渗透，而且可能会被已进入新领域的玩家们拒之门外。即使我们不愿接受这样的论点，仍有许多方面的结论可以对当今主要竞争者的未来前景持悲观态度。消费类产品正受到来自各领域高度工程化和定制化设计的挑战。那些经久不衰的产品和业态，可能正面临消费者对安全性和环境影响的日益增多的顾虑。

创新失败是企业经营失败的一个主要原因。在产业进入革命性改变时期，几乎所有的既有竞争者都失败了。但是，在产业进入进化性改变时期，许多成长企业也未能掌控变化。上述两种情况下，企业因为未能在短期内很好地从生存下来的企业那里吸取经验教训，而导致了自身的失败。人们不禁会问一个问题：大多数失败的案例是创新的常态吗？换句话说，理解产品和流程工艺变化的创新动态过程会对企业管理者探索成功之路有帮助吗？失败企业在固守现有技术方面有相当高的微创新能力，在实现设计与技术性能的完美方面通常已达到市场中现有竞争对手难以匹敌的高度。可就在此时此刻，这些企业离消亡已为期不远。

前景展望

本书的创作是基于对覆盖不同产业的企业自诞生至消亡，可能再生，或者以全新面貌再组合创造的研究的。研究强调的重点是从根本上检验伴随组织、经济和市场等核心要素变化下，产品和工艺流程的变化与结果。尽管本书涉及的个别案例发生在美国以外，但主要覆盖以美国产业的起源和发展为主的案例。我坚持的观点一直是以"生产力单元"的起源与发展而非以"企业的多个分支在众多市场竞争"为切入点，因为它们是在特定的细分市场中的竞争要素。因此，本研究对进入和退出的特定的细分市场很关注。特定的细分市场虽不总是，但常常是与整个企业的诞生或消亡相对应的。从详细阐述到抽象总结，从技术因素到其他影响因素，从本地市场到全球市场，这种研究方法显然存在偏差和局限。研究本身是从一个相对狭窄的领域和变量开始的，当我认识到已有的研究范围太局限时，就逐渐扩大了研究范围。经过努力，我领悟出创新过程的系统关联应该是怎样的，以及创新与企业的紧密连接和对企业财富的影响。本书的案例和分析想表达的正是基于上述洞察的分析与总结。

不过近年来，从这项工作和其他的研究收获来看，研究采用的方法不是完全重复的。少数在"创造性毁灭的风浪"中生存下来的企业具有怎样的特质？如果对高度多元化的企业进行分析，结论会有所不同吗？如果某企业属于国际化的企业并在全球进行活动，结论会改变吗？幸运的是，最近有两项杰出的研究对这个特定领域进行了广泛探讨并产生了强烈的反响。

企业史学家阿尔弗雷德·钱德勒（Alfred Chandler）在 1990 年完成了一部不朽的著作——《规模与范围：工业资本主义的动力》（*Scale and Scope: Dynamics of Industrial Capitalism*）。他在书中分析了当时世界上规模最大的 200 家制造企业。从 1880—1930 年，这些企业约占当时世界工业产值的 2/3。钱德勒指出：

> 无论我们是观察 19 世纪 80 年代和 19 世纪 90 年代的化工和电气设备，20 世纪 20 年代的汽车，还是今天的计算机，都会看到相同的模式。主导企业是那些创始人和高管团队懂得企业管理的本质逻辑，即驱动现代工业资本主义增长与竞争的动态逻辑的企业。

我的工作重点与钱德勒有很大不同。我研究刚进入还充满着混沌和无序的某一个产业中的企业。我发觉只有少数企业能够生存下来，这些企业都是在很偶然的时候采用了所谓的主导设计，站稳脚跟之后，又将重心转移到产业一体化和大规模生产上。但是，我的结论与钱德勒的主要发现是一致的。他忠告道："规模并不是有益无害的，特别是当企业迷失方向、离开了现在的技术基础并对其已取得成功的相关领域有所了解时尤其如此。"我强调"大规模中包含着危险"，它常常导致企业会过分关注业绩较好的经营领域，使之缺乏创新动力，因此在面对创新的竞争者时表现出脆弱性。

《国家竞争优势》（*The Competitive Advantage of Nations*）是迈克尔·波特（Michael Porter）教授的一部综合著作。他在书中研究了国情特征在扶持特定产业竞争优势方面的作用。他的大量研究包括 10 个国家的 100 多个产业，样本尽可能广泛地覆盖了各种差异。波特假定，持续性的生产率增长（他认为是衡量国家竞争力最恰当的指标）需要一个国家不断地提高其经济水平。当企业提高产品的质量、改善产品的特征和功能、改进产品的技术与性能或者改进生产工艺时，就会出现持续性的生产率增长。而且：

> 一个国家的企业还必须在越来越复杂的产业细分市场中提高竞争能力，这些市场中的生产率通常较高。同时，不断增强的经济是指在全新的和复杂的产业竞争中能力强的经济。

本质上，波特是在探索一个区域内的企业是如何创造有价值的技能和技术的。波特认为，创造竞争优势的过程比想象的要稳定，尽管世界经济中存在广泛的国际竞争，跨国企业的压力也在增加，但是创造优势仍然是以国家甚至区域为基础的。波特的部分结论是"创新是在竞争对手未能预料到新的竞争方式，或者不愿意或不能作出应对策略时，使竞争优势转移的动能"，以及"在出现几种新的竞争方式的可能性时，通常导致技术断层或产业结构的改变"，这是由新技术造成的，或者是新的需求使现有技术以新的组合形式进入市场造成的。波特发现"创新者大都是产业的外来者"，而且，"在创新者是大企业时，站在另一个产业的角度上看，他们通常是现有产业的新进入者"。最后，"企业保持成功的能力很可能是适应环境变化且能够可持续创新的结果"。尽管在样本与方法上存在巨大区别，这些结论和下面诸章的观点是相当接近的。

本书认为，创新是制造业企业长期经营成功或失败的核心决定因素。而且，大多数产业遇到的毁灭式创新并不是源自产业内的现有竞争者，而是来自新企业或进入新领域的企业。我们常常看到某些以已知技术或部件为基础组合成突破式创新逐步发展。在商业化意义不明确之前，这种创新以萌芽状态存在多年，无论是哪种，关于毁灭式创新的总结都是正确的。面对潜在的产业毁灭式创新，市场上的现有竞争者表现出倦怠，其中一个重要原因是他们面临的束缚在增多，这些束缚来自产品和流程工艺的交替变化，以及与之相伴而增的关联网络与组织。生产新产品之初，进入市场的通用设备、必需的部件和熟练员工是充足的。随着产品和市场的复杂程度增加，通常需要更专业的设备、部件和技能。这样，改变一个配件、一个产品，意味着需要改变原先由原料、设备、技术和供应商组成的整个系统。这就使得现有企业在作出改变时，往往比新进入者要麻烦得多，相应的成本要高得多。波特预言，新来者处于现有约束体系之外，可以较少顾及或考虑对现有产业生态链圈层所带来的毁灭性改变造成的负担。

本书的案例中强调的一个模式是：现有市场中的领导企业往往不仅试图抵御外部创新带来的威胁，也会扼杀企业内部尝试了解创新所带来的威胁的动力，只热衷于进一步在老产品中维持市场地位。老技术被推到了前所未有的高度，引起生产率和效能的骤然变化。但是，在多数案例中，这是接近消亡的征兆。

实力雄厚但缺乏推陈出新能力的大企业，是如何在防御创新威胁上以自身创造力作出反应的？经过仔细研究，我们发现这主要是由思维习惯、约定俗成的共识与战略的产物，即组织精英的行为模式。基于历史、心理和哲学的观点，只有人类固守已知来抵御未知。对人类社会来说，变化并非轻易发生。没有理由期望我们称作企业的社团组织会有完全不同的行为表现。令人惊异的往往是：对首次出现的重大变化表现出消极防御行为的社团和人群，在面对道德威胁时，同样也是他们能够团结起来表现出相当的勇气和创造力。我们从这样的发现得出结论：为保持成功和产品更新，企业不但需要关注产品而且需要关注参与的人员！詹姆斯·布莱恩·奎因（James Brian Quinn）在其"智能企业"中写进了这种洞察，他把企业的更新迭代看作以人力资源组合为基础的一个整体问题。我同意奎因的观点。奎因认为："超过生产线，基于核心智力或服务能力所构建的企业战略，既提供了稳固持久的战略重心又提供了长期的灵活性。"这是钱德勒、波特、奎因和这本书中包含的最重要的论点，也是本书结论部分的主题。

前言 | Foreword

产业创新过程蕴含着巨大的不确定性、人类的创造力、机会。创新的规模可大可小。在某些特定时间与空间，创新产生的数量级会大于其他时间与空间。多年以来，众多学者已注意到成功的产业创新中出现的各类范式，但尚未验证出各类创新范式是否具备可预见性。诚然，这些范式确实表明在产品和流程工艺变化、在产业升级和企业竞争态势之间存在一定的关联性。那么，理解这些核心因素之间的关系就成了至关重要的问题。学者可借此可以找到分析企业创新的关键行为与核心能力指标；而肩负着业务规划与实施的企业管理者，也同样能够从中受益。

本书旨在建立一个关于产业创新的动态模型——一个为学者的研究提供分析工具，为管理者提供实战灵感的模型。显然，这个模型不会广泛地适用于一切因素、产业、文化和时期。与所有阐释行为的分析动因一样，它也是基于过去150年的美国产业发展历程，以及融合了从欧洲、日本学习到的智慧经验的各类思想分析的产物。此模型也是从那些以成本和性能为主导因素的产品和模式中，并非是从那些以时尚性、新颖性或广告营销为主要因素的产品中汲取了灵感。在这些因素和条件限定下，读者能够清晰地理解一个企业的创新取决于其竞争地位、技术实力、组织人效和慎重的战略抉择。本书旨在使企业管理者能够清楚、明晰地运用模型的方方面面从而加以实践。

目录 | Contents

第 1 章

产业的创新动态

这是一个会引起产业革命的商机。

——亨利·班尼迪克（Henry Benedict）

关于肖尔斯打字机致菲罗·雷明顿（Philo Remington）的信

1874 年夏天，萨缪尔·克莱门（Samuel Clemens，马克·吐温的原名）从哈特福德来到波士顿，同时运来一批读物。一天下午，他和他的朋友，被称作"石油"（V. Nasby，纳斯比的绰号）的幽默作家，外出散步时在商店橱窗发现了被称为"打字机"的新奇玩意。马克·吐温对任何形式的美国本土创造都十分着迷，且难以抗拒这些从头脑（思想）创想创新的小发明。马克·吐温是一位"引领型用户"，在他的圈子里，他总是第一个拥有最新技术的"玩物"。

马克·吐温走进商店，要求店员展示这个机器是如何工作的。店员很高兴地介绍说该机器每分钟可打出 57 个字。他请一位年轻女士来演示，演示效果使马克·吐温和纳斯比激动不已。他们请她再一次演示并用怀表计时。马克·吐温受到了震撼，当场买下这台机器。

回到哈特福德，他像小鸡啄米似的^① 给他哥哥奥利安打了一封信：

我正在体验这台机器……（它）花费了125美元。这台机器有几个
优点，我相信它打得比我写得快……它能在一张纸上排下一大堆文字。

马克·吐温的新机器

马克·吐温买的机器是第一款提供给大众使用的打字机，型号是雷明顿I型。
这款大而重的机器拥有沉重的底盘，漆黑色的金属外壳，在每一个打字键盘顶
端都有一卷纸。它只能打出大写字母，且没有换行标签。时至今日，仍有许多
人能认出这台首款商用打字机。

实际上，雷明顿打字机是由许多当时广泛应用的技术和机械部件合成。受钟
表工作原理的启发，引入了司行轮概念的装置^②，即每次打字使字符滚筒移动一
个字母；字母键和连接臂则源自电报按钮的改进；采用缝纫机踏板的工作原理转
动滚筒；以及类似钢琴摆锤击打琴弦的原理，由一个摆动自由的臂和锤头构成的
敲击结构，可把字母打在纸上。它的发明者曾坦然地说："砰砰地打出每一个字
母时很是吵人，打完一个字母，键锤返回时的撞击声更是震耳欲聋。"

本章将打字机案例作为终端产品创新的代表。在此，我们将看到一项创新
是如何从既有成熟技术和模型中诞生的。而且，仅仅是创造性地使用这些要素
就能组合成一个新的、完全不同的产品。我们会看到创新的特征是如何在竞争
压力、发明、消费者使用偏好等作用下形成了一系列的标准化样式、产品特性

① 原文 pecked out，表示用两个食指按键盘打字的行为。——译者注
② 打字机等产品上面的棘轮装置。——译者注

以及技术能力的。更重要的是，我们将把案例从手动打字机扩展到它的继任者——电动打字机、文字处理机和个人计算机，每种继任者都是以一次技术创新浪潮的形式出现，将整个产业竞争态势重新洗牌。

马克·吐温购买的雷明顿 I 型打字机是密尔沃基报社的前编辑克里斯托夫·拉瑟姆·肖尔斯（Christopher Latham Sholes）发明的。像其他的发明一样，肖尔斯的发明只是一系列发明中的一部分。早在 1714 年，一个名为亨利·米勒（Henry Miller）的英国工程师就获得了一项"打字机"的专利，但关于它的所有描述现已遗失。在美国，密歇根州弗农山的威廉·伯特（William Burt）拥有一个粗略的"印刷机"专利，但几乎没有人对此感兴趣。政府颁发给伯特的专利证书是打上去的。这当然是为了某种需要而测试一下机械打字机。但是伯特的这款新奇玩物的表现乏善可陈。根据 1853 年官方打字速度记录来看，一位擅长书写者用笔写字，一分钟写出的字不会超过 30 个，而电报和速写的速记员每分钟能记下的信息不会多于 130 个词，这就对创造一种有效的快速书写机器具有迫切的需求。在伯特和肖尔斯的发明之间，也出现过一些打字机原型并都获得了专利，但没有一个能商业化进入市场。

肖尔斯首先开发出一种使用木制按键的机器。木制按键通过金属丝与击锤连接，下面是蘸满墨水的橡胶。随后，他利用类似电报的按键并进行了改进，使用这种按键后无须使用最初发明中的金属丝。他于 1868 年 7 月获得了相关专利。同时，他意识到专利拥有者仍需要花费金钱和精力才能把专利发明转变为成功的商业应用，因此肖尔斯在 1869 年与詹姆斯·丹斯摩尔（James Dunsmore）成了合作伙伴。丹斯摩尔体格强壮，十分自信，拥有销售能力。他虽不容易与人和谐相处，但富于勇气并且有远见地看到了打字机产业将来能创造出的巨大财富前景。他首先是让肖尔斯改进原型机，在至少做了约 50 次改进尝试且每次都有某些方面的小优化后，最终才制造出他期待的机器。之后，丹斯摩尔就开始联系厂商。

丹斯摩尔想以 5 万美元向西联汇款（一家金融服务公司）出售独家制造权，但未获成功。之后，他和另一位同事接洽了雷明顿公司的总裁费罗·雷明顿（Philo Remington）。当时正值美国内战之后的繁荣发展时期，雷明顿一直在向其他领域扩张，那时已渗入农业机械、缝纫机、马拉消防车和轧棉机，但都以极其糟糕的结果告终。打字机的想法吸引了费罗·雷明顿和他的同事。他们在纽约伊利昂的工厂使用率不足，正在考虑扩大消费品的种类。1873 年，雷明顿同意成为肖尔斯打字机的唯一厂商，并指派两名顶尖机械师前往伊利昂（Ilion）工厂完美地解决了打字机量产前的各种问题。

新产品的问世

1874 年 7 月，首批生产出的机器，包括马克·吐温购买的那台，在全国各地的商店上市。它们有着某些特有的操作特征，雷明顿 I 型打字机的键从机器内部打在纸上，打字人在打完前四行之前看不到所打的东西。打完前四行，纸张才会露出机器。自然，没有人懂得如何在这样的情况下打字。

由于打字机仅能打出大写字母，因此未能赢得用户或读者对雷明顿 I 型打字机的青睐。大写字母打出的稿子使一些读者认为寄给他们的信实际上是打印传单，所以看都不看就会扔进垃圾桶。还有另外一些人，如得克萨斯州的一位银行家，对其收到的第一封打印书信很生气，他在回信中写道：

> 约翰先生，我知道，我未接受过您接受过的教育，但是，我能读懂您写的东西。我认为您没有必要用打字机写信，做得像一张传单一样。我很愿意读您手写的，并且一想到您认为没必要手写而是用打字

机给我写信就感到非常沮丧。

即便马克·吐温抱着积极尝试的态度来使用打字机，但也逐渐对它失望了。买了这台打字机后不久，他在给剑桥的文学友人——霍维尔斯（W.D.Howells）的信中写道："我不知道我是否打算继续使用这台打字机。"6个月后，他把打字机邮给了霍维尔斯，在上面附有提醒他的一句话："只需等两个星期，如果打字机的到来没有在剑桥引起众多不满的目光，那就算我猜错了。"打字机的确寄到了，霍维尔斯留下它，作为回报，他给马克·吐温回了至少两封诙谐的信。两封信都是用雷明顿I型打字机打的："为了给我亲爱的马克·吐温写信，我已是几次开头了，好像它愿意写您尊敬的名字……这太奇怪了，同时像是老朋友一样浪费了我许多时间。"使用了几年后，霍维尔斯想对马克·吐温说的是："那个卖给你打字机的家伙还没有凄惨地死去吗？"

打字机键盘是如何成为现在这个样子的

对传统 QWERTY 键盘或称通用键盘的发展存在着不同的争论。肖尔斯和丹斯摩尔都曾有过做印刷工的经历。按照其中一种解释，他们熟悉活字板、熟悉活字摆放的分置盒。活字板不是按正常字母顺序排列的，而是按最常用的字母、最容易调取的方式排列的，比如 A、E 和 I 这些字母比其他字母更常用。打字机的发明者遂设想用这一原理试验各种键盘布置。他们遇到的一个问题是当操作者的速度提高后，打字键杆会碰撞挤压在一起。肖尔斯和丹斯摩尔发现，通过改变键盘布置，使经常连续敲击的字母键分布在打字机的两边，可以把打字键杆之间的碰撞挤压次数减少到最低程度。

历史学家布鲁斯·布利文（Bruce Bliven）则对打字键盘的发明故事有不同的说法。根据布利文的叙述，肖尔斯最初是按字母顺序设计键盘的（FGH 和 JKL 这样的顺位排序便是留存下来的证据）。之后又对模型进行了许多改进。据说，他进行的改进都是为了防止键杆发生碰撞和挤压。按照布利文的说法，雷明顿于 1873 年制造的打字机的键盘布置是：

```
2 3 4 5 6 7 8 9 - ,
Q W E . T Y I U O P
Z D F G H J K L M
A X & C V B N ? ; R
```

无论哪个故事是对的，发明者都意识到键盘标准化对新机器被成功采用至关重要。丹斯摩尔用他和肖尔斯刚刚编排好的新键盘给他的继子打印了一封信。他抱怨说："我既要学习新键盘，又要忘却新键盘。"尽管重新设计键盘布局能够改善打字效率，但他以键盘左上方字母顺序所命名的 QWERTY 键盘，已成了现代通用的标准键盘设计（法语键盘除外）。考虑到键盘布局对竞争产品的影响，保罗·戴维（Pall David）就此评论道：

> 在竞争条件下，在无政府政策干预时，存在着显著的规模效益递增。诸如"练中学"和"用中学"的正反馈机制能导致一种网络技术效应的形成，比如录像机、QWERTY 键盘，这些特定形式将驱逐其他变异形式，并成为该产业事实上的标准。毫无疑问，在这种体系中的商业胜利者能比其替代产品更有效。

保罗·戴维和其他人认为，传统 QWERTY 键盘能够保留至今，是因为从一种设计标准转到另一种设计标准的"迁移成本"太高。因此，以现在的眼光来看，这样低效的手工制品规范才作为标准被保存下来，最初的肖尔斯键盘就属于这种情况。他们指出：打字机（及其继任产品——从打字块到打字球和现代打字机上的雏菊轮再到计算机打字的数字箭头）已最终消除了键杆碰撞挤压的问题。由奥古斯特·德沃夏克（August Dvorak）于 1936 年引入的德沃夏克键盘布局实际上有着更好的键盘输入体系，但由于迁移成本高而被市场拒之门外。有那么多的个人和企业购买传统 QWERTY 键盘的打字机并掌握使用技能，可谓投资巨大。德沃夏克键盘的市场失败因此也就在情理之中。迁移成本问题在产品创新迅速的其他领域也是同样重要的考虑因素。

有关传统 QWERTY 键盘与德沃夏克键盘对设计标准的影响的争论不断发生。最近的热议来自利博维茨（S.J.Liebowitz）和史蒂芬·玛戈利斯（Stephen E.Margolis）。他们对德沃夏克设计优越性的整个陈述提出了挑战。两位学者认为，关于德沃夏克设计优越性的假设从未得到科学的验证。对利博维茨和史蒂芬·玛戈利斯来说，传统 QWERTY 键盘设计沿用至今，并不表明因其已确立的产品标准而导致其他产品进入市场失败，相反，倒是表明德沃夏克的设计未能在市场上证明其卓越的价值。他们认为在打字机工业早期，打字机设计层出不穷，一种设计的性能与另一种设计相抗衡，许多打字机设计相互竞争，现代企业为改进打字系统进行投资的经济激励行为表明了标准 QWERTY 键盘设计的内在适应性，并且是对它经久不衰的一种诠释。

由于定价高和性能差，I 型打字机销售迟缓，雷明顿在开始的 6 个月只售出了 400 台。但是，企业在产品和其制造工艺上持续进行改进，到 1877 年，打字机已售出了 4 000 台。1878 年，企业引进了新机器——II 型打字机，它具备了现在人们熟悉的双打字面和 Shift 键，可以打出小写字母。这款机器的销量更好，在其产品生命周期内售出了 10 万台。在雷明顿的概念里，他们用热烈的术语描述新机器的奇迹："让笔都为之惊叹的打字机。"他们宣称："海上旅行的人们在不能用钢笔写字的时候依然能用它打字。"

打字机继续它的发展，在之后的 30 年里，它创造出了一个全新的产业，许多竞争者提供了多种多样的创新产品，图书馆、办公室和家中使用的老式书写工具都让位于打字机，企业的扩张和与之增加的对文件、报告撰写和记录的需求，推动了打字机产业的蓬勃发展，熟练的打字员甚至使用早期雷明顿 I 型打字机也能每分钟打出 75 个以上的词。文学社团也捕捉到了这个势头，马克·吐温把他的第一份打字书稿《密西西比的生活》（*Life on the Missisippi*）交付给了出版社，带动了更多的人效仿他。

办公室里的新伙计

打字机很快成为办公场所里无处不在的用品之一。早在 1887 年就有人预言："打字机那单调的敲击声在这个国家的每个管理良好的企业里几乎都能听到。"它会引发办公室环境出现涟漪效应。正如乔安娜·耶茨（Joanna Yates）所说："它会创造出'一个新的职员阶层'——主要是女性，去从事文件的书写工作。"从耶茨引用的美国统计局关于就业的数据来看，自 1890 年起打字工作在美国经济中的占比数量在增加（见表 1–1）。

表 1-1　美国的打字机和速记员

年份	人数
1890	33000
1900	134000*
1910	387000
1920	786000

＊从 1900 年起，该职业分类包括秘书。

　　这种发展的主要结果是办公室向女性开放。数百年来，女性一直和男性一起承担着美国农场的工作。19 世纪中期，他们的女儿离开了农场，到新英格兰的纺织厂做工。但办公室一直是男性的领地，男性经理管理着有朝一日也会成为经理的男性职员。对打字员的需求永久性改变了这种状况。男性仍然统治着这块天地，但现在准许女性进入。办公室中的打字机和矿区里的自动设备的作用是相同的：它使思考与实施分开。现在的经理可以只进行思考，而打字员可以用手工把这些思考转化成文件。到 1890 年，所有打字员中，女性占据 64%，到了 1920 年，这个比例上升到 92%。

　　对女性能否胜任打字员这个新职业曾有过激烈争论，这种争论甚至发生在高呼选举权的 1880—1890 年。偏向女性的极致宣传是"女性比男性有着更敏锐的直觉和行为动作，这给予了她们在打字工作上的压倒性优势"，而男性则被描述为"由于恶习难改，缺少这方面的天赋"。

　　关于打字工作与天赋因素的关系我们先抛开，对女性的薪酬水平提升倒是显而易见的。通常，与男性相比，在同样的工作职能上女性的平均薪资要低 25% 左右。但在 1886 年，15 美元的打字员周薪比起女性在工厂或零售店的工资水平是一个显著的提升，另外，相对来说工作环境也改善了。

新的竞争对手与创新

打字机的商业机会对潜在竞争者而言并未消失，而且不久以前，一些竞争者带着许多种新款设计进入了打字机产业。这些竞争者中，第一个进入的是约斯特·凯利格拉夫（Yost Caligraph）。他是原雷明顿公司的销售代理，制造的是一种廉价的肖尔斯打字机。丹斯摩尔在这项业务中也占有一份收益。1881年，凯利格拉夫II型问世，并且具有了大写和小写的功能，但与雷明顿打字机不同，凯利格拉夫打字机不使用转换键①，它有两个完整的独立键盘。1885年，出现了克兰戴尔、哈蒙德和霍尔打字机。每种打字机都有独特的敲击纸张的方式。

到1886年，据《科学美国人》（*Scientific American*）杂志估计，已生产的打字机总量约为5万台，而到1888年时，雷明顿标准打字机公司的打字机日均产量约为1 500台，它在Ilion的工厂采用大规模生产技术以实现产量。专业部门完成印模铸造、锻造、退火、电镀上色和装配，采用专业设备形成生产线，工人则可熟练地独自安装每台机器。

雷明顿知道它生产的打字机功能最全，因此向大众做积极宣传以便使其被充分了解。1888年，销售代理机构向凯利格拉夫和一些其他的市场竞争者提出了一个"1 000美元挑战赛"计划，由裁判公正地判定哪款机器打字最快。凯利格拉夫面对挑战不退缩，将自己的双键盘打字机冠军派上阵与雷明顿打字机进行对决，结果以惨败告终。这成了1888年7月辛辛那提市一件颇有影响的公共事件。

雷明顿取得的胜利证实了它在打字机产业的领军地位，但未能阻止陆续跟进的新竞争者进入这一领域，特别是肖尔斯的专利又面临到期。在1885—1890

---

① 即Shift键。——译者注

年间，制造企业的数量增加了 1 倍，达到了 10 家，同时，有 20 多家供应商在他们的照耀下成长起来。总的来看，到 1890 年，雇员人数约为 1 800 人，产品销售额约为 360 万美元。但是，真正威胁雷明顿领导地位的是魏格纳（Franz X. Wagner）的一项尚未孵化的创新。魏格纳曾为约斯特设计了凯利格拉夫打字机，现在他与他的兄弟进行了一项新设计，其中一项重要特征是：可视化打字。魏格纳设计出向外摆动的打字杆，可以从正中处打出，打字者能看到任何错误并马上修正。做打字机色带和复写纸生意的约翰·安德伍德（John T.Underwood）父子洞察出魏格纳设计创新的优越性，他们从魏格纳处买下此设计，于 1895 年开始生产新型打字机。

安德伍德 I 型打字机很快便获得了成功。随后不久根据基础设计又创新了几种型号。其中，创造于 1899 年的 V 型，与现代手动打字机接近，是其中最为重要的一款产品。曾经用过这款打字机（尽管是一种正在消失的产品）的任何人都会很快认出它，并体会到其带来的便利。这种打字机实现了可视化、轻触、可标号、静音操作，采用易改错设计，对打字块的替代，就像对之前款型的替代，代表了一个成功的开始。这款打字机如此成功，以至于安德伍德迅速在哈特福德建立了更大的生产工厂，以满足如火箭速度般增长的需求。眼看着新挑战者不断侵蚀自己的市场份额，雷明顿于 1901 年推出 Monarch 款型；另一个厂商 L.C. 史密斯兄弟公司接着推出了它的 VI 型打字机（1908 年）。从照片上看，这些竞争者在设计上明显秉承了先驱安德伍德的设计。然而，单纯的模仿品并没有在市场上得到销量的提升。到 1920 年，安德伍德致力于打字机的经营，所销售的打字机数量是所有竞争对手的总和。

罗伊尔公司（1904 年）可能是最后一个新进入者，却稳稳地在该领域站住了脚。然而这并未阻止其他公司加入这场激烈的竞争。到 1909 年，约有 89 家厂商在美国市场上尝试他们的生意，但几乎全是微利运营，许多企业进来得快，退出得也快。安德伍德、雷明顿、罗伊尔和 L.C. 史密斯兄弟（后来与科罗纳合并）

占据了美国市场，直至新一代颠覆产品诞生。从市场上的打字机的设计和特征来看，产品创新在急剧放慢，大的厂商都集中精力去考虑制造工艺和成本了。

迎接电气时代

1933 年，被雷明顿和安德伍德放弃了收购的打字机产业的边缘企业——Electrostatic 打字机公司，被国际商用机器公司（IBM）收购。这家公司早在 1925 年在打字机的电动化方面有着糟糕的经历。电动打字机在 1906 年就已问世，但未在家用或商用办公领域的市场上留下一席之地。在 20 世纪 30 年代，电气化对打字机产业来说不是个好兆头，大萧条扼杀了经济增长，限制了办公设备的支出。在四个主要打字机企业中，仅罗伊尔的增长率为正。经济的不景气使相当多的企业加速离开这个产业。

IBM 一开始并不在打字机行业中，它是制造记账和制表机的企业。收购 Electrostatic 公司的出发点也是为了获取某些有用的打孔机技术。有关其早期电动打字机的记载甚少，已知的情况是在战争期间，企业获得了大量政府订单，且为了支持军工生产，它的主要竞争对手全都被要求放弃生产打字机。这种情况为 IBM 积累设计和制造电动打字机的经验提供了数年的时间，使其在学习曲线上可以沿线而行。战后经济高涨，对 IBM 电动打字机的需求也随之持续高涨。

电动打字机并不是重大创新的代表，它不过是通过两种已知技术的组合而在"更一致的字体、更好的输出质量、减少打字员长期工作的身体负担"方面产生了更好的效果。然而，早期的电动打字机市场前景并未得到证实，也许因秘书们觉得这些早期的电动打字机太粗糙也太嘈杂，也许是使用者并没有发现它的全部优点。无论是何原因，电动打字机被市场接受得很慢。但是，一旦被接受，它便迅速替代了办公室里的手动打字机（见图 1-1）。

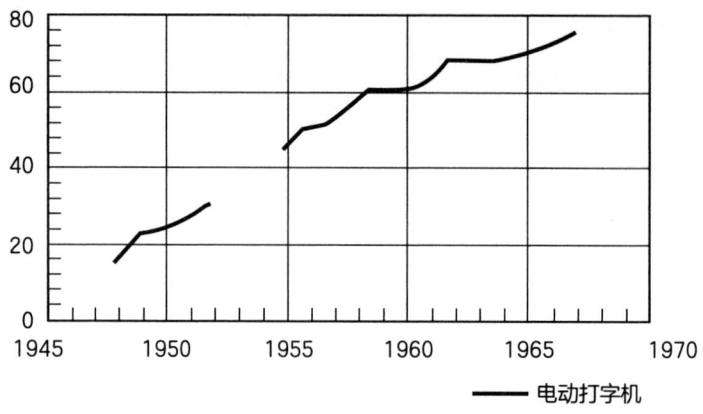

注：无1954年和1955年数据。

图1-1 电动打字机占商用打字机市场销售份额比重（1948—1967）

资料来源：Based on data in George Nichols Engler, *The Typewriter Industry: The Impact of a Significant Technological Innovation*, Ph. D.diss. (Los Angeles: University of California at Los Angeles, 1970),276—277.

根据打字机的销量统计，商用和个人打字机销售状况基本一致。1950年，电动打字机仅占全部商用和个人打字机市场的10%，但到了1965年，电动打字机已占到了整个销量的50%。到1970年，销售的全部打字机中，手动打字机只占24%，而且大多是个人市场。

到1967年，IBM已占有电动打字机市场60%的份额以及高端、全功能电动打字机市场74%的份额。SCM、罗伊尔和好利获得—安德伍德等企业各自约占10%。雷明顿已名存实亡。现在的舞台是为另一次商用市场领域的创新浪潮而搭设的。这次多少有点重大创新，以至于肖尔斯、丹斯摩尔、魏格纳和其他打字机产业的先驱，在理解电动打字机趋势方面都产生了误判。但可以肯定的是，马克·吐温会对此作出积极反应。

更聪明的机器

在商业机构兴奋地购买安德伍德V型打字机之时，美国大约有500万办公室工作人员，占就业人员总数的 20%。今天，白领（企业职员和专业人士）超过 5 500 万人——占到美国就业人数的一半。众所周知，他们不是最有效率的工作人员，并且没有人去衡量多年来他们的生产率增长了多少。半数的就业人员处于效率低下的状况，而且办公成本的 4/5 花在劳动者身上，所以任何有利于改进白领生产力的技术都非常受欢迎。

办公设备产业为变革做好了准备，但是以新技术适应老形式的"旧瓶装新酒"的样貌出现的。例如，1964 年 IBM 的磁带选数器，它是将数字计算技术与电动打字技术相结合，第一次使文本编辑成为可能。到 20 世纪 70 年代初期，装有阴极射线显像管显示器（CRT）的可真正进行文本编辑的独立"文字处理机"出现，并开始替代传统办公室打字机。一批新的企业，包括一些来自不相关产业的企业，探寻并认定"未来的办公室"所需要的是装有文字处理机的一整套系统，即配有 CRT、微机处理系统和文本处理软件的专门用于文字处理的整合系统，这将极大提高生产率。王安、施乐、埃克森、美国国际电话电信公司、美国电报电话公司、好利获得、国际商用机器和其他企业（估计达 55 家之多）为文字处理开发出精致、昂贵的系统，与亨利·福特（Henry Ford）为汽车生产而创造出流水装配生产线相似。仅埃克森一家，就打算从现有石油业务转向多元化发展，为其办公设备部门投入了大约 20 亿美元，开发了像 Vydec 文字处理机、Qwip 传真机和 Qyx 电动打字机这样富有想象力的产品。所有迹象都表明它们将大获成功。到 1975 年，文字处理机安装量已达到 20 万台。到 1986 年，仅在美国国内售出的文字处理机就超过 400 万台。

然而，电器化办公室被市场验证并不是未来的发展方向。上百万美元投入在文字处理机上，但除律师事务所和其他以文件处理为核心业务的机构外，并未带来任何生产率上的改进。秘书们对可能如同其他生产线上的"苦力"一样被圈在文字处理"中心"的前景感到害怕；管理人员觉得，没有秘书，他们会极大受损；那些在文字处理方面投入过重的企业面临沉重的组织重组工作和成本。办公室职员依然在寻找"别的不一样的"东西，而当他们找到时，文字处理机企业已经损失巨大。王安破产倒闭，埃克森把它的产线贱卖给了拉尼尔公司，退回到石油业务，美国电报电话公司、美国国际电话电信公司相继退出市场。那个办公室职员想得到的"别的不一样的"东西正是个人计算机。

下一波创新浪潮

如一个世纪前打字机的创新一样，个人计算机注定要汲取众多的既有技术，许多在市场上竞争的企业推出了各式各样的设计型号，并最终确定了初始产品的特性、规格等一整套设定。和肖尔斯／雷明顿打字机一样，这次创新创造出了一个影响着人们工作方式的重要产业。此外，个人计算机代表着一次技术创新浪潮，它替代了由打字机和文字处理机占领的市场。这个模式的相似性支持了我们早期的论点，即研究过去的创新不只是一种学术创造，它还让我们对当下发生的前行与进步拥有更丰富的理解。

个人计算机的研发

能够被称为"个人计算机"的第一台机器是 Altair 8800。由位于阿尔伯克基[①] 的一个小型电子产品企业设计，市场售价为 395 美元。这种机器当初是如何发明的，个人计算机的早期历史是怎样的，在《硅谷火焰》（*Fire In the Valley*）和其他的书中都有讲述。Altair 8800 在电子爱好者中迸发出思想火花并

---

① 阿尔伯克基英文名：Albuquerque，美国新墨西哥州最大的城市。——译者注

哺育出了新一代的数字狂热者。到 1977 年，至少有 30 家公司生产个人计算机，包括苹果、康懋达（Commodore）、Tandy（Radio Shack 旗下企业）和 Heathkit 等公司。那一年，苹果 II 型计算机刚刚问世，该机拥有 16K 的内存，机器售价为 1195 美元，显示器需另购。受到电子表格工具和文字处理软件在办公领域广泛应用的影响，该机型的销售量呈井喷式增长，并推动个人计算机和其他机器市场的蓬勃发展。到 1981 年，预计有 50 万台个人计算机销往商用市场，且大约有相近数量的个人计算机已由学生、科学家和其爱好者使用。有意思的是，首批苹果 II 型计算机存在许多令人厌恶的缺点，这些缺点也曾困扰过最初的打字机：它只能输入大写字母，没有制表功能或数字键，屏幕上看到的格式和打印出的格式不同[②]。

个人计算机的里程碑事件是 1981 年 8 月引入的 IBM PC 机。IBM 提供了一个设计保守、基于 Intel 8088 微处理器的桌面型计算机，售价约 3000 美元。根据许多专家的判断，IBM PC 机并没有技术上的突破，但这并没有阻止它迅速攫取 30% 的个人计算机市场份额。仅在 1981 年最后的 3 个月，IBM 就售出了 1.3 万台新的个人计算机。随后两年时间，个人计算机的销量是这个数字的 40 倍。尽管有着技术缺陷，IBM 的计算机还是奠定了其在个人计算机产业的地位。正如斯坦·奥格廷（Stan Augarten）研究计算机历史的观察："IBM PC 对年轻的个人计算机产业具有稳定且积极的影响，同时为厂商和消费者提供了一个共同关注的聚合点。"IBM 为了公众能够广泛使用其操作系统，采取了开放架构和政策，从而也成为应用软件开发者汇集的中心。IBM 个人计算机广泛采用了非定制化部件组装，这为许多"模仿者"敞开了大门，他们制造了众多的"IBM 兼容机"、外围配件与设备。不久之后，市场上绝大多数个人计算机用户使用的设备与占主导地位的 IBM 个人计算机具有了相同的操作特征。

---

② "所见即所得"的个人计算机理念是 Mackintosh，即苹果麦金塔计算机系列引入市场后才出现的。——译者注

个人计算机的所有构造方式和款型迅速被消费者认同和接受。设备由一个显示器、一个标准的 QWERTY 键盘、一个基本的操作系统、一个处理器和一个磁盘驱动器（后来变为了内部硬盘驱动器）以及总线构成。每种形式都影响着用户如何输入数据，以及从计算机中获取数据的方式。当用户按键输入或把磁盘插入驱动器中，计算机里面的微处理器和软件就开始工作了。

苹果公司是在 IBM 设计与操作主导市场下唯一存留下来的与之完全不同的独立企业。尽管苹果公司也提供诸如显示器、键盘、磁盘驱动器、操作系统、处理器等同样具有标准外观特征的个人计算机，但它坚守闭源架构、操作系统和总线构造，并依托摩托罗拉提供的微处理器。这使苹果公司远离了那些广泛使用基于 DOS 系统（之后是 Windows 系统）和 Intel 芯片的兼容机用户。尽管苹果的麦金塔系列计算机相当精美，但在 1993 年的市场份额仅停留在 13％。同时，产业内激烈的价格战大大降低了产品的利润率。

大脑与盒子

对常规用户而言，了解微处理器和软件的相互作用关系并不难，但用户却很少去关心这些。他们更关注能够通过计算机输入什么和输出什么。然而，微处理器和软件非常迅速地成为计算机的灵魂——是具有独特的身份象征和驱动个人计算机产业重大革新的源泉。相反，设计和装配机器产业具有一般商品产业的一切特征，与电视机和电子器件一样——低的收益率和低估的股票价值。值得注意的是，在 1993 年，英特尔和微软两家公司的总市值已超过了 IBM 企业的市值。英特尔和微软分别是微处理器和操作系统软件的最大供应商。供应商已经变得比他们的客户更有价值。他们供应的是大脑；IBM 和 IBM 兼容机的厂商提供的是装大脑的盒子。很显然，大脑才更有价值。

个人计算机产业的增长

功能多样的个人计算机使职场人员与专业人士可以写作、编辑文字、编制电子表格和绘图，所有这一切都是打字机无法完成的，也是随后的老式文字处理机未能实现的。到 1987 年，所有厂商销售的个人计算机数量是文字处理机的 4.5 倍。1991 年，销售给商业机构的个人计算机预计可达 2000 万台。但是，销售的增长只是导致了大的产业淘汰。在 1983 年，市场增长率达 50%，但许多重要竞争者退出了该产业。康懋达、雅达利和德州仪器公司都出现了严重的经营问题；天美时—辛克莱、Osborne（世界上第一台便携式计算机，即笔记本电脑的雏形，在 1981 年 4 月由 Osborne 公司发布）、Coleco（美国玩具制造商，后从事游戏机领域）和 Mattel（与雅达利、Coleco 同为游戏机制造商）均从该产业中消失。1984 年，销售给商业机构的个人计算机数量占全部个人计算机销量的 62%，其中 IBM 占了 49%，苹果仅占 13%。根据不同款型数量和进入个人计算机产业的新企业数量来看，莫迪斯(T.Modis)和德贝克(A.Debecker)认为 1982 年到 1983 年是销量的高峰。他们援引数据表示，每年有大约 18 家新企业引入 125 种不同类型的个人计算机。5 年内，这个速度降到每年有 14 家企业引入 82 种款型的个人计算机。

今天，越来越多的办公室工作人员在自己的工位上配有个人计算机，这成了企业一笔绝对的成本支出。虽然并不清楚这样做是否提高了工作人员的效率，但许多人相信，这极大地增加了文档数量和不必要的修订工作，从而把时间浪费在评估电子表格的设计上。但明确的一点是，就是雇员需要它们，就像整个 20 世纪 60 年代的秘书需要电动打字机一样。

回　顾

　　作为在纸上打字的工具，新的计算机技术相较于马克·吐温和他密友"石油"纳斯比在 1874 年夏遇到的粗糙机械打字机具有更多的优越性。可以打一个"保票"，现在的计算机将来又会被更好的科技产品取代，而且，可能是由目前还不知名的某个机构研发出来的。

　　在这里使用打字机的故事并不是想简单地引出一个吸引人的传说，相反，在这一过程中，设备的发明，随着时间的转化，以及厂商在其中的沉浮历程的探究是本书许多主题所强调的关注点。回顾文字处理这一产业，我们能看到许多明显的进展：

● 新的创新源自既有能力。肖尔斯打字机是由许多当时的现成技术组合而成的，融合这些技术，便诞生了某种创新。早期的电动打字机同样是把普通的部件（小型电机和手动打字机）组合起来创造出的一种新机器。甚至与个人计算机出现重大跨越相伴随的内容仍是来自我们熟知的承袭：标准 QWERTY 键盘、打字习惯等。尽管本章未提及，但个人计算机的制造部件也是源自电子产业中的其他产品，可以说是由电视显示器、印刷电路板、存储芯片、半导体等诸如此类的部件组成的。

● 主导设计的出现。初始阶段，业内呈百家争鸣般的产品创新态势，如不同打字方式（打字块、打字轮、打字套）、打字时隐藏或可见的输入字、双键盘与带 Shift 键的单键盘，等等。在经历了初期的剧烈震荡之后，在手动打字机产业出现了主导设计。此后，针对打字机的基本体系试验逐渐减少，厂商和消费者在他们的头脑中对打字机应是什么样子、应该怎样操作已有了清晰的概念。在随后的 25 年里，没有什么创新出现。在个人计算机产业也可以看到同样的主导设计现象，在 IBM 兼容机横扫整个市场后，拥有各种各样设计形态的产品被迫与大量设计和操作系统趋向一致。

● 不同企业的业务迁移与生态变迁。从市场上只有雷明顿和两三家其他公司的时代开始，就存在着竞争企业数量的剧增和随后的剧减。在下一章里，我们将看到，企业从新兴产业中迅速退出，与主导设计的出现密切相关。在 IBM 兼容机出现后，随之而来的是之前的众多重要竞争者退出产业。

● 波浪式的技术转变。在打字机、文字处理机和个人计算机创新的 125 年中有一个基本目标是一成不变的，即更清晰有效地把字打在纸上。在整个历史阶段中，我们见证了从手写向手工操作机器，再向电动机器的巨大转变，再到引入重大的不同数字技术的转变。每次转变均反映出上面的基本目标，但每次都是以不同方式达到目标的。每次转变基于一种不同的技术，导致生产企业需要一套不同的技能组合来实现。

● 技术临界点带来行业领导力的变革。伴随可视打字的创新，雷明顿的垄断地位迅速崩溃。在随后的 30 年里，作为新进入者的安德伍德取而代之，一路独领潮头。电动打字机问世时，IBM 这个真正的外来者把它推到了顶端，而市场上传统的领导者却因固守老技术而陷入困境。在向数字技术迁移的过程中，特别是在文字处理机达到顶峰时，亦出现了其他的未知竞争企业。IBM 个人计算机再登领导地位是不寻常的，因为这家企业在电动打字机和个人计算机两项创新浪潮中均是领导力量。有人认为 IBM 仅是个人计算机产业真正重要创新——软件和微处理器的包装者或推销者，IBM 的领导地位应让位于无处不在的 DOS 操作系统（以及之后最为成功的 Windows 操作系统）的设计者微软公司和作为计算机心脏和灵魂的芯片厂商英特尔公司。最近的发展，尤其是这两家企业的市值增长和 IBM 市值的减少似乎印证了这种观点。

● 外来技术的入侵。在办公环境下，电动打字机几乎替代了手动打字机，可以预测的是，在家用消费市场环境下也会一样。20 世纪 70 年代，个人计算机的出现是一个真正的外来技术的入侵。它的所有供应商，包括硬件、软件、打印机厂商等，都完全来自手动打字机领域之外，只有 IBM 在电动打字机方面有那么一点位置。正如我们将在之后各章中看到的，在一个产业的既有企业中寻找能带来产业崩溃的创新，一定会产生误导效应。创新大多发生于始料未及之地。当这些创新出现时，原有的领导者常常作出不恰当的反应，从而在该产业中迅速失去他们的主导地位。

如本章就打字机产业的回顾与分析，穿越历史周期，回顾那些已经历诞生、成长、成熟和衰退的全周期的产业，能学到的东西非常多。随后各章将继续采用此法，每章选择的案例产业都是我们熟悉且并不复杂的，以确保读者不会在技术细节的灌木丛中迷失方向。研究这些案例是为了使我们从中获得启发并得到乐趣，审视这些以创新驱动而形成的产业将有助于我们理解共同的范式，从而构建出通用模型。

第2章

最终存活的企业与主导设计

第1章描述了1885年至1915年间，打字机产业是如何吸引大量企业加入的。由于销售额的不断增长，这一新发明的商业潜力越来越明朗，新涌现的企业大多不再使用雷明顿和凯利格拉夫式的机器构造，而是采用独特设计构造。在新兴产业中的终端产品上的此类现象是相当典型的。一家早期先锋企业以其早期产品为开端，此后逐渐成长的市场开始成型，新的竞争者被吸引进来，随之而来的可能是进一步开拓的市场，也可能是以各自产品侵占一部分市场。在初期，没有一家企业可以"封锁"市场，也没有任何一种产品是完美无缺的；没有一家企业掌握了成熟制造工艺，或对产品的分销渠道已取得强有力的控制。同时，用户们对何谓"产品理想设计"，或所需的产品特点及功能还没有什么深刻的认识。此时，该市场与产业正处于发展过程中的不稳定状态。每个人，无论是厂商还是消费者，都在不断地摸索中。

在资金与技术门槛不是很高的情况下，这种环境可以引导众多厂商进入该市场，19世纪末期，打字机产业的情况便是如此。设计新型的打字机并不需要特别专业的知识，只要在机械装配方面有足够经验就行。需要一些擅长摆弄机械的能工巧匠，像雷明顿这样能够操盘新设计所需的技术与资本密集型业务的合伙人也不可或缺。

此阶段，制造厂商和用户都在进行产品创新的尝试。新企业以其设计独特的产品进入市场，既有企业忙于完善已有产品和采用新的款型，此时用户还尚未对任何特定产品或某个公司、品牌形成固定观念，从而更愿意做新的尝试与选择。同样，产业标准在这一阶段或多或少都会有一些，但通常还不完善。

在充满尝试与竞争的时期，产品的某些核心元素最终形成主导设计。一旦这种主导设计出现，竞争态势会迅速发生变化，即众多企业将经受艰巨考验，能幸存下来的并不多。不久以后，这些企业的生存状况会从先前那种以多家企业和多种产品为特征的形态转变为只有少数企业和产品同质化为特征的业态。

本章将重点考察企业的业务生态变化，主要关注四方面：第一，主导设计的理念；第二，决定主导设计出现的条件；第三，主导设计的出现如何影响创新进度与产业结构；第四，主导设计首次出现后，如何辨识。我们会在一些现代重要产业中思考上述问题。

什么是主导设计

从定义而言，某一产品种类的主导设计是指赢得市场青睐的一种设计理念，它是市场中的竞争者、创新者、追随者必须奉行的一种可支配市场的设计，是技术可能性与市场选择相互作用下，被广为接受的满意的产品形态。主导设计通常是综合过去许多单项创新技术而形成的一种新产品（或一系列产品特征）的主要形式。回顾打字机产业的早期历史，我们可以看到安德伍德 V 型就是作为主导设计出现的。它被市场很好地接受，也被竞争对手们争相效仿（雷明顿的 Monarch 打字机于 1900 年问世，L.C. 史密斯兄弟企业的 VI 型打字机于 1907 年出现），但竞争者在销售额上与安德伍德公司有很大差距，因此安德伍德打字机的主导地位得到巩固，它的独特设计是把包括单层的标准 QWERTY 键盘、可视化打字输出、列表键①、大写转换键②、滚筒装置等在内的众多已被市场检验过的创新，汇聚于一款打字机上，这种打字机随之非常迅速地占领了整个市场。它保持了几十年的主导设计地位，在打字机用户与打字机厂商心目中，它定义了打字机应是什么样的以及该如何操作。任何一家企业如想提供拥有某种新式字母排列键盘，或想改装圆式机轮（像老式的伯特那样）的产品，实属冒险之举，他们也许会因为这些特点得到一些小众市场或消费者的认可，但也不得不放弃想依托这些产品特点而成为主流厂商的希望③。

IBM 兼容机在市场上迅速成为主导设计。回顾过去，我们可以看到它如何成功地依循了与安德伍德 V 型打字机相似的一种模式——在数字化时代中做了安德伍德公司当年在机械化时代做过的事。这种个人计算机，就像当年的 V 型打字机一样，并未给市场带来什么技术性突破，但它把众所周知的、已被用户肯定的一些部件很好地融合到了一起：电视显示器、标准磁盘驱动器、标准 QWERTY 键盘、英特尔 8088 芯片、开放架构以及微软的 DOS 操作系统。这些部件组合在一起形成的个人计算机至少占领了 80% 的市场份额，并成功确定了个人计算机的概念。到 20 世纪 90 年代初期，IBM 在该设计中加入了更加友好的交互界面④，试图消除苹果公司的麦金塔系列计算机与 PC 兼容机之间存在的技术和体验鸿沟。

主导设计尽管不能像某种定制产品那样能够满足某一小众品类消费者的需求，但尽可能地包含了主流用户的核心需求。主导设计没有必要体现最尖端的技术性能，主导设计是所谓技术可能性与市场选择互相作用之下，被广泛接受的高满意度产品，而不是仅为少数人提供的定制产品。

主导设计通过把各种性能要求蕴含于产品设计内，大大地减少了对一种产

---

① Tab 键。——译者注
② Shift 键。——译者注
③ 只能服务于小众市场。——译者注
④ Windows 操作系统。——译者注

品的不同性能要求，如同现在没有人会再问某辆汽车是否拥有电动启动机[1] 和电动雨刮器；或某款打字机是否同时能打大小写字母；抑或是某种个人计算机是否装有磁盘驱动器，尽管这些都是在主导设计出现之前就有的独特设计。这些功能特点已蕴含于广受市场欢迎的产品设计之中，并且所有厂商都不得不竭力遵循着它们，这些功能特点不再成为重要问题，也无须作为某家产品的优势之一而被广而告之，它们已被纳入市场可接受的流行产品之中。

主导设计如何出现

如果说某一主导设计的出现，对所在产业来说具有里程碑的意义，那么企业管理者就需要知道主导设计是如何出现的。或许可认为主导设计在出现之前会有某种预示：如装有内燃发动机的汽车不知为何恰恰就是我们运输所需要的，而早期的电动和蒸汽动力汽车的尝试则脱离了方向，从而注定无法成功。主导设计的出现不一定就是预先注定的，却是在特定时期下技术与市场选择互相作用的结果，这一点可以很容易地用标准键盘如何在雷明顿产品、安德伍德产品和所有后继的打字机产品、计算机以及现今的其他键盘中的进化方式事例来发现。从现实角度来看，即便没有上百种也有几十种不同的键盘设计符合人体工程学原理。肖尔斯、雷明顿和其他上百个打字机制造商对产品元素的选择是集实验、技术可能性、个人选择、用户定位于一体的产物，在一定程度上也纯粹是因为使用习惯而导致的结果。同样，主导设计的持久性从最初的创建到继承的资产中的里程碑中都说明了互补配套生态的影响力，如打字机案例中的打字技巧和相关训练[2]。

---

[1]　电动点火装置。——译者注
[2]　虽然标准QWERTY键盘不是很符合人体工程原理，但也能通过培训，获得较好的操作技能。——译者注

这种把主导设计视为成功演化的观点，可用金姆·克拉克（Kim Clark）的设计沿革框架来阐明。图 2-1 所示是根据打字机历史绘出的简化沿革图，此处有两条"技术路径"，最初是通过选择核心技术概念确立研发方向，后来是产品决策受到以往技术选择和用户需求变化的制约，从而对不同的发展路径造成影响。

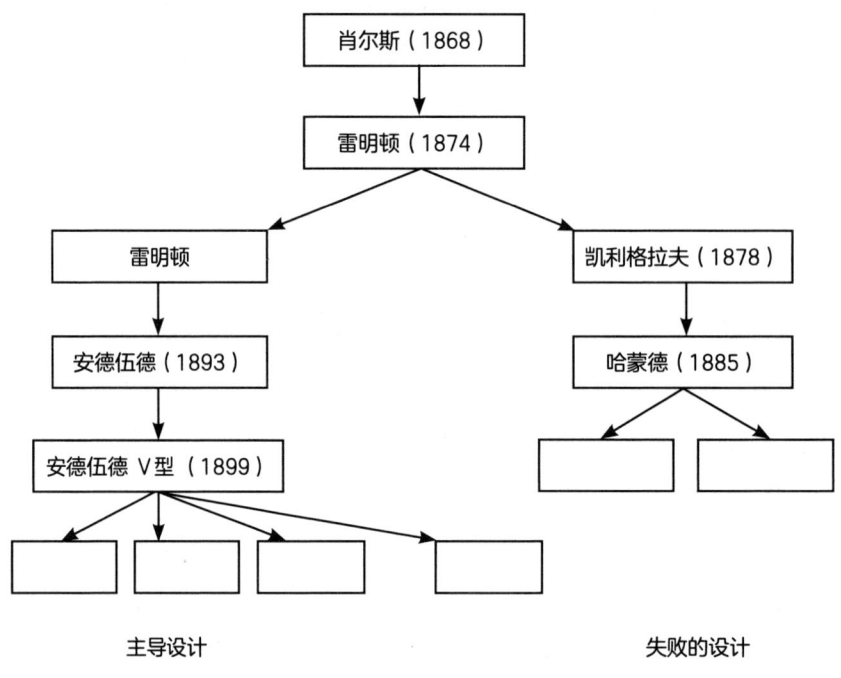

图 2-1　设计沿革与主导设计

主导设计的思想比技术竞争和进步更加宽泛。技术因素以外的非技术因素也被纳入了考量范围，主要包括附属资产、产业规范和政府干预、企业级战略与部署，以及保持厂商与用户之间的沟通。

附属资产

附属资产，正如蒂斯所描述，看上去与主导产品的出现存在着双向联系。拥有如市场渠道、品牌形象和用户转换成本等附属资产的企业，在促使其产品成为主导设计方面，比竞争对手更有优势。IBM 在个人计算机领域的进程是一个非常好的例子。1981 年，在个人计算机市场中有多家企业竞争，此时 IBM 产品也首次进入市场。对广大购买者来说，IBM 的名字具有巨大的品牌价值，作为一家大型企业，IBM 的进入意味着用户可以得到零部件更换和配套技术支持服务，即将出现的应用软件也以 IBM 兼容机为载体成为产业标准而受到鼓励。

产业规范和政府干预

产业规范经常能够加强某些产品或服务标准，从而确立主导设计。例如，美国通信委员会对美国电视广播标准的审批，有利于美国无线电公司将自己的产品设计作为刚诞生的电视产业的指导标准。今天，世界各国政府对高清晰度电视标准的确定，是对各自的国内厂商或有利或有害的标准，其所作出的规范无疑将对该领域的主导设计产生重要影响。

企业级战略与部署

企业针对竞争者而制定的产品战略，也许会决定哪一家企业的产品会成为主导设计。这正是库苏马诺（Cusumano）、麦罗纳迪斯（Mylonadis）和罗森布卢姆（Rosenbloom）所说的"战略策略"。在对磁带录像机标准的研究中，这些学者发现 JVC（日本胜利企业）的 VHS 系统（家用录像系统）战胜索尼的 Betamax 系统成为市场主导的原因之一，就是这两家企业实施了不同的战略。当 JVC 实施"谦卑"战略，先后在日本、欧洲及美国建立起产业联盟时，索尼则依旧采取独立运营模式，强调自身的声誉，刻意避免联合其他第三方等，因为这会影响其对这一重要新兴市场实行上下游纵向一体化的掌控。根据库苏马诺等人的研究，JVC 的成功既不源于 VHS 系统的技术优势，也不是政府法规促进的结果，而主要是竞争战略使得 VHS 成为主导设计。实际上，VHS 在技术上有诸多方面并不如 Betamax 系统。苹果公司在苹果 I 型电脑上也采用了类似的战略，其鼓励众多生产兼容外设的供应商支持其产品的发展。然而，随着麦金塔电脑系列越来越专门化的架构设计，苹果放弃了这种① 对其产品不利的想法。

保持厂商与用户的沟通

最后，各家企业与用户沟通的方式，对其争做主导设计的能力有重大影响。这是一种对市场需求的研究与分析能力。贴近用户，使得厂商有机会尽可能地了解他们的需求，了解产品在实际生产生活中是如何被使用的，在满足用户需求方面是如何成功与失败的，以及产品变化是如何弥补在性能与用户需求方面的空缺或平衡的。在产品试验期间与用户保持紧密接触，可帮助企业确定哪些产品特点对用户确实重要。架构这种"厂商—用户"的接触可采用与"先导顾客"② 、消费者协会以及产业组织等保持紧密联系等形式。克里斯坦森指出如果不做这种交流，那么，当需求出现变化时，企业不能及时作出反应，会使企业在技术进步面前显得十分脆弱。

主导设计、竞争和产业结构

经济学家欣然认可一家或几家企业的新产品创新，在性能上大大优越于竞争产品，即可获得暂时的垄断、高利润、高价格以及在本没有的市场空间中销售产品，该观点也与熊彼特创立的"创造性破坏模式"以及随后相关的创新经济的研究相一致。随着需求与生产的增长，以及越来越多的行业应用的实践，许多新企业以丰富的产品进入市场。例如，早期的汽车既包括我们

---

① 产业联盟。——译者注
② 愿意尝试接受新产品、新事物的最早一批消费人群，亦称为"种子用户"，可成为企业最铁杆的粉丝消费群。——译者注

所熟悉的内燃机汽车，也包括蒸汽汽车和电动汽车，当时在美国有几十家这样的汽车厂商。我们记得，有众多的打字机厂商生产曲线型键盘、双层键盘及其他形式奇特的键盘。在打字机产业形成的初期，当时美国至少有三十多家这样的企业。

伯顿·克莱恩（Burton Klein）在他关于动态经济学的独创性著作中，指出了产业结构与技术变化之间存在的联系。克莱恩认为，每个企业引入投资与产品作为对市场和需求判断正确与否并获取快速反馈的检验。这样，在一种产品品类研发初期，即参与企业较少的时期，必然是技术进步与生产率提高相对较慢的时期。随着越来越多的企业进入，产品技术实验与需求验证的范围扩大了。克莱恩指出，技术进步和生产力的发展，会催生出更大规模的创新。

最后，由于一些企业凭借其卓越的产品技术和生产力逐渐掌控了整个产业，新尝试与进步将慢下来。想要重现高速的进步节奏，需要市场竞争的变革与扩大。重温早期的著作，克莱恩发现，诸如建立起一条新的且更快速的技术进步路径这样的重大创新，并不是单单来自所调研产业中某家重要企业（后面我们会详细考察这一方面）。根据这一认识，他断言从动态组织转向静态组织的过程，从组织的快速学习时期到缓慢的或无进步时期，都是不可逆的。

人们普遍认为，进入新兴产业的创新者都是一些小型企业。其实情况不完全是这样。雷明顿公司进入当时的打字机产业时，就已是一家大型企业。IBM公司在 1981 年决定进入 PC 兼容机产业，以及它在早些时候进入电动打字机产业时已是一家大型企业了。这个重要问题我们会在第 9 章中说明。主导设计的出现转变了竞争的重点，使其有利于那些在流程创新和一体化方面更成熟，并拥有自研技术与高超工程技能的大型或小型企业。资本一旦投入产品创新竞争中，且尘埃落定之后，那么，竞争就会转移到新的领域：流程及工艺创新。当市场选择了标准 QWERTY 键盘，或某种其他设计标准正好是市场所需时，创新者就开始计划如何提高这一特殊键盘的使用效率，尽管可能并不符合人体工程学原理，但是要比其他企业做得更好。

那些不能向流程及工艺创新转变的企业，将不能进入有效的竞争环境，并且通常会失败，而那些拥有特殊资源的企业（如 IBM 或苹果公司）可以成功地兼并最后的主导企业①。总的来说，无力改变组织结构、与产业的技术迭代不匹配，是企业失败的重要原因。

也许有人会提出假设，在任一终端型产品产业中，企业总数曲线的峰值将在主导设计出现一年或两年的时间内出现。在本章中，许多新老产业的情况说明了这一点。在主导设计出现之前，可见的情形是，进入创新浪潮中的企业，会携带着各自不同设计的产品进入市场，进行尝试。例如，人们在打字机、个人计算机以及早期汽车上的所作所为。根据这个假设，在主导设计出现后，预期这将是一次竞争者的退出浪潮和对该产业的一次巩固。图 2-2 说明了这一点。图 2-2 中，第 10 年出现的主导设计标志着该产业发展中的重要变化，有效竞争将在成本、规模和产品性能的基础上进行。

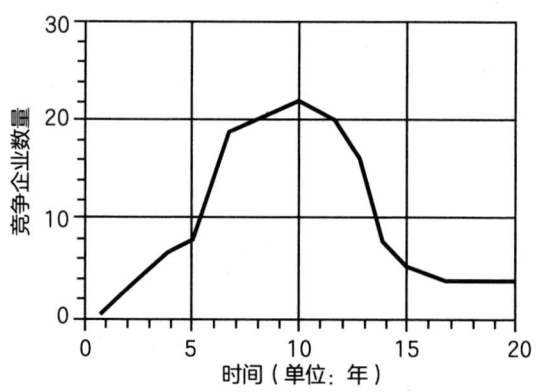

图 2-2　主导设计和竞争企业数量

如果该假设是正确的，那么我们将会看到这种对管理者和学者均有用的、

---

① 例如，IBM 收购的 Lotus Notes 成了办公 OA 的主导设计；苹果公司收购的 Siri 产品，成了语音助手的主导设计。——译者注

可再现的、创新和变化的动态模式。我们可以假定，随后的发展是在主导设计确定后更加具有优势的。

标准的贯彻实施

主导设计具有强化或促进标准化的功能，因此，它有助于挖掘或完善生产和其他辅助生产的经济性效益。有效的竞争也从创新方法转向产品设计与特色，在产品性能、成本和规模的基础上进行竞争。

创新方向与节奏的变化

一项设计一旦被广泛接受，该设计就将对进一步的技术迭代方向与速度产生深远影响。对标准 QWERTY 键盘（打字机主导设计的组成部分之一）的广泛接受，使得在键盘设计方面的创新止步不前。创新者也许会对一些外围键位进行调整，或加入几个新键，如 /（斜杠）或 +（加号），但其余核心部分已固定下来，如果要对键盘进行一些根本性改变的话，也受到了键盘"隐藏机制"[①]的限制。

主导设计出现之后，创新的脚步会一下子慢下来。也许正应验了那句谚语：谁也不会让一个健康的人去看医生。企业把精力从产品特色创新，转移到了获取成本或质量优势，以及力图成为最好的标准化产品上。以下案例对此会有更清楚的说明。

---

① 厂商的经济效益与用户的使用习惯。——译者注

证据与案例

我们利用一些甄选案例来说明主导设计与企业生存模式所揭示的变化浪潮的关系：打字机、汽车、电视和电视显像管、晶体管收音机、电子计算器、集成电路磁盘驱动器，及大规模并行超级计算机。总的来说，以上各个产业展示了类似的企业进入和退出模式。

在一个新兴产业诞生之初，企业（绝大部分是小型的、创业企业）进入行业的速度适当。经过一段时间后，显著的市场收益会带动进入曲线出现快速波动，该产业的企业数目会急剧上升。在主导设计出现后，企业总数又开始平稳地减少，直到稳定在少数的几家大企业。通常，取得成功的企业都是那些在较早阶段进入该产业的公司。

打字机产业回顾

打字机产业的增长在早期是很缓慢的，可能是由于当时职场人士还未能掌握所需的打字技巧，未能发觉这一新机器的全部价值。直到 1885 年，出现了 4 个新的竞争者，才打破了雷明顿的垄断格局，打字机才逐渐被大众接受。到 21 世纪初，美国市场上已有 30 多家企业的打字机产品，但那时厂商提供的产品还缺乏标准化的特征。如图 2-3 所示，从 1904 年罗伊尔公司的出现到 1909 年竞争企业数量已上升到 40 家。安德伍德公司于 1899 年推出 V 型产品，它的可视化打字特征，使得打字者可以在机键敲击于纸上时，清楚地看到自己所编写的内容。它首次配有 tab 列表键，使制作表格不再困难。最终，企业在商业办公市场上赢得了大块的市场份额。由于越来越多的人学会了使用 V 型打字机，它成了人们脑海中打字机的标志形象。由此，安德伍德产品已具备了打字机的基本特征。这种打字机成了公众期望和其他企业纷纷仿效的"主导设计"，即打字机的模范标杆。

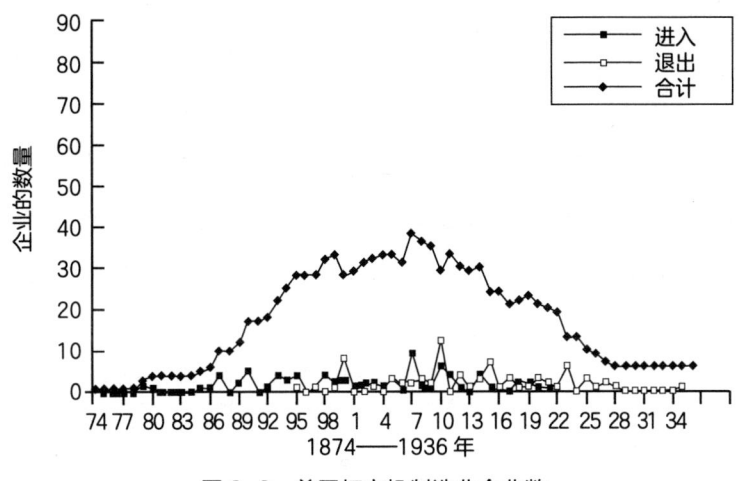

图 2-3 美国打字机制造业企业数

资料来源：Based on data in George Nichols Engler，*The Typewriter Industry: The Impact of a Significant Technological Innovation*(Los Angeles: University of California at Los Angeles, 1970).

对当时热闹非凡的打字机产业来说，安德伍德公司 V 型打字机的引入是一道分水岭。如图 2-3 所示，在 V 型打字机推出后不久，竞争企业数目的快速增长立刻就达到了尽头。1907 年以后，该产业的企业数量开始出现缓慢且不可逆的减少趋势，到 1940 年，只有 4 家厂商处于该产业中，它们分别是雷明顿、罗伊尔、史密斯和安德伍德，每家平均拥有近 20% 的市场份额，IBM 当时仅拥有 10% 的市场份额。剩下的则大部分是外国企业，拥有其余 10% 的市场份额。在曾经进入该产业的企业中，有 90% 以上的企业此时都已退出，它们或者破产或者被兼并。只有少数几家早期进入的创新者幸存下来。直到电动打字机出现前，除了各种各样的修饰特征之外，产品和竞争状况基本上没有什么改变。即使后来出现的电动打字机，也没有像 21 世纪初的第一台手动打字机到来那样为用户带来如此巨大的变化。个人计算机的开发更多的是拓宽市场。

我们可以假设，主导设计的出现，突然把竞争的基础，从开发独特产品转为其他能力，如低成本制造、营销、服务或其他要素上去。在这里和

第 1 章得出上述结论时，我们引用了乔治·英格勒尔（George Engler）对该产业的研究。

汽车产业

如图 2-4 所示，在大约 5 年或更长的时间里，有 100 多家企业进入并参与了美国的汽车工业。企业进入浪潮始于 1894 年，直到 1950 年仍在继续。退出浪潮则出现在 1923 年，并在几年后达到顶峰，直至今日仍在继续。

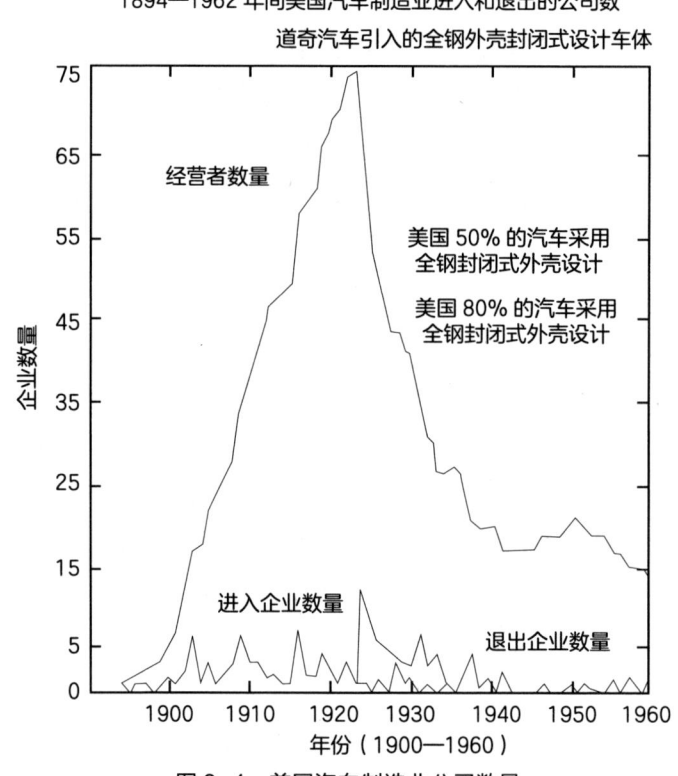

图 2-4　美国汽车制造业公司数量

资料来源：James M. Utterback，"Innovation and Industrial Evolution in Manufacturing Industries", in Bruce Guile and Harvey Brooks, eds., reprinted with permission from *Technology and Global Industry* (Washington. D.C..: National Academy Press, copyright 1987), based on data from R. Fabris,"Product Innovation in the Automobile Industry", Ph.D. diss., University of Michigan,1966.

正如我们假设的，进入该产业中的企业数量增长逐渐放缓，但在 1900 年之后又开始加速上升。从 1894—1918 年，已有 60 家企业加入，并且没有一家选择退出。1923 年进入企业的数量到达顶峰——75 家。在随后的两年时间里，有 23 家企业退出或被兼并，几乎占到该产业的 1/3，到 1930 年，有 35 家企业退出。在经济大萧条时期，又有 20 多家企业退出。在第二次世界大战刚刚结束之后，进入和退出数量曲线出现了短暂的波动，但是该产业的美国企业数量在 1940—1980 年之间基本上是稳定的，当时一些外国厂商开始在北美开办企业。

在这种进出模式中出现了一些重要的产品创新。我们没有 1894—1918 年间创新方面的资料，但可以推断，在这一时期中，创新的出现不仅频繁且相当具有价值。1923 年，由于竞争企业的数量已到达顶峰，道奇汽车公司推出了一项重大创新——封闭式全钢外壳车身汽车。这一新式车型大大提高了汽车底盘的强度和硬度；同时，对厂商而言，这是一个从外部车厢手工制作成型转入投资高但更高效的机器冲压成型工艺的契机。

到 1925 年，美国制造的汽车中，半数是封闭式全钢车身汽车。到 1926 年，采用这种设计的汽车已达到 80%。在这一阶段，一些企业开始从该产业退出，且退出的企业数量逐渐增多，而产品创新的数量和速度开始显著下降。产品配件和款式方面的新颖概念在产量低、利润高的豪华轿车中接受市场的检验。渐进式创新则更多地被低价格、高产量的生产线制作采用。通用汽车公司在这两类创新上，尤其是在主流产品变化部分开始领先。在 1919—1962 年，美国汽车产业按年度统计的重要创新数量越来越少，新的进入者在减少，该产业中的一些企业逐渐退出，见表 2-1。

道奇汽车引入封闭式全钢车身设计这段时间（1919—1929），也是半数以上重要创新产生的时期。虽然封闭式全钢车身设计明确地成了汽车车身的主导设计和汽车总装的主要部件，但我们不能随意确定它对企业进入与退出速度产生的影响。然而，主要创新与新进入者减少和退出之间表现出的关系，加强了我们对两者间联系的直观认识。

表 2-1 美国汽车产业中的主要创新数量和企业的进入／退出数量统计

时间段	创新	新进入企业的数量	退出企业的数量
1894—1918	NA	60	0
1919—1929	14	22	43
1930—1941	11	6	29
1946—1962	7	4	8

资料来源：R.Fabris，*Product Innovation in the Automobile Industry*，Ph.D.diss.，University of Michigan，1966,p92.

电视与电视显像管

对电视及其原理的研究在成功制造出第一台电视机的前几十年就开始了。美国无线电公司于 1929 年在 David Sarnoff 公司之后进入该产业，由于该公司对发明家维拉蒂米尔·斯福罗金（Vladimir Zworykin）的原型设计展示印象深刻，于是决定雇用斯福罗金并让他负责美国无线电公司在新泽西州肯顿市的电子研究小组。其他一些企业或发明家在 20 世纪 30 年代进入这一新兴产业，并都对这一技术领域的应用及拓展起到了重要作用。费罗·法恩斯沃斯（Philo Farnsworth）、路易·黑兹尔坦（Louis Hazeltine）、美国电视和艾伦·杜蒙（Allen DuMont）就是在电视发展初期最重要的一些代表。

这一产业的商业起源可追溯到 1939—1940 年的纽约世博会，在那里，成百上千万的人第一次看到了电视演播。基于分析的目的，我把 1939 年作为该产业开始的标志。图 2-5 的资料始于 1949 年。该图清楚地展示出在电视产业中，产业的主导设计与竞争公司达到高峰之间的假设关系是成立的。在该产业的第一个十年期发展中，电视厂商的数量增加得非常迅猛。进入的浪潮很可能是在 1950 年达到高峰，即进入者数据记载的第一年或更早一年。直到 1952 年，企业总数都是在平稳地增加，该年企业总数达到了峰值年并开始上升，并于 1956 年达到峰值。

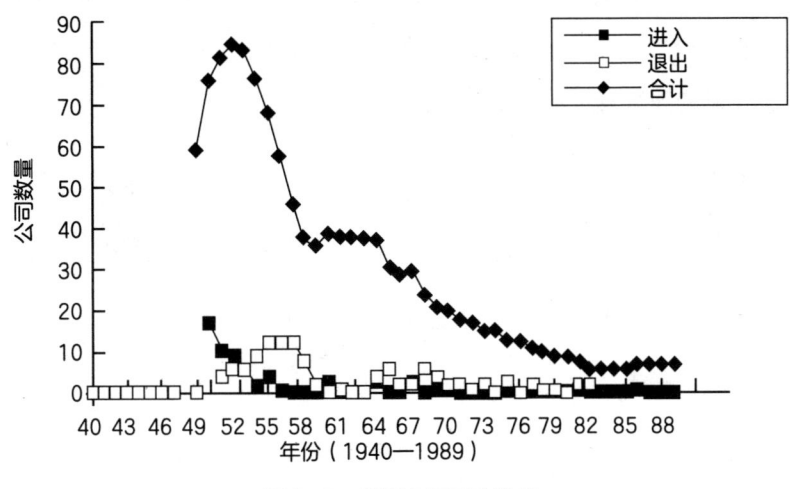

图 2-5　美国电视厂商数量

资料来源：James M.Utterback and Fernando Su á rez，"Innovation, Competition, and Industry Structure,"*Research Policy*, vol. 22, no. 1, January 1993,p.11.

　　在 20 世纪 50 年代初的电视产业中，发生了如下一些对创新和竞争模式有重大影响的事件。首先，1951 年，最高法院通过了关于彩色电视播放（如 UHF 与 VHF）技术标准的确立的决议。两年后，美国通信委员会批准了由美国无线电公司领导的厂商，所支持的美国电视标准委员会（NTSC）系统，一些反对美国无线电公司技术标准的企业由于该法案而退出了该产业。其次，在 1952 年左右，电视产业主导设计的一些特征开始形成。这一设计的最重要的一方面是屏幕尺寸以及相应的显像管参数。20 世纪 40 年代，几乎所有的电视显像管都小于 14 英寸（1 英寸 =2.54 厘米）。美国无线电公司于 1952 年制造出了第一个 21 英寸显像管和其他大型显像管，该产品迅速成了市场标准。最后，在 20 世纪 50 年代早期，美国无线电公司开始允许其他企业使用它的电视技术，这进一步地减少了竞争，使美国无线电公司当时在产品最关键特征方面拥有绝对的话语权。

电视显像管产业的故事与电视产业类似。如图2-6所示，从1949—1956年，在电视产业厂商数量达到顶峰之后的第四年（1956），电视显像管产业的公司总数达到了其产业顶峰，总计66家。

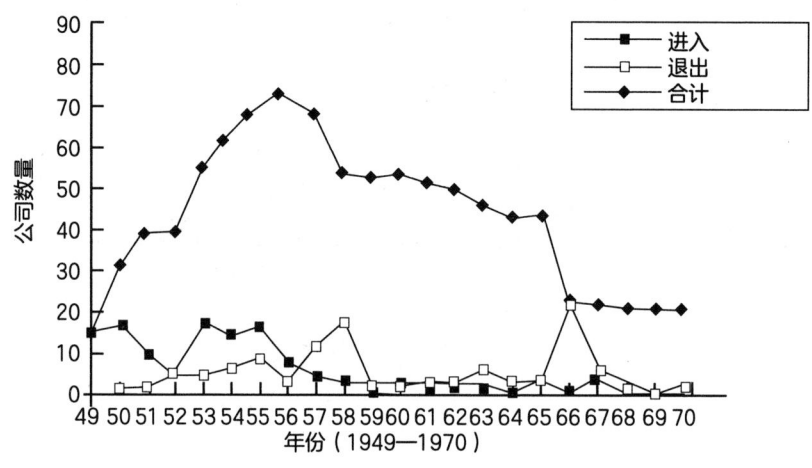

图2-6 美国彩色显像管生产公司数量

美国无线电公司的主要创新之一是遮罩式彩色显像管的开发。美国通信委员会于1953年12月制定了有利于美国无线电公司的兼容标准，1954年1月首次按该标准形式播放了电视节目。黑兹尔坦对屏幕的亮度问题作出了重大贡献。受制造方面的限制，显像管的尺寸小于16英寸，直到CBS（哥伦比亚广播公司）实验室研制出如何使遮罩变为曲面时，这一问题才得到解决。美国无线电公司获得了这两项技术的开发许可。最初的显像管有一个问题，即它们是靠金属与前方的玻璃连接的，这种金属连接玻璃界面的方式很不结实，经常会断开并损坏显像管。而最初是黑白后来是彩色的21英寸的全玻璃显像管，最终解决了这一问题，并成为自20世纪50年代中期以来卖得最多的显像管产品。第一个这样的显像管是美国无线电公司于1955年晚期推出的，并且在其后的几年中获得了电视显像管市场的大部分份额。性能可靠的彩色显像管的出现对解决 20 世纪 50 年代末众多显像管厂商面临的难题作出了贡献，并激发了产业的"集聚效应"。众望所归，1958 年 5 月，美国无线电公司就宣布它的第一件全玻璃 21 英寸彩色显像管问世，这种显像管将在彩色显像管市场中占有重要的一席之地。

晶体管收音机

根据蒂尔顿（J.E.Tilton）的资料可知，1950 年，三家企业主宰了美国的晶体管收音机产业。他们是通用电气公司、飞歌—福特公司（Philco Ford）和美国无线电公司。在随后的 10 年中，这些企业比那些新企业在研发方面花费的精力更多，也得到了更多的专利（根据贝尔实验室的费用与专利计算得出）。但在新兴的晶体管收音机市场中，一大群新进入的企业赢得了近 2/3 的份额。到 1966 年，有 3 家新进入企业：德州仪器、摩托罗拉和仙童半导体公司，共占领了 42% 的市场份额，而原来的那些晶体管收音机厂商的市场份额则下降到全部市场的 1/4。如果加上使用了 IBM 公司产品的话，那么现有企业和新进入企业在该产业的差别将更为显著（IBM 公司被认为于 1961 年进入了该制造领域）。

图 2-7 显示，1948 年晶体管产业的企业总数开始迅速上升，但是，当 1959 年平面晶体管进入商业化生产时，这一增长几乎停止。平面晶体管制造工艺迅速成为该产业的主导设计。由仙童半导体公司推出的平面晶体管，相比台面晶体管在技术上具有更多的优势。特别是平面晶体管呈平面，这意味着通过在电极板适当位置上镀上一种脱水的金属镀层，即可实现电路连接。相对台面晶体管来说，平面晶体管是一项巨大突破，因为台面晶体管的不规则表面，决定了在上面进行手工电路焊接是很费劲的。平面晶体管激发了制造低成本晶体管的趋势——这是在后主导设计阶段中的一种典型现象。读者可能已经注意到在 1959 年从该产业退出的企业数量几乎为零，而在此后却变得普遍了。

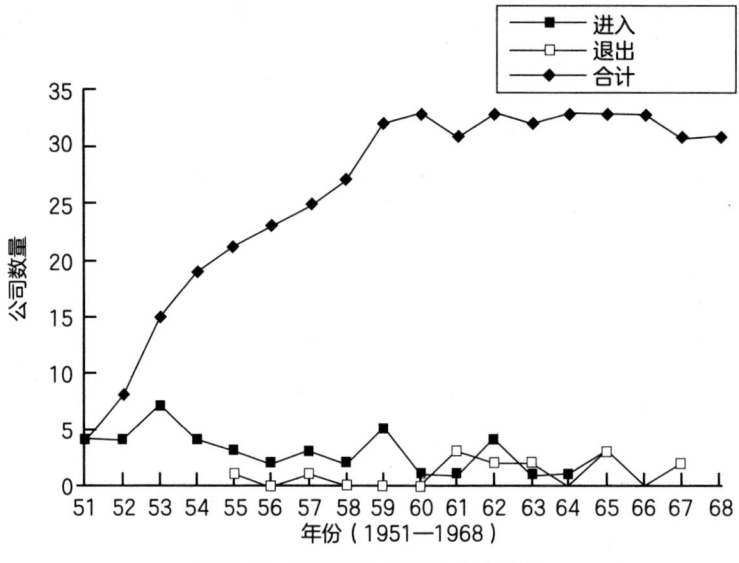

图 2-7　美国晶体管制造业企业数

资料来源：Based on data in E.Braun and S.MacDonald, *Revolution in Miniature: The History and Impact of Semiconductor Electronics* (Cambridge, England: Cambridge University Press,1978); and J.E.Tilton, *International Diffusion of Technology* (Washington, D.C.:The Brookings Institution,1971).

电子计算器

20世纪60年代，美国计算器市场由5家主要制造企业组成，它们控制了当时90％的电子装置市场：弗里登（Frieden）、蒙诺（Monroe）、马尔尚（Marchant）、Victor和好利获得。弗里登、马尔尚和蒙诺分别拥有大约20％的市场份额，Victor拥有的市场份额少一些，好利获得则占有10％—15％的市场份额。这些公司几乎是纵向一体化的，这是由于许多产品特殊部件的制造需要很高的精密度才能完成，因此对新企业来说很难进入。通过集中于特定的市场，这些主要公司之间避免了激烈竞争。广泛的分销和服务网络使得他们的市场主导地位得以加强，另外，电子计算器技术已达到了很高的水平，任何一家企业想要取得重大突破并对现存市场态势构成威胁，都将是较为困难的。

最初，当电子计算器于1962年进入市场时，这种情况并未改变。第一部电子计算器是一个极为复杂和昂贵的装置，它由2300多个部件构成，且仅用于专门的科学和技术领域。图2-8显示，1962—1971年，11家企业进入了该产业，其中10家生存下来。这一进入曲线于1972年到达顶峰，当时在3年之中又有21家企业进入。然而，随着计算器芯片的引入，即一种使芯片、显示装置和键面组装成单元的、工作简单化的主导设计引入，1971年开始陆续有企业退出。半导体厂商们的退出，例如，德州仪器公司和罗克威尔（Rockwell）公司于1972年退出，美国半导体公司National Semiconductor于1973年退出，进一步加速了其他大型公司从该产业退出。随着一些半导体厂商（如罗克威尔公司）的退出和少数纵向一体化企业主导着该市场，市场结构开始稳定下来。这样，主导设计和通常于其后出现的纵向一体化趋势在这个高度精简的范例中几乎是同时发生的。

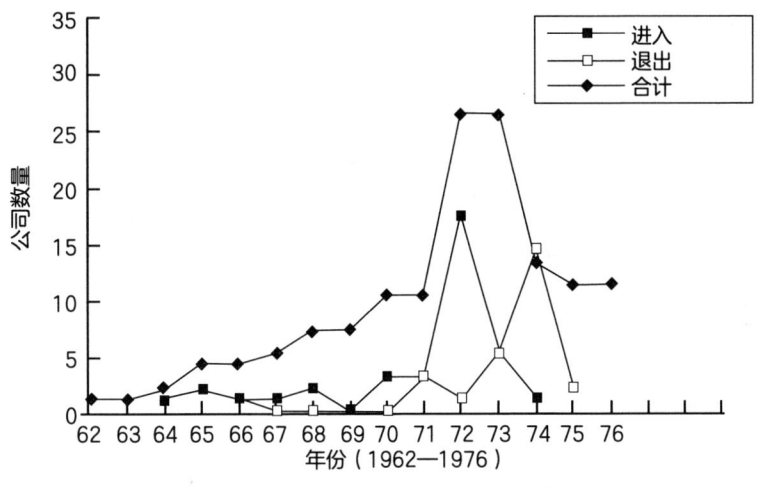

图2-8　美国电子计算器产业公司数量

资料来源：Based on data in B.Majumdar，*Innovations, Product Developments, and Technology Transfer: An Empirical Study of Dynamic Competitive Advantage, The Case of Electronic Calculators*, Ph.D. diss., Case Western Reserve University, Cleveland,Ohio,1977.

集成电路

　　集成电路产业，显然是唯一一个无法匹配之前提到的当主导设计出现后，竞争企业会大量减少模式的案例。事实上，如图 2-9 所示，在资料统计期间，公司数量曲线上没有什么高峰出现。泰瑞莎·弗莱赫蒂（Therese Flaherty）研究集成电路产业后认为，没有任何时期的一种产品能轻易地被认定为主导设计，新产品一代又一代出现，保持着不断的变化，这也许可以解释为什么在大量企业进出该产业的情况下，该产业中公司总数曲线一直呈现出较平直的态势。

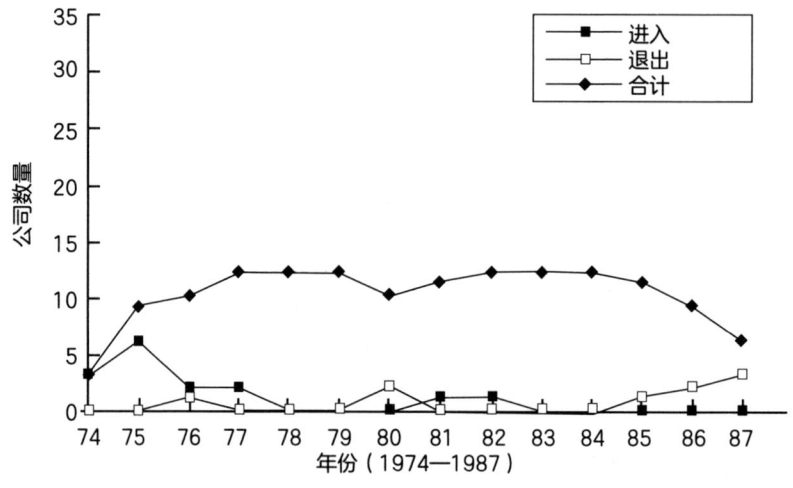

图 2-9　美国集成电路产业中公司数量
资料来源：*Dataquest and Therese Flaherty*，personal communication.

　　集成电路产品已推出了许多代。以该产业目前最重要的部件 DRAM（动态随机存储内存）为例，该部件已经发展了七代（1KB、4KB、16KB、64KB、256KB、1MB、4MB）。在产品各代之间，始终存在着激烈竞争，并且没有一家企业能够一代又一代地一直保持领导地位。根据这个产业的特点，儿玉文雄

（Fumio Kodama）引入了"冲浪"概念。如果某一企业在某种产品的竞争中处于领导地位，就拿4KB内存产品来说，这家企业将不会在新一代16KB内存产品的竞争中仍处于领导地位。该企业失去了这一地位，但它还可以在64KB内存产品竞争中再争高下，而此时16KB内存产品的领导者也已不再是新一轮竞争中的佼佼者了。总之，美国企业一直在不断地让位于日本企业。美国企业曾主导了前三代产品，但日本企业从64KB这代产品开始就一直在市场中占据了重要份额。

对集成电路产业的粗略回顾说明了这一模式无法被简单解释清楚，但其中的一些方面预示了这样一个结论。第一，弗莱赫蒂的观察结果是，在每一代集成电路产品中，"早期进入"战略是一种取胜战略。第二，主要企业针对市场需求的生产能力每代都在增加，所以仅有少量企业就足够了。

1985年，美国集成电路产业中开始有企业退出，在其后的两年中，退出数量继续增加。由于这一时期没有什么新企业进入，美国企业的总数于1987年下降到了最低点。现今，这个产业的特点是集中度更高、企业规模更大。最后，虽然对下一代集成电路来说，产品创新仍然重要，但由于产品迭代快和产量需求增加，对参与的企业来说，流程创新和生产能力变得越来越关键，这种"生产能力"对进入该产业形成了一道有效门槛[①]。

温彻斯特磁盘驱动器

温彻斯特（Winchester）磁盘驱动器技术最先由IBM公司于1973年开发，用来作为一种快速存储数据的方法。一些竞争企业也相继推出与之类似的产品

---

① 英特尔就掌握了从芯片设计到硅晶圆制造的完整产业链。——译者注

和技术。起初，这些技术和产品设计被运用于主机和小型计算机，但未来的几代产品被运用于不断增加的微型计算机[①] 存储需求中。温彻斯特磁盘驱动器产业吸引了许多企业，并且，这些企业的大部分都在早期获得了成功。在1978—1983 年，产品销售额从 2700 万美元上升到了 13 亿美元。驱动器厂商的数量于 1983 年到达最高点。分析师乐观地预计，到 1987 年，获得的收入将增加 3 倍以上。

克里斯坦森在他的数据里分析了磁盘驱动器的五代产品：14 英寸、8 英寸、5.25 英寸、3.5 英寸和 2.5 英寸驱动器。在前两代产品中，驱动马达是分离开的，而在第三代产品中，驱动马达与驱动器转轴合并。3.5 英寸驱动器又有了更为重要的设计变化，而 2.5 英寸驱动器基本上是在尺寸上又有缩小，但是迄今销售量还未获得大幅度增长。克里斯坦森令人信服地评论到，现有企业未能把握住磁盘驱动器持续迭代。他们总是太拘泥于现有用户的需求，而未能对即将到来的微型计算机增长势头给予充分关注。

小型驱动器速度很慢，并且初期价格更为昂贵，但他们确实使磁盘驱动器进入了台式机。当已有企业经过不断改善，艰难地在元件制造上领先时，新企业已在运用现有元件进行结构创新并遥遥领先。除了目前的 2.5 英寸驱动器，每一代驱动器产品的领先企业都与上一代不同。克里斯坦森认为，2.5 英寸甚至更小的驱动器产品将具有 3.5 英寸驱动器的所有特点和功能，并因此成为主导设计。这是一个值得高兴的结论，因为它很好地支持了产业中存留的企业数量的假设。在图 2–10 中，我们利用他的数据对此进行了独立分析。

---

① 即个人计算机。——译者注

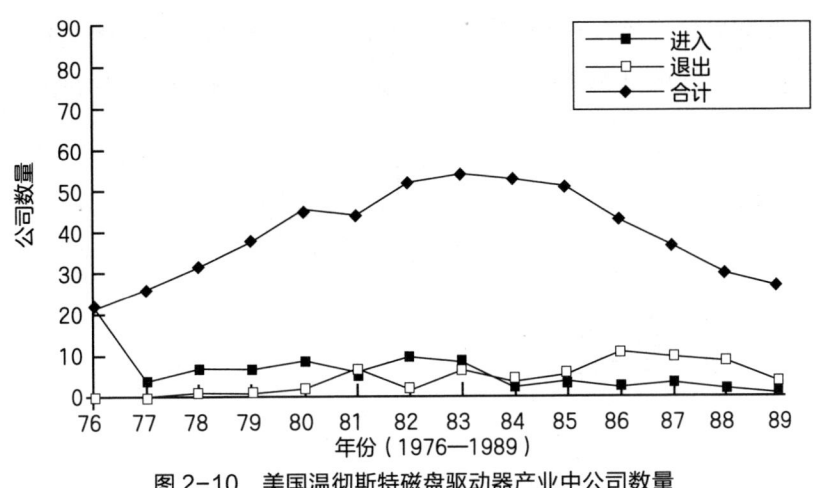

图 2-10　美国温彻斯特磁盘驱动器产业中公司数量

资料来源：Based on data from Christensen.

超级计算机

超级计算机，这个在任何时候都是最强大的计算系统，现今已达到 100 MFLOPS（每秒 1 亿次浮点运算）的运算速度。有三项主要技术运用到这类机器中：序列、矢量和并行计算。序列计算机只有一个中央处理单元（CPU），其结构经常被称为"冯诺伊曼结构"，它们每次完成一项操作。矢量处理器凭借其与矢量或矩阵相似的结构，允许同时计算多个问题。并行计算，或大规模并行计算，是一种内有成百上千个处理器同时处理多项工作，快速完成任务的计算机结构，它比传统的超级计算机具有更大的通用性，然而这需要采用全新的软件。

传统计算机厂商，如 Cray、富士通、日立、IBM 和 NEC，大部分都生产序列计算机。第二类企业，即小型超级计算机厂商，现在使用的序列结构是流线管道和矢量计算方面的渐进创新。大规模并行计算机（MPC）厂商最晚进入超级计算机产业，如图 2-11 所示。像 Thinking Machines、Intel、Floating Point Systems 和 Meiko 这样的公司于 1985 年开始生产 MPC，而 MPC 的先驱（Ametek、Myrias 和 Goodyear Aerospace）早在 1983 年就进入了该产业。

如果 MPC 结构成为主导设计的话，那么未来可能将会看到一些传统企业退出该产业，而实力巨大的企业如 IBM 和 Cray 也许会转向这一设计结构的生产。

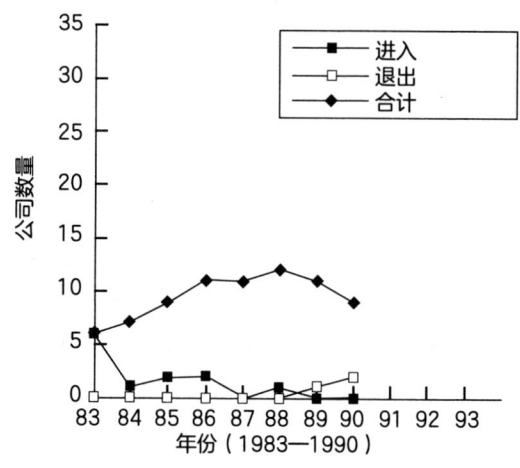

图 2-11　美国大规模并行超级计算机产业中公司数量

其他研究

近年来，托士曼和安德森为上述假设提供了更进一步的证据。他们收集了关于小型计算机、玻璃和水泥产业的珍贵资料，并加以检验，他们的工作不仅对主导设计概念，还对产业生命周期的重要性方面提供了众多资料数据，而且还加强了我们对这一过程的深刻理解。

国际比较

前面的案例已经说明，随着产品创新的出现，企业是如何进入或退出某一产业的。大部分案例得出了这样的结论：早期进入是最可靠的战略；后期进入，从理论上讲是可能的，却被证明是风险高的战略，成功的可能性较小。然而，上述所有资料均来自美国。于是问题出现了，美国产业中的这种模式（主导设计出现之后，参与企业大量减少）在美国之外还将成立吗？有限的研究显示，在日本它是不成立的。

在日本，汽车、计算机、集成电路和磁盘驱动器产业均显示了相反的模式——主导设计出现之后，该产业中的企业数量变得更多。在日本一些企业在后期进入产业，也获得成功的案例表明了后期进入虽然困难，却是可能的，这种日本模式支持了一种普遍的"定式思维"，即美国企业是新兴产业的创新者和开创者，日本人则善于把他们在自动化生产方面的许多才智运用到产品的精细加工和制造上去。然而，对日本企业的后期进入还可以做进一步推敲。即使是日本企业，早期进入仍将是可选择的战略，现在他们的研究能力是世界一流的，而美国企业已重新注意到自己在制造方面所受到的威胁。从这个意义上讲，两国企业的战略也许正在转化。

研究局限和释疑

主导设计思想似乎在非终端制造产业[①]，例如，人造纤维、玻璃、纸浆和纸、金属或工业气体等产业是不成立的，而且，一些产品种类，例如，集成电路和摄影胶卷也许很难被分类，因为它们既具有终端型产品的特征，又具有原料型产品的特征。

由于原料型产品包含的材料种类比终端型产品少得多，于是原料型产品更多地集中于生产工艺的技术效果和实验方向，各时期的流程工艺变化和实验会导致出现所谓的可行技术。可行技术中含有连续生产工艺所需的各个要素，并且将技术效果的重点从流程创新和设计转移到工艺改良上去。

---

① 即原料型制造产业。——译者注

当我们看到主导设计时，能够辨认出来吗？

毫无疑问，对管理者来说，重要的是：在主导设计首次出现时就能辨认出来，还是仅在复盘时才能辨认出来。如果一种主导设计的出现，预示了将会在创新速度与竞争企业数量上产生重大变化，那么，管理者和产业观察家接收这一信号的能力，甚至是预测这一主导设计出现的能力，对自己的产品设计、研究和工艺开发应当是很重要的。对此问题，有三种思想流派。

第一，一些人相信主导设计是偶然事件的产物。从这一意义上说，它们的出现是无法预测的（虽然可以认识它们）。这一学派认为，在首台打字机试验时期，如果奥古斯特·德沃夏克和他的键盘设计思想出现得更早的话，标准QWERTY键盘在今天只不过是一件古怪的物品罢了。钢制车身汽车，这一始于20世纪20年代道奇汽车的全钢车身的创新标准，也许是由当时铝材比钢材价格高所决定的。当然，与笨重的钢材相比，铝现在有许多的性能优势。今天，两者间的价格差异不大，而钢制汽车车身这一传统却很难改变了。

第二，是一种决定论的观点，即技术的某些固有特征决定了主导设计的出现。例如，自然规律决定了只有少数合成材料（尼龙、人造纤维、聚酯纤维）具有能承受长纤维材质纺织的化学结构。因此，技术路径只能允许少数几种可能的产品成为主导设计。

第三，其他人提出主导设计是由社会因素和组织因素共同决定的。这里遇到的争论如标准QWERTY键盘的早期成功，促使人们在打字技巧上投资并对其他键盘设计形成进入壁垒。IBM公司的PC兼容机也如出一辙，IBM公司的成长可以说一直领导着一种产业标准，而这一标准是由小型竞争企业与软件开发者自然而然地遵循着的。

这三种思想学派中，没有一个是全对或全错的。实际上，它们每个都在帮助我们理解事实，但无论主导设计是如何被决定的，除了在案例复盘中辨认外，无疑它在首次出现时是可以被识别出来的。但仅就产品的特征和功能按图索骥，定义或预见主导设计的出现是注定要失败的。然而，设计简洁与所谓的技术一流确是许多主导设计的特征，DC-3 型飞机就是一个典型案例。

虽然我们无法一下子预见到主导设计，却丝毫不能削弱主导设计对创新与竞争发展方面的影响。对终端型产品来说，后面的章节将清楚地说明，在主导设计刚刚出现时，产品创新率是缓慢的，但流程及工艺创新率在提高。

主导设计和未来创新进程

一种主导设计对企业经营和研究与开发的决策者来说，还有其他含义，正如我们从打字机的案例和本书的其他历史事例中所看到的，主导设计对该产业未来技术创新具有强大的影响力。前面章节中对打字机的讨论阐述了这种创新（一种可以把字打在纸上的机械装置）。在如何工作和谁去工作方面，改变了企业的工作安排，一批新的工作者出现了，他们处理日益增长的商务信函、报告和诸如此类的东西。打字机的发明者当初可能未预计到这样的发展，打字机设计的标准化，以及标准 QWERTY 键盘打字技巧的发展，创造了一个市场趋势。在后来的打字、文字处理和个人计算机方面的创新中都将不得不适应它。

随着电动打字机、独立字处理器和个人计算机等新一轮创新的出现，新的创新受到原始创新(手动、标准 QWERTY 键盘、V 型打字机)所决定的使用习惯、技巧和用户预期的制约，用户对原先的主导设计的接受创造了某种分界线，在分界线内，后续创新得以广泛展开，因此，IBM 公司通过机电技术的应用增强了电动打字机的性能。如果一种更为完善的键盘结构也在同一时期推出，即使这种键盘在经论证后被认为更为有效，但它是否能在市场上获得成功是令人怀疑的。同样，当今企业推出新款计算机时，一定要减少对用户已有大量投入方面的干预：标准 QWERTY 键盘、3.5 英寸磁盘驱动器、操作系统，等等。个人计算机上的成功创新常常是用户容易接受的东西。

后面的章节将阐明在其他产业中，同样的现象是如何产生的。例如，我们在下一章将看到爱迪生如何通过原输气管道接入电线，用白炽灯照明替代煤气照明；电灯插座很巧妙地安装在以前的燃气装置上。一旦这种电力照明装置的创新被用户接受，随后的照明技术创新（荧光灯）和其他电器用品将不得不受到初始创新（电流、电压、电极、插座尺寸等）的限制。

对技术管理者和企业战略制定者来说，这些阐述很有启发性，即深刻理解现存的主导设计（如果有的话）对系统、用户学习、习惯和附属资产的约束。每当你开发出创新的产品时，都要考虑这些产品如何适应当前的这些约束。

预测主流技术变革与竞争挑战

管理者在外部信息情报、思想和行动上的优势，通常是相对那些产品在大小、营销方法和竞争战略上与自己相似的竞争者而言的。但正如我们已注意到的，最具有威胁的挑战经常来自传统定义下的产业及其产品之外。前面章节的资料显示，产品创新经常来自新的进入者——不仅是新成立的企业，还有向新领域进军的大型企业或一些从现有企业中衍生出来的、专门开发新产品的企业[1]。由于成立新公司是公开的[2]，因此建议把新公司打算推出的产品作为了解目前技术创新的早期信息来源。分析新公司动向的一个显著优点是他们的专利、技术论文或产品变化比现有产品少得多——这样当我们得出结论时不必担心会受到干扰。这是一种有效的方法，任何人都可以用它来识别早期的静电印刷术或快速成像技术的行业应用。

20 年前，计算机存储器市场完全是一个自产自用市场，一些大企业因为自身产品的使用需求而生产了存储器。我的一个学生在 1970 年进行的一个调查显示，在 31 家现有企业中，除 5 家，都在集中各自的力量制造主存储器。美

---

① 子公司或子业务部。——译者注
② 指工商注册等信息渠道。——译者注

国之外也有 12 家制造企业具有相同的磁芯技术优势。然而，其中 8 家新成立的企业展示了一种完全不同的产品模型。他们当中没有一家是生产磁芯存储器的，另外有 7 家包括一家叫作英特尔的新公司是开发和生产半导体存储芯片的。其中至少有 3 家企业——英特尔、西格尼蒂克 和 Cogar ——是从其他大企业分离出来的，并集中研制比原来企业更为先进的技术。美国电报电话公司和 IBM 公司是原来的大企业之一，并仍在开发着已经落伍的存储芯片。通过对计算机存储器市场的分析，我们可以对计算机存储器技术将要采用的形式和方向有所洞悉。

对新成立的企业进行监控，能显示出计算器和个人计算机产业、晶体管收音机和现今的半导体存储器芯片、磁盘驱动器和快速存储器等产品市场的活力。这对手动打字机、电动打字机、文字处理机和小型计算机、容错计算机、超级计算机和大规模并行计算机来说也是一样的，但这并不是说新企业将比已有的竞争者取得更好的财务业绩。处于技术边缘时，企业是处于一个极其脆弱的市场地位。正如我们所看见的，许多进入者在新产业伊始的竞争中败下阵来。值得读者重视的是，这就是新企业所处的境地或常态。

表 2-2 的诱人之处在于，旧技术可以预示同一时代最新的技术思想。所谓快速存储器，即一种用于便携计算机的新型存储片，就是 20 世纪 70 年代研制出来的、磁膜存储器的当前形式。同样，航天飞机（或其他方面）用于绝缘的陶瓷纤维，在某种程度上可以说使用的是首次在煤气灯上试验的陶瓷灯丝技术。真空管设计原则曾经是想设计一种喷洒农药的新型装置，以减少农药的使用量且价格便宜、体积小巧。当前一些为减少氟利昂而采用的解决方案，可以从早期开发的、有利于制冷但有损于大气层，现已放弃的类似产品知识中获得某些启发。因此，对技术发展的考察不仅可以帮助我们预见可能出现的变化方向，还可以帮助我们对新技术的设计进行创造性的思考。

表 2-2　1970 年美国计算机存储器厂商出品的产品数量

存储技术	现有企业	新企业
磁芯	26	0
镀磁线	8	
磁薄膜	5	1
半导体芯片	6	7
企业数量	31	8

资料来源：Compiled by the author from James M. Utterback and James W. Brown,*Business Horizons*, vol.15 (October 1972).

过去的 10 年中，生物技术领域新成立了几十家新研发企业。每年新投入的资源超过 10 亿美元。有了如此广泛的支持与试验，我们可以预计，不仅医药企业，而且农业和化学以及材料工业都会出现创造财富的革命。我们将看到生物技术在得到更纯粹的、更有效的物质方面的每一项创新。预估这一领域的技术潜力，比预估商业中的成败要容易得多。要预估经营成果，你必须找到一些综合反映经济和技术事件、政治以及社会力量的指标，因为它们既可以创造出对新产品或工艺的需求，也可以阻碍新产品或工艺的发展。寻找这样的指标是一件非常复杂的工作。

第 3 章

作为一种创造力的产品创新

我发现了一个大金矿。

　　　　——托马斯·爱迪生，关于白炽灯发明的评价，1878

　　1878 年，黄热病席卷了美国南部，夺走了约 1.4 万条生命。印第安人袭击了爱达荷州的牧场和小村庄，大肆掠夺羊和马。康涅狄格州的纽黑文市发行了世界上最早的电话簿，而在该市北方的哈特福德市，艾伯特·保罗（Albert Pope）将他的缝纫机工厂改造成生产名为自行车的"新型装置"的工厂。位于辛辛那提市的宝洁公司推出了一款新产品，因为找不到更好的品牌名称来命名，所以就称它为"白色香皂"。

　　尽管当时还不为人所知，但一场关于发明实用的"电子蜡烛"的竞赛已经在大西洋两岸展开了。在英国、德国和美国，发明家都在努力争取成为第一个研制出白炽灯的人。托马斯·爱迪生便是其中一位。

　　美国和欧洲的居民对电并不陌生。从 19 世纪 40 年代起，电报和电镀工艺就使用了电力。1852 年，波士顿市成功地安装了电动火警报警器。新发明的电话也离不开电力。在欧洲，主要是科学界的人士从事电的研究，而在美国，则是一些学术圈外的实验者从事电的研究。

　　到 1877 年，一些商业地区开始使用电弧灯，这是一种内部电弧在两极间不断跳跃并发出强光的装置。但是家庭使用电弧照明太刺眼了，而且使用电弧照明时需要自有发电机，并经常需要更换很快就烧尽的电极头。19世纪早期，一种将燃烧木头和煤所得的气体① 用于照明的方法成为当时很流行的技术。1816年，巴尔的摩成为美国第一个安装煤气照明街灯的城市，纽约和波士顿随即仿效。

作为一种照明技术，煤气照明显然比蜡烛、煤油和鱼油更有优势，它能发出约5倍的亮度。到19世纪中期，提炼照明用气的业务不断扩大，大约有30家企业生产并通过管道将其输送到美国的千家万户和工作场所。到1860年，煤气企业发展到211家，而到1870年已经达到350家。

当美国乡村家庭普遍使用蜡烛和油灯的时候，越来越多的城市居民已经点上了煤气灯。然而正当煤气业飞速发展的时候，一些欧洲人和美国人却在研制一种将导致其走向衰落的新技术。

爱迪生的照明技术

在1878年的一天，爱迪生拜访了位于康涅狄格州安索尼亚市的威廉华莱士工坊。华莱士发明了一种强大的发电机，可以给电弧照明系统供电，爱迪生想亲自看一看。一个新闻记者这样形容爱迪生观看华莱士演示时所表现出来的惊讶神情：

> 爱迪生先生不由感到狂喜……八盏电灯同时被点亮，每盏相当于4 000支蜡烛……这使他充满了惊喜……他计算着这种装置和灯所需要的能量、在传递中可能造成的损耗，这种照明装置在一天、一个星期、

① 煤气、瓦斯。——译者注

一个月甚至一年中能节约的煤炭数量以及这些节约对生产的影响。

爱迪生马上预见到这种电力照明技术的商业价值，并同时想到利用华莱士的发电机和一个 500 马力的发动机照亮曼哈顿下城，他仿佛看到纽约街道下面的电线蜿蜒伸进工厂和千家万户。紧接着他购买了华莱士的一台发电机，用于他在新泽西的门洛帕克工厂，并开始研制效率高和寿命长的电灯。他知道许多人参与了这场竞赛并且已领先于他，但他是一个天生自信的人。他说："我认为，这项工作进展不是很大，我还有机会。"

爱迪生的发明工厂

今天，我们已习惯于企业和大学研究中心的概念——装备精良和有雄厚资金保障的实验室，科学家和工程师为了明天的突破性产品在从事着研究与开发工作。在爱迪生那个年代以前，可完全不是这样。

1876 年，托马斯·爱迪生在新泽西州的门洛帕克建立了自己的研发中心。目的很明确，从事潜力大、有商业前景的技术开发和发明活动。在一定程度上，这是一项全新的工作。如果看不到或感觉不到项目有商业前景，爱迪生通常不会立项。这种态度使他反复受益。在托马斯·爱迪生的一生中，他获得的专利不少于 1043 项，成为门洛帕克的奇才。

就像当今的成功企业家一样，爱迪生以其发明的成功商业化像磁石一般吸引资本的进入。19 世纪 60 年代末，他发明的载波传输器使他一举成名，当时他 22 岁。最可喜的是，恰当的人——华尔街的有钱人和电报产业对他的成名给予了极大帮助。

利用以前发明的收益和投资者的资本，爱迪生于 1876 年在门洛帕克建立起工厂，这个工厂包括一个长长的两层墙板建筑、一个较小的砖砌机械车间、一些小的储货棚和一个用作图书馆的农舍。虽然不是施乐的研发中心，但它在当时是很著名的。他的工厂里配备了机器设备、实验仪器、电气测试仪器和化学制品，有 40 多名机械和技术人员在那里工作。在爱迪生开始研究电力照明时，这家工厂已经艰难地完成了一些重要发明，包括用于贝尔电话（1877）的石墨传输器、第一台电报机（1877）、第一架电唱机（1877）和一种高灵敏度的热量测量仪器。那时，爱迪生的名声、影响力很大，在他宣布打算开发电力照明的几个星期内，他的业务代表格罗夫纳（Grosvenor P. Lowrey）已经和一些投资者共同建立起爱迪生电力照明公司。当这个消息发布以后，煤气企业的股票一落千丈。4 年内，爱迪生的公司走出门洛帕克，他在新泽西州的西橙市（West Orange）附近建立了一个新的研发和生产基地。到 1882 年，爱迪生在门洛帕克的实验室已经产生了 400 项专利发明。

当爱迪生进入这场研制电灯的竞赛时，已有许多人从事这项工作。当时最先进的电灯设计当数英国人约瑟夫·斯旺（Joseph W. Swan）的设计。他从 1860 年开始研制白炽灯，1877 年，他在真空的玻璃灯泡中悬挂碳化纸丝的设计，与爱迪生不久以后的设计没有本质区别。斯旺设计的灯的缺点是很容易被烧毁。1879 年，斯旺改进了将灯泡中空气抽空的方法，取得了更加令人满意的结果。1880 年，他用碳丝细条代替碳化纸丝。但是，就在此时，门洛帕克的奇才[①] 已先其一步研制了出来。

---

① 爱迪生。——译者注

爱迪生从 1878 年 9 月开始全心投入研制白炽灯的竞赛，他认为他仍可以进一步发展这项技术。正如历史学家罗伯特·弗雷德尔（Robert Friedel）和保罗·伊瑟尔（Paul Israel）所说："对爱迪生来说，研制实用的白炽灯，是在超人的自信心和不太成熟的想法引导下，而不是在科学和系统的引导下进行的，这是大胆地，甚至是有勇无谋地投入一个未知领域。"

　　正如当时从事白炽灯研究的其他人一样，爱迪生知道电流通过电线（或其他灯丝）时会发光。他知道的另外两件事是：高密度的灯丝可以承受较高的电压，而高电压又很容易烧断灯丝，因此，他们所面临的挑战是，寻找能在高电压下发光更强但又不会很快烧断的灯丝。

　　从这点出发，爱迪生走了一段弯路。他从之前研究电报的工作中受到启发，安装了一个控制器，当灯丝烧得太热时它会自动降低电流强度。经过一番试验，他放弃了这个想法，开始试用不同的灯丝。爱迪生和他的助手全心投入研究不同灯丝材料的工作中。电弧照明的发明者摩西·法默（Moses Farmer）来信建议他们在真空环境中放入碳丝，这是斯旺和其他实验者早在 1850 年就曾探索过的方法。

　　虽然今天我们常将爱迪生和电灯泡联系起来，却严重忽视了他的思想和行动对更宏大的电力照明系统的深刻影响。即使是在 1878 年年末，当这场竞赛迅速发展的时候，爱迪生也并不像一般的科学家那样将目光局限于单一的目标，他是一位系统的思想家。从一开始他就设想如何在一个广阔的基础上开发和销售电力照明。他对《纽约时报》（*New York Times*）说：他打算"寻找一种像煤气灯一样容易开关，可以发出柔和光亮、不太刺眼的蜡烛"，同时，"成本要比煤气灯低得多"。煤气灯照明对爱迪生来说好像是一个有用的例子。据罗伯特·罗杰斯（Robert P. Rogers）的报道，爱迪生希望发现并保留煤气灯最好的特性，同时避免它的缺点。他在笔记中写道："目标：准确模仿煤气灯的研制过程，用电灯照明取代煤气灯照明。"爱迪生已经认识到这需要的不仅是一盏灯，还需要有效的发电机、线缆、插座、电表、保险丝和固定装置。用他的话说，所有这些部件"组成了一个完整的机器"。

这样，当爱迪生的助手在尝试用由铬、铝、铱、铂、钌、硅、碳和钨等制成的灯丝时，他正致力于改进发电机，在大规模电力照明中，发电机将会起到很大作用。不久，他和助手们研制出了有效性达到90%的发电机。爱迪生还提前想到大规模的电缆接线服务问题。如果想要使电灯照明系统在成本上比煤气灯具有竞争力，他就必须找出最少使用昂贵铜线量的方法。因此，他在研制自己的白炽灯时直接采用高压，因为他知道如果像其他人一样采用低压的话，就需要更多更贵的铜线。

1879年10月19日，就在开始照明实验的一年后，爱迪生和他的助手在门洛帕克找到一种理想的灯丝。在尝试将灯丝折成几百种不同的形状后，他们在真空环境下对一段棉线进行碳化（这样不会被氧化），再折成马靴的形状，与电流相连，装在真空的玻璃灯泡里。打开开关，他们惊喜地看着明亮的灯光，它一直亮着，一小时，一晚上，直到第二天。这种碳丝亮了几乎两天。爱迪生终于有了自己的"电子蜡烛"。他安排富于经验的同事去完善它，投入资金进行生产，并为发电和售电的基本系统奠定了基础。

在接下来的几个月中，爱迪生和他的同事继续改进灯丝，制成了碳丝灯泡，寿命长达179小时。另一种日本的竹丝灯泡效果更好，它成为未来14年中的标准设计。

商业化开发

爱迪生实验室的工作人员和门洛帕克的居民，成了最早使用白炽灯照明系统的实验对象。从头顶的电线上垂下来的电灯照亮了发明工厂以及周围的街道，甚至几个居民区。在 1879 年圣诞节过后的一个星期，爱迪生和他的同事们举办了一个新发明的公共展示会，成千上万的猎奇者和一些竞争对手纷纷前来观看这个巨大进步。其中有煤气照明公司的雇员，他们后来宣称爱迪生的发明十分令人失望，展出的 40 盏灯没有一盏能发出与煤气灯一样亮的光。此后，爱迪生讲述了这些人是怎样试图破坏电力照明首次展览的：

> 我记得有一位专家，他是一个著名的电气工程师，代表一家巴尔的摩煤气公司……这个人将一段 10 号绝缘电线藏在袖子里和后背的衣服里，把电线的两端握在手里，这样就没有人能发现他带着电线。显然，他是想用电线缠绕在供电线路上，使整个装置短路，在不被察觉的情况下进行破坏……但是他不知道我们已经装了保险丝，将其很好地保护起来。在他实施诡计的时候，只有 4 盏灯熄灭了。实验室的工作人员发现后抓住了他。但只是让他离开了现场，并没有过分谴责他。

当爱迪生的"系统"准备就绪后，他于 1880 年 5 月首次将该系统安装在哥伦比亚号蒸汽轮船上。他卖给船主一个独立成套的"交钥匙系统"①：发电机、电线及照亮大厅和特等客舱的 115 盏灯。他亲自监督安装。电力系统在船主的眼中确实是一个重要的改进，因为电灯不会在密闭的船舱中产生烟雾。新建成的哥伦比亚号蒸汽轮船开始了驶往加利福尼亚州的首次航行，当它夜晚由特拉华州驶向开阔的海域时，爱迪生的电灯映出了它辉煌壮丽的景色。实践证明，这种照明装置系统非常有效，甚至在未来的 15 年中都没有更先进的系统可以取代它。

在 1881 年 1 月，爱迪生的另一个系统卖给了纽约的一家平版印刷厂。这种系统的最早用户是一些高等学府，它们不愧为社会的弄潮儿，其中包括芝加哥音

---

① Turnkey，交钥匙工程，也称为一揽子解决方案交付项目，即一旦设计与建造工程完成，包括设备安装、试运行及初步操作顺利运转后，即将该项目所有权和管理权的"钥匙"依合同完整地"交"给对方，由对方开始经营。——译者注

乐学院、帕尔默家园酒店①、英格兰众议院、巴黎百货公司②、米兰的史卡拉歌剧院和罗马美术学院等。1881 年 2 月，爱迪生离开门洛帕克去监督曼哈顿下城区照明系统的安装，这是对他期盼的目标成果的第一次检验。他成功了。从那时起，他的业务不断扩大，爱迪生的照明系统进入了商店、家庭和工厂，见表 3-1。

表 3-1　爱迪生装备和电灯的发展

年　份	安装数	使用电灯总数
1881	NA	5 122
1882	153	29 192
1883	NA	64 856
1884	NA	92 020
1885	520	132 875
1886	702	181 463

资料来源：Arthur A. Bright，Jr. based on Edison Manufacturing Company data，*The Electric Lamp Industry: Technological Change and Economic Development from 1800 to 1947* (New York: Macmillan, 1949)，p.71

　　美国开始采用这种新的照明技术，认为它比其他技术更简洁、安全和方便。事实上并不只有爱迪生一个人在拓展这项业务。到 1885 年，另外 8 家企业也在争夺这个市场。还有一些企业从电弧照明转而生产白炽灯，其他如乔治·威斯汀豪斯（George Westinghouse）和他的 Union Switch & Signal 公司，也从原先为铁路制造发电机扩展到照明领域。斯旺电灯制造公司的名字取自发明白炽灯的那位英国人，他比爱迪生更早开始研究白炽灯。

　　尽管有许多竞争者，爱迪生仍然占据了主要市场，获取了多项重要专利，并雇用了大量熟练工人生产电灯。爱迪生的电灯在巴黎电气展览会上赢得了最高荣誉，甚至超过了斯旺电灯制造公司，1884 年，它又在伦敦水晶宫展览比赛中摘取桂冠。

---

① Palmer House Hotel，已被希尔顿酒店集团收购，改为帕尔默家园希尔顿酒店。——译者注
② Magasins du Bon Marche，全球首家百货公司。——译者注

窘境中的煤气照明产业

在 19 世纪 80 年代之前，许多当地生产和销售照明用气的企业享有舒适的垄断地位，他们唯一的竞争者是蜡烛和各种各样的灯的燃料。在城市里，煤气至少在成本、亮度和方便性上有一定的优势。即使在 19 世纪 70 年代末出现的弧光灯也没有对它产生严重威胁。弧光灯的光亮刺眼，只适用于街道照明。

煤气照明产业迅速意识到白炽灯的潜在威胁，于是采取行动阻止它的发展，煤气"垄断"（爱迪生的说法）使公众看不到电力照明的意义，对电力照明的危险性加以夸大，并利用在安全标准和电力销售的市政收费方面的政治影响，阻止电力照明的发展。例如，在纽约市，煤气照明的支持者劝说市议员，对地下电力输送管线每英里（1 英里 =1.61 千米）征收 1000 美元，而对煤气管线则不收费。

几十年来，煤气的生产和输送效率取得了某些改进，但是，在改善煤气照明方面毫无建树。亚瑟·布莱特（Arther A.Bright）告诉我们，该产业根本没有做过现代意义上的研究。事实上，该产业忽略了一个重要改进的潜在机会。在 19 世纪 20 年代，有人使用氧化钙改进魔幻灯罩剧院[①] 照明用的煤气灯的亮度。当氧化钙片遇到燃烧的气体时，因受热发出强烈的白光。"灰光灯"[②] 因此进入了词汇表。

直到煤气照明确实受到电力照明的极具潜力的挑战时，煤气照明产业才真正生产和推广改进了的产品。事实上，电灯为这些改进提供了最重要的榜样。

---

① Laterna Magica Stage，位于布拉格。——译者注
② 原文 limelight（灰光灯），后面成了"聚光灯"等表达处于事件中心的状态。——译者注

如果经电加热后的碳丝能产生稳定和有效率的照明，为什么经气体火焰加热的金属氧化丝不能产生同样的结果呢？可能是出于这样的原因，奥地利化学家卡尔·奥尔·冯·威尔斯巴赫（Carl Von Welsbach）在 1883 年发明了气罩。威尔斯巴赫气罩采用氧化铈和氧化钍的灯丝结构，受热时异常明亮，使得煤气照明的效率提高了 5 倍。但其容易损坏、费用高这些特点影响了它的广泛使用。但是，到 1890 年左右，这种气罩非常耐用，使煤气照明的成本降低了 2/3。这项改进和相应的变化对初生的电力照明工业是致命的威胁，这可以解释为什么爱迪生花了 12 年才从迅速扩张的电力照明经营中获利。

来到 21 世纪，煤气照明已无力进行任何改进了。而电力照明产业则继续稳步进行产品和工艺的改良。作为城市、商业和居民照明的一种形式，煤气照明已不复存在。煤气照明的一个良好前景是找到并开发了一个新的产品市场——空间供热和制造工艺供热。照明用气市场完全被电力照明取代。

许多产业都存在这样的现象。当受到新技术的直接威胁时，才不得不开始从事有意义的和明显的产品改进。这是一种普遍模式。作者将在第 7 章里对此进行详细的探讨。

毫无疑问，爱迪生为他的灯泡及其他配套设备争取到的专利保护，以及在法庭上的得力辩护，为他的产品取得产业优势地位起到了不可低估的作用。到 1883 年年末，爱迪生电力照明公司已获得 215 项专利，另有 307 项专利在申请之中。到 1885 年，75% 的电灯（30 万）是由美国生产的。

主导设计的出现

白炽灯的主导设计很快出现了。1884 年，爱迪生研制出一种新型电灯，它几乎具备了可以一直沿用下去的所有特性。亚瑟·布莱特把从它出现到 1893 年这段时间比喻为"设计的冻结期"。"到 1884 年已经取得了最主要的进步，此后的 20 年没有更进一步改进的电灯制造者忙于生产和推销……"1884 年的电灯有了现代的"爱迪生底座"，它是一种至今沿用的标准旋入式金属底座（受当时煤油灯罐上调整亮度螺帽的启发）。先将这种电灯的碳化竹丝接在玻璃杆上，然后再将其整个密封在底座上的梨形玻璃灯泡里。我们可以看到，随之而来的是渐进式的产品创新、汹涌的流程创新和一些生产厂家的退出。正如布莱特所形容的那样："一旦一种实用的白炽灯被开发出来并投入市场，企业的注意力就会从电灯的基本特性转向照明系统的其他方面。"

由于爱迪生研制的这种先将灯丝放置于密闭的玻璃灯泡，再与铂线相连的产品具有优越性，一些企业很快便开始效仿。1885 年，爱迪生电力照明公司决定控告这些效仿者侵犯了其专利权益，这个过程一直持续到 1892 年，最终以效仿者上诉失败而告终。因此，这种主导设计是依靠技术和法律的结合而发展的。正如图 3-1 所示，自那时起，电灯生产者开始减少。

然而，如果认为爱迪生电灯的支配地位纯粹是受专利人为限制而决定的，那就大错特错了。爱迪生电力照明公司控告它的竞争者并取得胜利的原因是，竞争者生产的电灯是爱迪生电灯的纯粹模仿品。

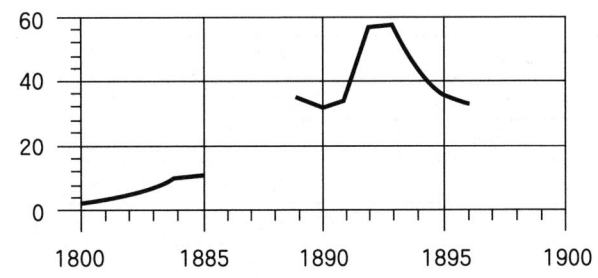

图 3-1　美国白炽灯产业年末竞争公司数量（1880—1896）

注：无 1886 年、1887 年和 1888 年的数据

资料来源：From data in Arthur A. Bright, Jr., *The Electric Lamp Industry* (see note 4), pp. 73,92.

创新转向渐进式与流程工艺改良

随着爱迪生的设计获得普遍认可，人们把主要精力和注意力从产品改造转向其他方面。维扎得（Wizard）本人开始着手其他工作。19 世纪 90 年代，当爱迪生的专利过期时，才有新的创新出现，这些创新旨在改进产品特性，而不是产品设计。经过几年的实验，制造者不断改进灯丝，但是进程非常缓慢，最终他们用有韧性的钨丝替代了碳丝。1881—1910 年，更重要的创新见表 3-2。

表 3-2　白炽灯设计与性能改进

年份	碳丝	金属丝	流明[1]	寿命 / 小时
1881	碳化竹		1.68	600
1884	涂层纤维素		3.4	400
1888	沥青碳化竹		3.0	600
1897		耐火氧化物	5.0	300 或 800[2]
1899		锇丝	5.5	1000

年份	碳丝	金属丝	流明[1]	寿命 / 小时
1902		钽丝	5.0	250 或 700
1904	金属化碳		4.0	600
1904		不可延展钨丝	7.85	800
1910		可延展钨丝	10.0	1000

[1] 流明代表每瓦的效率，此处用来注明常用电灯的标准。
[2] 较小的数字是指用直流电，较大的数字是指用交流电。

资料来源：Franklin Institute, *Incandescent Electric Lamps*, 1885; Schroeder, *The History of the Incandescent Lamp*, 1927; and Schroeder, *History of Electric Light*, 1923. All as cited in Robert P. Rogers, *Staff Report on the Development and Structure of the Electric Lamp Industry* (Washington,D.C.:U.S. Government Printing Office, February 1980), p.13.

可以延长使用寿命的充气灯泡出现于 1913 年。1925 年，霜状表面的灯泡诞生，它可使光线发散得更加均匀；一种很常见的现象是，许多重要的创新技术都不是产生于那些主要的生产商。布莱特指出：

> 具有重要意义的是，一些有名的灯泡生产商没能进行重要的创新，相反，一些产业外的人迅速抓住机会发明了更加有效的新型灯丝。表面上，碳丝灯泡发展到了极限，因为自 1884 年以来，没有更进一步的改进。

> 1897—1912 年，照明技术的进步是此产业发展最为有趣且重要的阶段。直到世纪之交的时候，美国国内和国外的主要电灯生产商在白炽灯照明方面都没有突破性进展，特别是在国内，一些大企业在碳丝灯泡上具有优势和经济上的垄断地位，不免产生了一种安全感。产业内缺乏竞争阻碍了新产品的发展。在欧洲，市场竞争更激烈，即使如此，最重要的创新也不是来自那些大企业。

金属丝灯泡最早出现在欧洲，尽管那里电费很高，但人们更关注的是灯泡的使用效率而不是其初始成本。正是由于欧洲人正确地看出在照明系统里，碳丝这种材料既昂贵又缺乏效率，才会去进一步研究生产金属丝灯泡。金属丝的优越性在其刚出现的几年中得到了证明。爱迪生公司的后继者——通用电气公司，开始时抵制对金属丝设计的改进，这可能是由于其早期在门洛帕克尝试和放弃了许多种金属丝。通用电气公司全力提高传统碳丝技术的有效性。最终，通用电气公司无法再忽视由欧洲人发明的新型金属丝灯泡的优越性，屈就于欧洲人的发明，通过签署价格高昂的许可协议采用了他们的发明。在其后的几年中，通用电气公司对富有韧性的钨丝进行了先驱研究，在单位瓦特效率和延长使用寿命方面实现了飞跃（见图 3-2），它的有效性大约达到较早碳丝设计的3 倍，是通用电气公司在碳丝灯上达成效率的 2 倍。公平地说，钨丝灯泡代表了对白炽灯的最后创新，随后在电灯上的变化都是渐进改良。

煤气焰或煤油灯	7 烛光
Welsbach 煤气灯	250 烛光
钨丝灯	1500 烛光

图 3-2　照明的改良浪潮

资料来源：David E.Nye, *Electrifying America: Social Meanings of a New Tech-nology, 1880 —1940* (Cambridge, Mass. ; MIT Press,1991), p.17.

下一个大的改进发生在蓬勃发展的电灯生产工厂。随着钨丝灯泡的出现，灯泡的产量从 1914 年的 1500 万增长至 1925 年的将近 2 亿个，如果没有工艺上的突破，这是不可能实现的。

爱迪生最初安装的电灯主要是在门洛帕克实验室里手工制造的。其后，电灯是由爱迪生公司在附近的一个工厂中生产的。到 1893 年为止，生产一个灯泡的全套工作是包括 200 多个步骤的手工劳动：玻璃工人生产出灯泡，熟练工人将灯丝粘在芯轴上，在底部密封，再用真空机把灯泡中的空气抽出。直到1885 年，仅真空工艺本身就须耗费 5 小时。但是，工艺流程创新能显著地缩短生产时间，降低对劳动力的技能和经验的要求和引进电灯生产机器，从而大幅度降低标准电灯的价格。主要工艺流程创新见表3-3。

表3-3　电灯制造中的主要工艺流程创新

年份	工艺流程创新
1885	Sprengel 水银泵减少了抽空灯泡中空气的时间，从 5 小时降到 30 分钟
1894	Libbey Glass 公司的 Michael Owens 采用半自动的糊塑吹制机替代了人工吹制
1895	Cleveland 的 Buckeye 白炽灯公司采用密封机器处理接线的电灯底座
1896	通用电气公司进口并改进了用加磷（一种吸气剂）吸收灯泡里剩余氧分子的方法
1901	通用电气公司开发出模压机便于线缆和底座的加工
1903	通用电气公司的制管机改进了灯泡制作中的抽空处理

资料来源：Data from Arthur A.Bright, Jr., *The Electric Lamp Industry*

　　总而言之，工艺流程创新使人们能够以越来越低的价格买到越来越好的灯泡。布莱特说："从 1894—1896 年生产方法的改进，加上以前 14 年的不断创新，生产出了一种比1880年的产品更便宜、更好的新产品。"碳丝灯泡价格的下降如图3-3所示。

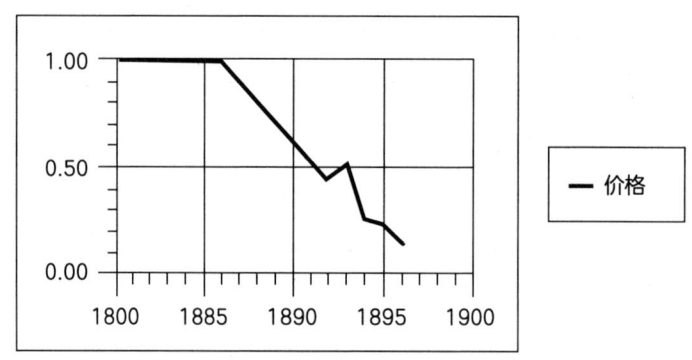

★以16烛光灯为标准
图 3-3　碳丝灯泡的价格，1880—1896

资料来源：Data from Arthur A. Bright, Jr., *The Electric Lamp Industry*, pp.93,134.

到 20 世纪 30 年代，白炽灯照明已有半个世纪的历史了，它现在是一种成熟的技术，在产品改进上几乎没有进展。创新者将注意力放到研制用于摄影、航空、机动车等的专用照明灯上。照明灯业突然发现自己面临一个新对手的挑战：荧光灯。两个产业领导者——通用电气和西屋公司的合作研究项目，开发出了最早的商用荧光灯。这种新型照明灯是在 1938 年引进的，但是两家企业都不愿继续推动这种新技术，他们担心这会影响他们的白炽灯、发电机和其他电气设备的销售。他们都认识到这种新技术可以节约能源，但并不急于推广荧光灯来降低能源需求。喜万年（Sylvania）公司，照明业的一个竞争者，当时只在电灯销售中占 5.5% 的份额，而且没有扩大市场份额的可能性，因此，他没有这些顾虑，积极采用荧光灯，最终占据了 20% 的新市场。

荧光灯首先在工作场所侵入白炽灯市场，这时候电动打字机正在取代办公室里的手动打字机，并逐渐打开家庭和学生市场。在 20 世纪 90 年代，人们越来越关注能源的价格和消耗，我们可以看到荧光灯开始从商业应用走入普通家庭。传统的荧光灯管是长长的，悬挂在天花板上，它被重新设计来取代白炽灯以适应家居的要求。一些供电企业的兴趣也从修建电站转移到全循环的能源保护问题上，为了减少能源需求和避免花费重金建电厂，许多公司对民用荧光灯用户的高初始成本采取补贴策略。

荧光灯照明为产品创新浪潮对产业产生巨大影响提供了一个很好的案例。正如我们在打字机产业中所看到的，它经历了手动、电动和计算机式打字机的创新过程，照明产业在过去的 150 年中也经历了 3 次主要的创新浪潮：煤气照明、白炽灯照明和荧光灯照明。第四次创新浪潮也许很快就要来临了。

1992 年春天，加利福尼亚州的一家小企业——Intersource Technologies，声称它在爱迪生发明的灯泡基础上有了更大突破，这家公司召开了全国性的新闻发布会并展示了一种新型灯泡，据说它只需要白炽灯 1/4 的能量就能发出同样的光。而且预测它的使用寿命可达到 1.5 万—2 万小时，远远超过以前的 750—1500 小时。这种新装置具有标准的爱迪生设计底座，它从一个磁线圈发出无线电波，无线电波刺激灯泡中的气体，引起玻璃灯泡内表面上磷质涂层发光。该款新型灯的底座和电子部件是永久固定的。在灯泡烧坏时，只更换含有气体的玻璃罩和荧光层。这是一个有趣的"产品结构"，它本身能使产品寿命延长，降低使用成本。

这次创新是否真能如它的发明者所宣传的那样还是一个未知数，如果是的话，它将有可能取代经受了时间检验的白炽灯和荧光灯。

我们可以从这个案例中得到关于技术创新的发展和扩散的几点重要启示：

- 产业圈外的人作为创新者。每一次照明产业创新浪潮，都是由产业圈外的人士发起并推动其向前发展的。爱迪生在他那个时代的照明业中没有什么地位，喜万年在研制荧光灯之前是衣饰生产商，新型无线电波灯泡也是由产业圈外的人提出的。

- 技术因素及社会因素的考量。至少对消费产品来说，缩小新产品与老产品外观的差距有助于赢得市场。爱迪生似乎非常了解这一点。他在向原先购买煤气灯的用户销售产品时，称其为电气"燃烧器"，这是用于煤气灯的说法。他用电线穿过原有煤气导管，在墙壁上原有的煤气灯台上安置电灯，他称它为电气的"主干道"，在卖给用户时使用相似的计量系统[①]。

- 现有技术的保护性创新。未遭受过挑战的老技术在面临新技术的威胁时会作出巨大改进。照明有效性的不断提高就是一个很好的例子。突破式创新的新进入者应该估计出实力雄厚的原有玩家会作出的反应。

---

① 电表。——译者注

一些因循守旧的竞争者通过法律手段和公众意见来维护他们的老产品。爱迪生是美国创新与进步的伟大代表，但在面临电气的新一代创新者的挑战时，他成了现有技术的维护者，采取一系列抵制措施。他在照明系统中采用了直流电，而当时交流电已被大家广为接受。西屋公司认识到交流电技术的巨大潜力，努力克服其在产生、传导和安全系数等方面的问题。

到1886年，爱迪生把交流电看作一个危险的对手，想方设法阻止西屋公司对新技术的探索。在这场"斗争"中，爱迪生也没能超越运用法律手段和搞一些不光彩的诡计，包括用交流电电死迷路的猫和狗，目的是使新闻记者认识到这种新技术将对公众造成的危害。保罗·戴维（Paul David）在他的名为《爱迪生及"系统之争"的反思》（*Thomas Edison and the 'Battle of the Systems' Reconsidered*）一书中描述了爱迪生和他的"西橙帮"同事① 如何在1888年说服纽约州将官方死刑的方式由绞刑改为电刑，伟大的巫师② 本人则向立法机构证明了电刑的有效性。两年后，一个名叫威廉·凯姆勒（William Kemmler）的杀人犯成为第一个被"电椅"处死的人，这把电椅就连在西屋公司的交流发电机上。

我们不清楚爱迪生把交流电与安全问题联系起来究竟能在公众思想上产生多大影响，也不清楚他的直流电系统是否寿命更长，但这个案例至少说明，即使像爱迪生这样一个进步的创新者也会排斥变革。保罗·戴维引用哈洛德·帕瑟（Harold Passer）的话说："1879年，爱迪生是一个大胆的、勇敢的改革者。1889年，他变成了一个谨慎而保守地维持现状的人。"一些评论家从他的行为中看出了他内心的恐惧——交流电的应用将会使他在发电及相关仪器设备上的大量投资全部落空。保罗·戴维例证了爱迪生其实已经非常清楚地认识到"以始料未及的速度出现的竞争局面具有不确定、不稳定的性质"，他的行动只是想争取时间，将他自己解脱出来，并以最少的财务损失获取其他利益。

---

① 指代爱迪生公司办公地及其拥簇者们。——译者注
② 指代爱迪生。——译者注

产品和流程工艺迭代

在白炽灯的发展过程中，最值得注意的问题是它的设计和生产工艺同时向前发展。生产灯泡的过程从开始需要 1 个小时，经过 200 多个工序，到最终减至 20 秒内完成 20 个工序。这之后的改进使生产过程进一步简化。玻璃制造过程也经历了同样的改进。 主要的产品创新集中出现在 1884 年以前。流程工艺创新的过程贯穿于 19 世纪 80 年代中期至 20 世纪初期。1910 年，随着钨丝的采用又有一些较小的改进。在整个发展过程中，日益走向成熟的创新使电灯的有效性和寿命不断提高。

产品设计变化最初似乎决定了生产流程工艺开发的历程。后来，早期在流程工艺技术上的选择会进一步限制产品的研发。当产品设计和流程工艺设计都高度成熟的时候，两者紧密联系，相互依存，任何一方的变化都会深刻地影响另一方。这个事实通常在供应商到购买者的关系和组织机构方面反映出来。产品和流程工艺创新的基本迭代历程、组织及市场结构、与竞争者和其他企业的关系将在下一章讨论。

第4章

创新与产业的演变

打字机产业的创新，电力照明产业的创新和那些在第2章中分析过的产业的创新，都表现出产品创新、市场和企业之间的动态关系。企业则是建立在特定创新基础上的新兴企业和竞争企业。

在考察打字机产业的早期发展时，很难把不断改进打字机设计与特征的制造商与不断壮大的打字员队伍的相互关系区分开来。白炽灯发展的前10年也显现出类似的相互关系。爱迪生不仅仅是一位聪明的发明家，并未在脱离潜在消费者的情况下闭门造车；相反，他在创造实用白炽灯的全过程中，汲取了其他人的大量成果，而且始终牵挂着市场发展动态。第一盏白炽灯在门洛帕克点了一个通宵，这是他非常成功的时刻。但这只是在漫长创新过程中又迈出的一步，因为白炽灯是在弧光灯、华莱士的强力发电机、绝缘铜导线的开发，以及数十种其他支撑技术后出现的。照明产业接受白炽灯后，爱迪生公司和他竞争对手的创新焦点都发生了变化，但是竞争、消费者和创新过程之间的联结始终是紧密相关的。

这些动态关系在今天的产业里，仍是创新过程中的一部分。例如，尽管个人计算机产业还在它的壮大阶段，但很清楚的是，个人计算机的创新步伐和方向一直取决于集成电路制造商、软件公司、驱动器制造商和其他组织机构之间复杂而相互关联的关系。而且，它们的进步并非独立于市场，而是不得不考虑工作习惯、技能和数以百万用户的期望——许多用户的习惯和技能在打字机时代就形成了。

不幸的是，学术研究和创新模型均未抓住这个系统的丰富内涵，基本上是以线性方式观察试探的——就像公司在着手处理某一技术时的所作所为：投资于某项技术和相应的设想，然后去市场实现；这种方法只会展现出，发生在所有公司的创新是按相同的方式发生的；它忽略了研究对象间存在的重要差异和巨大的相互作用，而且通常对组织始终处于变化中这一事实视而不见。更早的研究还没有把产品创新和流程及工艺创新区别开来。产品创新和流程工艺创新遵循不同的路径，而且彼此相互影响。总而言之，技术变化、组织架构和市场竞争的相互作用比模型的描述更复杂并且更具动态特征。

本章提出的模型图充分表达了那些重要的动态关联，描述所观察的产业和部门中的产品创新和流程工艺创新，以及组织架构的变化是如何进行的。模型包含了现实市场并考虑了快速创新和高水准产出和生产率所需的不同市场。对创新所处的组织、科技和经济状况进行历史研究是模型的基础，研究所用数据，尤其是那些比较现代的产业的数据不是太完整。然而，我们从中汲取了丰富的营养。

创新即动态

本模型的原型源自 1974 年在哈佛商学院与已故的威廉·艾博纳西的合作项目，后来该项目又继续了多年。从模型中受益最大的是企业的管理层，他们比许多学者更熟悉该模型。在成功地填补学术和产业之间的鸿沟方面，艾博纳西是为数不多的人士之一，他的这种特质，加上他的精力和创造力，激励着当今从事技术变革、创新和产业管理探索的新一代学者，这是对艾博纳西这位真正的先驱者身体力行、实地调查传统的发扬光大。本章的后面部分讨论了他们对这一传统的某些重要贡献。

模型描述了产品创新和流程工艺创新的变化率，并结合经营导向特征，考察了它们的衰退和流动。

产品创新

我们从打字机、个人计算机和照明产业的早期发展中，已经看到了产品创新的丰富内容。新产业的较早参与者，并未受到要求采用通用技术标准，以及市场上期望统一产品特性的遏制，而是自然而然地接受新样式和新材料。在汽车工业的早期 A 型车出现之前的那些年里，先驱感同样普遍存在。当时，数以百计的美国和欧洲工厂中设计出大量独特的车型。

我们还看到，主导设计的出现，导致了重大产品创新旋风的终结。随着市场对产品的样式和性能提出期望，产品创新的基础日趋薄弱，研发的重点则缩小到针对现有特性的渐进式创新。在白炽灯案例中看到的情况就是一个很好的案例。当爱迪生把具有商业效益的照明电灯应具有的一整套必要特性完全塑造成型后，产品创新急转直下。在安德伍德 V 型和第 2 章中提到的一些其他产品时，我们也看到了同样的情形（见图 4-1）。

多项研究已表明，在产品创新曲线的某个地方，作为观察竞争变化的初始性能标准，有一个从定义错误、不准确，直到界定清楚的过程。与此同时，阻挠产品变化和创新率的力量开始形成，当出现明显的改进时，要使过去的性能标准有所改善则变得日渐困难。用户已建立起的忠诚和偏好，有关市场营销、销售网络、维修等都被迫切要求标准化，使更好的产品创新已变得不大可能，除非消费者容易评价和比较。通过找准潜在消费者和界定研发起点，公司努力使销售和市场份额最大化。

产品创新高峰期开始消退时，其他的创造活动则开始觉醒并占据险要地位。

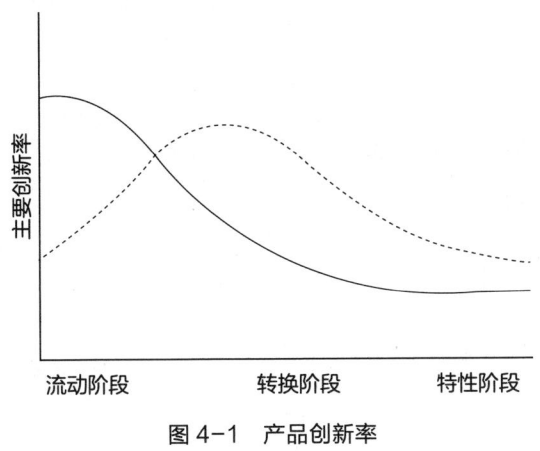

图 4-1 产品创新率

流程及工艺创新

在新产品技术形成期间，生产新产品的流程及工艺通常较为粗糙、低效并且以使用熟练工人与通用机器和工具[①] 为主。因此，在开始的几年里，生产的商业化灯泡，都是爱迪生在他最初构想灯泡的试验室旁边的房屋中，经历了艰苦的制造过程：没有专门的工具、机器，制造白炽灯采用的是传统手工艺，从这一点来看，产品本身对创新者和有足够勇气去尝试的消费者更重要。

然而，产品创新和流程工艺创新不是相互依存的；随着产品创新率的降低，通常可以看到流程工艺创新率在上升（见图 4-2），在白炽灯的案例里，我们提到专用的玻璃吹制设备、大容量真空泵和其他的制造改进。白炽灯的制造流程工艺步骤从 1880 年的 200 个，下降到 1920 年的 30 个，使用普通工具的熟练工人让位于操作专用设备的工人，这些工人对普通工具则不太熟悉。电灯生产摆脱了个人单独制造，向批量及半连续性制造转变。

---

① 非定制化、自动化加工车床等。——译者注

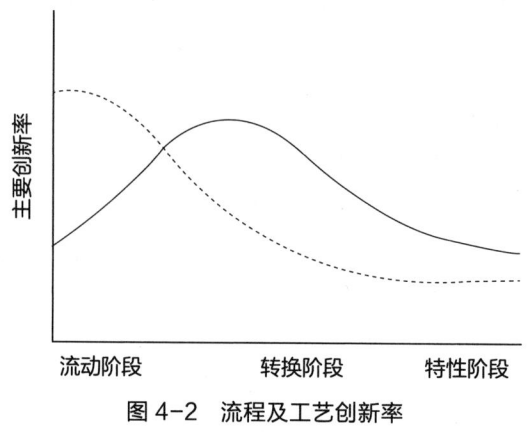

图 4-2　流程及工艺创新率

组织结构变化

本质上看，围绕创新而形成的公司组织经历了同样的转变。随着创业的成功，创业时的组织结构从致力于创新产品，到致力于标准化的大规模生产，这种转变具有下列特征：

- 非正式管控让位于强调结构、目标和规划。
- 组织结构成为等级的和固定的，任务成为正式的。
- 重大创新，这曾是公司的生命之源，其所受到的鼓励越来越少；持续的渐进改善成为日常活动。

不仅是产品和流程及工艺像前面章节中所描述的那样按系统模式发生变化，同时也期望组织结构遵照同样的模式进行变化。在市场和技术高度不确定时期，生产单位必须不断取得进步，为了在不确定的环境里小组作战能取胜，小组成员必须一起行动。这种类型的组织结构被称为有机型。在各种事物中，它强调重新调整和制定任务、有限的等级划分和高度的横向沟通。在收集和处理决策信息方面，有机型企业具有增长潜力，它能够适应不确定的环境。

在有机型企业里，个人的相对力量与他们对企业家角色的渴望有关。在这些企业里，对重大产品创新的奖励相当诱人，这种充满成就感的奖励会高于奖金的刺激。潜在奖励的实现① 取决于公司的生存和成长，这又在很大程度上取决于企业研发更卓越的产品，以及捕捉新兴市场份额的能力，这样的组织，其创新能力较强。

当公司失去它的有机特征，个人的相对力量开始从具有企业家能力的人，转向具有管理技能的人②，组织的成长和构建所需的技能组合也产生了差异。最初的创业者或创业小组（如苹果公司的史蒂夫·乔布斯、仙童公司的罗伯特·诺伊斯和 Acoustic 研究公司的亨利·克罗斯）通常会离去，创建其他的小公司（分别是 NEXT、英特尔、KLH 和 Advent 等）。随着产品创新开始脱离高速发展阶段，公司中的个人和工作单元便失去了他们间的有机联系，各自的独立性增强；相应地，协调与控制变得更为重要，因此，在转换时期，通常按产品或区域构建组织，每个分部在某种程度上是对早年创业团队在形式上的复制。

随着主导设计的出现和为适应增长的需求，在生产经营上出现的迅速扩张，奖励的焦点则转移到那些扩大生产规模、市场营销能力等组织或个人身上，奖励方式有多种传统做法，如奖金、股票期权和其他的管理津贴。

在这些变化中，组织形成了适当的创新能力。当产品日益标准化，并以更系统性的流程工艺进行生产时，组织内工作单元之间的依存程度逐渐提高，这使得从事重大创新更为困难，而且代价更大。

无论是定制化产品还是标准化产品，一旦生产流程工艺和一系列市场关系与期望都高度发展后，组织控制就得依靠组织的结构、目标和规则。对经营环境有更好的认识，运作又变得按部就班时，为使运作中的低效和成本降至最低，有必要建立一致的日常管理制度和规则，使协调工作更为稳固，这种组织结构

---

① 如创业公司给予初创成员的股份期权等。——译者注
② 创业团队过渡到职业经理人。——译者注

类型称为机械型组织。

在机械型组织中，行政管理能力的个人力量和影响在增加。在技术和市场环境趋于稳固且生产的增长更依赖于扩展现有产品和流程工艺时，保持经营稳定和持续的能力会倍受推崇。在稳定的环境中，奖励集中于财务成果、产品和流程工艺可预见的、渐进变革取得的业绩。流程及工艺可预见的、渐进变革取得的业绩是以过去的投资为基础的，对现有流程工艺的稳定性产生破坏作用的设想或建议是不会受到鼓励的；受到鼓励和奖励的大多是能延长现有产品和技术寿命的设想，而且鼓励和奖励方式可能是高度结构化的。

这种生产单位的创新能力趋于降低，当生产流程工艺高度整合于一个系统之内，子流程工艺间存在高度依存关系时，公司主要关心的是，重大变化造成的毁灭和成本。有机型公司奖励的创新和变化，对机械型公司来说反而是威胁和不受欢迎的事物。

市场特性

当技术处于幼年期时，许多生产者是快速冲进该产业的。每个公司的市场份额都很不稳定。例如，克莱恩曾指出，从汽车工业产生，到 1923 年其主导设计出现的这段时间里，市场份额变幻纷繁。克莱恩的结论是："根据 1903 年的销售情况去确定 1924 年的前十名是不可能的。"或"而且这个时期的领先地位是跌宕起伏的。"相反，在以渐进变革为主的时期，一张市场份额分布图由许多几乎没有波动的水平线构成。与此同时，在流动阶段刚开始时，公司期望市场反馈快，而且，希望在先导顾客的需求和心智中，产品功效、特征和性能是比价格更重要的东西。或许，表达这种状况的更好方式是，对价格产生更大影响的是使用价值，而不是直接生产成本。财务上的体现就是，研发投入和成本及利润额均相对较高。

在主导设计或标准确定以后，产品在功能和特征上可能会更加无差异化[①]。汽车、打字机、个人计算机或照明灯所要求的关键性能都得到了广泛认可。而且，在大多数市场上，产品若缺乏完整的特性和功能，就意味着没有竞争力。市场份额稳定时，通常表明只有为数不多的几家主导生产商存在，此时，市场反馈变慢，与客户的直接接触少于分析统计数字和产业信息。在长期的经营过程中，为了抢占竞争对手的边际市场份额，价格、性能、特征和服务发生着微小变化，而且在地位上趋同。由竞争者制造的产品发生渐进变革，仿制活动频繁，创新的方向变为强调不易仿制的流程工艺改进。价格和质量极大地影响着竞争力，而直接制造成本在很大程度上又决定了价格。重要的是，这种一成不变的状况虽是技术因素造成的，但更多是由管理意识与态度，以及组织因素造成的[②]。克莱恩认为："当公司根据较低创新率的假设采取行动时，很可能是在提高组织程度的同时，降低了竞争的相互作用程度。"

竞争环境态势

在产品创新减少，流程工艺增加的过程不断向前推移时，通常看不到竞争环境与态势有什么重要变化。

我们已经注意到，在产品性能和特征上缺乏一致意见，会对消费者和生产者造成巨大的不确定性，然而一旦一种产品的一致性问题得以具体化并得以解决，该产品就能在相当长的时期占有很大的市场份额。DC-3 飞机的案例为一个产品如何取得一致性提供了实例检验，对在喷气发动机时代长大的读者来说，他们对

---

① 同质化现象。——译者注
② 另外要考虑的就是产品与服务的市场定位。——译者注

DC-3 的案例并不太熟悉，但是，这种飞机是以往创新的积累，而且为后来 20 年的商业飞机制造提供了设计标准。在其刚问世时，DC-3 既不是最大的、最快的飞机，也不是飞行距离最长的飞机，而只是简简单单的商业化大型快速飞机，能完成长距离飞行。事实上，DC-3 能很好地满足市场上的需求组合，从而从它诞生的 19 世纪 30 年代中期起，到 19 世纪 50 年代末出现喷气动力飞机的这段时间，它为商业飞机的设计提供了基本概念，DC-3 的某些设计概念在今天仍在使用。

但是，在主导设计出现后，产品性能和特征被确立，公司间的竞争状态稳定下来，当产业中出现这种标志性事件后，竞争者数量大大减少，竞争基础转移到提炼产品特征、可靠性和降低成本方面。产品性能和特征被确定后，通常会出现一批强调效率的生产者。

主导设计的出现使竞争者的重点转移，那些对流程工艺创新整合技高一筹，并有更高水平的技术和工程能力的企业从中大受裨益。此时，许多公司无力竞争，只能坐以待毙。其他的公司或许拥有特殊的资源，从而能与最后成为主导设计的公司进行成功地合并，实力较弱的公司也可以选择被兼并，但仍可能以失败告终。

竞争环境终究能达到一个稳定点，在这点上，只有几家公司——根据对数据分析获得的实证，典型数字是四或五家——具有稳定的销售和市场份额，生产标准产品或略有差异的产品。许多中小公司仍留在该产业中，但与深耕于细分市场的公司相比，这些公司几乎没有增长潜力可言。因此，区别处于生存状态中的小企业和新进入产业中的小企业是重要的，而且，应当记住，"新进入者"这一术语包括了现有的大企业——在他们的现有市场或技术基础上，进入一个新的产品领域。

穆勒（Mueller）和提尔顿（Tilton）属于最先完整地提出这个假设的人。在他们看来，新产业是因一项主要流程工艺创新和产品创新的出现而创立的，而技术则是在引入的重大创新不断减少的情况下发展的。他们进一步认为，大公司很少激励员工引入重大创新并加以发展，因此，主要是由那些在产品细分市场上，还没有现成领域的新进入者引起了这些变化，按他们的话说，许多重要创新在竞争态势中成功的必要条件既不是绝对的大规模，也不是市场力量。

穆勒和提尔顿还意识到，一旦重大创新得到确立，一股新企业的参与急流，就会奔入新形成的产业或者一拥而上采用新的流程及工艺。他们认为，在紧随主要创新之后的早期进入和试验阶段，创新对所依赖的科学与技术通常只是大致理解，这就削弱了大公司的优势。然而：

> 随着进入产业的企业数量增加和越来越多的研发活动展开，新技术的前沿科学与技术迅速扩展并开始演化。
>
> 研究变得更加专业和复杂，而技术则分解为许多部分，每个人专心于改善技术的某个小因素。

很显然，穆勒和提尔顿所描述的状态，可使扩张产业中的大公司发挥优势，但对较小的进入者不利。里斯·詹金斯（Reese Jenkins）在影像产业的案例中，对此做了研究并发现，随着产品的标准化，较小的公司得以巩固；产业会经历大公司与小公司激烈争夺市场的阶段，以及由大公司居垄断地位的阶段。

史泰博、贝克和斯威尼就我们的模型与穆勒和提尔顿的假设进行了几方面的归纳比较：

> 正像穆勒和提尔顿为产业的构成所作的考虑一样，阿特拜克和艾博纳西模型包含了组织结构。对两者加以比较，我们可以看到诸多相似之处：两者的描述都具有连续性；各阶段划分大致对应。两者都强调竞争基础，由性能和技术特征向价格和成本转移，双方都认为，伴随演变的是市场扩张、生产流程及工艺投资重要性的增加、产品和流程工艺从重大创新到渐进变革的过程。总之，他们阐述了从流动状态到有序状态的进程。流动状态伴以迅速的技术进步；有序状态伴以积累的渐进式变化。

尽管强调创新的角度不同，但模型是基本一致的。

　　无论本书还是穆勒和提尔顿的研究都认为，随着产业走向稳定，即随着技术进步放慢，生产技术趋向标准化，产业的进入门槛加大，最有吸引力的市场很快会被抢占。随着流程及工艺一体化的发展，生产设备的成本通常加剧上升，同时产品价格却不断下降，因此，市场份额较大的公司是那些从扩张中获利的公司，产品差异化通常是围绕着现存企业的技术优势，以及研究组织展开的，早期进入的公司建立了强大的专利地位，后进入者难以克服由此形成的障碍。最后，现有的销售网络也是一道大的进入屏障，对外国企业尤其如此。

　　稳定的另一个可靠特征，是吸引进来一批设备和零部件供应商。尽管这些供应商可能成为创新和成长的最初来源，但是，他们最终也会变成一股保守势力，使产品细分市场中的竞争与变化保持稳定，而且还构成了另一道进入屏障。

　　向稳定演变的最后一个特征，是与生存下来的企业不谋而合，趋向于实行从材料到销售的纵向一体化。一体化的形式多种多样，生产产品的企业可向后延伸，更多地供应自己所需的零部件、半成品和生产原料。对那些向生产单位采购的企业或向其出售产品的企业，这类巨大变化产生的影响微乎其微。出于稳定把公司限定在狭窄的范围里，最终会使公司变得更加脆弱。当新技术对服务或维修的需求大量减少时，现有销售网络会受到这种新技术突如其来的威胁。当引入大规模生产线时，现有销售网络也同样会面临威胁。现有专利会到期，尽管穆勒和提尔顿断言专利到期时，产业会变得稳定起来。但更为可能的情况似乎是，这是新一轮的产品和流程工艺变化侵入该产业的时期——在少数案例里，主导技术本身会出现新生。

　　在任何产业，早期的各种产品在设计和性能上都是迥异的，它们最终能够在竞争中获胜，更多的是依靠那些并不精致的早期产品中所蕴含的新技术，而不是创新者之间较量的结果。因此，与其说创新者是在与他们的对手竞争，不如说是在与自己的产品的差异性，与市场怀疑主义进行较量。知道了这一点，就很容易解释为什么当 IBM 首次进入个人计算机领域时，像苹果和 Tandy 这样的公司，对 IBM 的行为抱持乐观态度。Big Blue[①] 作为潜在竞争对手的影响，远没有达到使这些公司惧怕的程度，这些公司认为真正的敌人，是大众对个人计算机的价值存在的怀疑主义，他们清楚地懂得 IBM 进入该领域会给行业带来可信度，这种可信度是与普通民众一起在奋斗中建立的。

模型总结

至此，我们可以对模型加以总结。随着时间的变化，产品和流程工艺在速度上表现出相互依存关系，与之相关联的产品、流程及工艺、竞争和组织特征产生了重要转变。图 4-3 和表 4-1 归纳了这些关系。

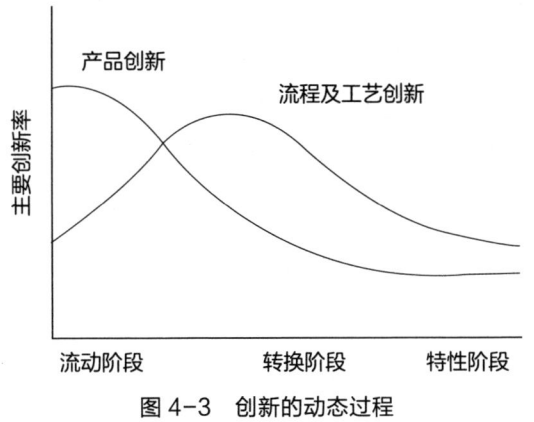

图 4-3　创新的动态过程

---

① 深蓝，指代 IBM。——译者注

表 4-1　创新的动态过程

产品	从广泛多样性，到主导设计，再到标准化产品的渐进创新
流程及工艺	制造工艺从极大地依赖熟练工人和通用设备，到依靠由非熟练工人操作的专用设备
组织	从创业的有机型公司到等级制的机械型公司 机械型公司明确任务和流程，不重视重大创新的奖励
市场	从市场支离破碎和不稳定、产品多种多样、反馈迅速到大量无差异产品的商品化生产
竞争	从生产独特产品的众多小企业，到生产类似产品的寡头垄断型企业

动态创新模型中的各阶段

本模型试图包含产业和产业内众多企业随时间而变化的动态过程。该模型意图分析两个方面：第一，产品创新、流程及工艺、竞争环境和组织结构等方面的构成要素；第二，产业本身的生命周期。现在我们就转向这第二个方面。

通常，社会科学家和自然科学家把分析对象分为按时间阶段或发展阶段两类。欧洲史学家把欧洲历史划分为荷马时代、中世纪、文艺复兴时期和现代时期；发展心理学家则有幼儿期、青春期、成人期和衰老期的划分。在很大程度上，划分这些范畴是出于讨论和阐述上的方便，有些特殊的例子难于归为具体某个范畴，阶段划分还有助于我们理解模式及其应用。

出于分析上的方便，在产业创新模型中，我们也使用了"发展阶段"的概念，这些阶段称为流动阶段、转换阶段和特性阶段。由于这是一个动态模型，这些阶段既与创新速度有关，也与产品、流程及工艺、竞争和组织结构有关。事实上，这些阶段以不同的方式对模型进行了划分，划分的依据则基于上述各方面的因素。

在三个阶段中，每个阶段在产品、流程及工艺、竞争和组织结构方面都呈现出显著特征，表 4-2 对这些特征作了简要阐述。所罗列的这些阐述绝不是完整无缺的，然而，它的确使我们意识到，一个产业是怎样经历发展的三个阶段的。

表 4-2 产业创新三个阶段的显著特征

	流动阶段	转换阶段	特性阶段
创新	主要产品频繁变化	随着需求增长，主要工艺发生变化	产品渐进改良，生产率和质量的积累性改进
创新源	产业先驱；产品用户	制造商；用户	通常是供应商
产品	多样化设计，通常为定制化	至少有一种产品设计很稳定，能实现高产量	主要是无差异的标准产品
流程及工艺	灵活但无效率，主要的变化易于发生	变得更加固定，流程工艺变化发生于主要工序	有效、资本密集、固定；变化的成本高
研发	由于技术不确定程度高，不集中于某个专业	一旦出现主导设计，集中致力于专门产品特性	聚焦点在于渐进产品技术；强调流程工艺技术
设备	通用型，需要熟练工人	某些工艺自动化，出现局部自动化	专用；自动化，多数工人集中精力在设备的维护与监控上
工厂	小规模，位于用户或创新源附近	通用，但建有专业部门	大规模、特定产品高度专业化
流程工艺变化的成本	低	中等	高
竞争者	很少。但是随着市场份额的巨大变化，数量增加	众多。但是出现主导设计后，数量减少	很少。传统型垄断，市场份额稳定
竞争基础	产品性能	产品变异；使用的适合程度	价格
组织管控	非正式的、企业家的	依靠项目和任务小组	结构、规划和目标
产业领导地位的脆弱性	面对模仿者和专利挑战；面对成功的产品突破	面对更有效和更高质量的生产者	面对技术创新产生的卓越替代产品

流动阶段

流动阶段是指产业中发生大量变化的阶段，这个阶段的成果非常不确定，无论是公司的产品、流程及工艺、竞争的领先地位还是公司的组织结构和管理能力皆如此。

技术演变处于流动阶段时，要求产品以较快的速度变化。新的产品技术常常较为粗糙、昂贵和缺乏可靠性，但是它能以某种方式填补急需某种功能的市场空缺，在第3章给出的一批案例中，雷明顿I型打字机正是这种既昂贵又笨拙的新奇东西。马克·吐温对他那讨厌的新机器的抱怨，并没有阻止他对更快速地、完成大量文字写作的需求。早期的打字机成功地完成了这项工作。同样，较高的初期成本和白炽灯照明尚处于试验阶段，并未阻挡S.S.哥伦比亚号邮轮的建造者和所有者安装爱迪生的第一套系统。在封闭的地方，烟和火都是危险的。爱迪生的第一套系统用于封闭场景下照明的特点是优先考虑利用现有的煤气和油灯技术。第一台个人计算机与随后十年出现的计算机相比，也是既笨拙成本又高的，但先导顾客没有因为有缺陷而退缩，在使用了许多早期型号后，才用上了新技术，先导顾客对此给予了巨大的包容与贡献。

在流动阶段，产品创新面临目标不确定和技术不确定，目标不确定指大多数较早的创新没有分享已建立的市场，事实上，市场是在这些创新的基础上成长的。一个全新市场的出现和占领，如打字机市场，是对技术创新创造市场能力的检验，第8章对伊斯特曼的胶卷创新及业余摄影的兴起所进行的讨论将帮助我们加深对这一点的认识。但是，在早些年，对目标市场是谁或什么样的产品特性能符合市场的需要并不是很清楚。

技术不确定是流动阶段研发活动没有重点的结果。技术处于不稳定阶段时，研发的赌注应下在哪里，公司对此没有明确的概念。事实上，许多公司集中攻关的产品技术虽有利于某些方面，却最终可能被市场忽视。定制化和基于用户偏好设计是流动阶段的普遍情况，我们把这一阶段视为市场检验。

另外，流程及工艺创新在该阶段的早期，通常不如产品创新那么活跃。产品设计和规格的频繁改进与重要变化，阻碍了相应流程及工艺创新的发展。投入的材料是现货供应；制造使用的是通用设备和熟练工人，而且生产是在小工厂中进行的；一般位于接近技术源头的地方。从现代生产标准看，这样做是没有效率的，但是，它降低了流程及工艺的变化成本，并且，这个阶段的产品技术演变太快，使得流程及工艺变化频繁。

在流动阶段，产品的功能特性是竞争的重点，因为人们对大多数生产者的产量、商标名称知之甚少。正如在第 2 章看到的，这个阶段的竞争者数量较少，但是，随着产品技术赢得市场，新进入者以不同方式进入市场，从而导致竞争者数量增加，技术限制提高。处于流动阶段的公司保留着他们的创业特征，映射出创始人的个人性格特质，这些创始人通常是技术创业者。在该群体中，有一个或多个模仿者也是在所难免的。肖尔斯和爱迪生，以及后续文中的伊斯特曼都热心于获取技术专利，用专利来保护他们的创新，从而在面对模仿者时确保自己的技术优越性。

转换阶段

如果新产品市场增长，该产业就进入了所定义的转换阶段。市场接受了产品创新和出现了主导设计是这个阶段的标志，在这个阶段，随着对用户需求的愈发了解，竞争的侧重点是尽可能地生产制造这类产品，以满足核心客户群体的需求。企业的焦点开始从创新者的工作台，转移到工厂车间，采用大规模生产方式制造新产品。

在这个阶段，产品创新与流程及工艺创新，二者开始紧密结合。材料更加专门化，工厂里安装了昂贵的专业设备；出现了局部的自动化；管理控制突然显得重要起来。这些不断增长的生产运营因素表明，产品突破式创新需要更多的资源投入——这使得产品创新速率大幅下降，厂商需要大批量生产，以达到规模经济效应来摊薄所投入的前期成本。

特性阶段

这里使用了"特性"而不是"成熟"，原因是随着时间变化，装配制造的目的在于高效率地生产专业化产品，质量与成本的价值比率①此时成为竞争的核心。特性阶段的产品都有十分明确的界定，竞品之间的差异较小，产品同质化居多。即使像汽车这种非常复杂的产品，都趋向于采用相似的设计和制造方案，基本上是基于同样的空气动力学原理，类似的发动机和内饰等。

产品和流程及工艺之间的关联，在这一阶段极为密切。产品和流程及工艺的任何细小改变可能都是困难的，而且成本支出也大，并需要另一方发生相应的变化。即使是小变化，如从生产手工打字机到生产电动打字机，也被制造领域视为革命性的变革。现在，制造打字机已完全实现了自动作业，以较低的单位生产成本，高效率地生产高度专门化产品。

在特性阶段，从组织方面看，由发明者执掌权力的日子已经过去，代之以守业者（职业经理人），由他们监督生产系统的平稳运行。

突破特性阶段

根据动态创新模型，处于特性阶段的企业，其生产运营进入了最后状态，只有在产品和流程及工艺这两者上都能有重大创新，才能走出这个状态。威廉·艾博纳西在20世纪70年代初对美国汽车工业的研究具有里程碑意义，他论证了随时间变化，产品和流程及工艺达到一定程度时，产业需要在技术创新和生产效率之间做出选择。在这种情况下，创新变得次要。在艾博纳西从事他的研究并发表成果的时候，复杂的生产方法和专用机器已降低了工人的直接劳动时间，生产汽车所需的时间从大约4600小时（大致是建造一幢房屋的平均时间）减少到不足100小时。不过，与这种惊人的进步同时发生的是，厂商不顾一切地标准化和统一化，一位汽车行业人士评论道，最近总是宣传的重要创新就是自动传动，这是一个在20世纪30年代就出现的特征。

---

① 性价比。——译者注

艾博纳西的生产率困惑

通过观察 1973 年之前漫长时期的汽车发动机厂，威廉·艾博纳西发现了以下现象：

- 机械的新颖性出现总体下降，而汽车的选择余地增加、种类增加。

- 主要创新受到自我束缚，对未来创新的需要减少。

- 产品的多样化增加，而单个工厂的多样化实际上却下降了。

- 随着设备变化，工人的任务和技能经历了"从手工技能，到操作技能，再到系统控制技能"的变化。

艾博纳西对汽车工业的研究包括了对福特汽车公司的密切观察。在那里，他发现创新、演变和竞争要素创造出两种不同的环境：一个是对变化难以做出反应的高度自动化发动机厂；一个是还没完成的装配厂。从流动阶段到特性阶段的演变过程在这里得到了验证，由于每年都在努力适应汽车型号的变化，工厂仍主要依赖大量的人工而不是专业设备。

于是，单个产业，甚至单个公司能在产业演变过程中，正如艾博纳西研究了福特汽车公司的装配厂并观察到，迫于外国生产商的压力而进入特性阶段后所说的："长期保持开发阶段的灵活性表明，除非整个竞争环境需要变化,组织或机构不希望进步到任何一个极端（流动或特性阶段）去。"

资料来源：William J. Abernathy, *The Productivity Dilemma: Roadblock to Innovation in the Automobile Industry* (Baltimore and London: The Johns Hopkins University Press, 1978), pp.112−113,145.

生产处于特性阶段时是一个产业的"历史终结"吗？有办法突破这种高度资本化、高度控制、普遍缺乏创新的生产方式吗？最近，日本汽车制造商在弹性制造方面的创新，已使他们能够抵御大量生产的铁律：长期生产标准产品和低单位成本有着必然的密切联系。就像詹姆斯·沃马克（James Womack），丹尼尔·琼斯（Daniel Jones）和丹尼尔·鲁斯（Daniel Roos）在《改变世界的机器》（*The Machine That Changed The World*）中运用了大量资料证明的那样，日本的汽车公司能够在小批量多样化生产时，保持低廉的单位成本。之所以能做到这一点，是因为他们在小批量生产上具有独特能力。在以产品的高度多样化和满足每个消费者对规格的要求为基础，制造类似"量体裁衣"产品的经营战略方面，弹性制造发挥了有利作用。乔安·派恩（Joe Pine）在其《批量定制：经营竞争的下一个前沿》（*Mass Customization: The Next Frontier of Business Competition*）一书中描述了这种战略，批量定制战略既利用了弹性制造机制，又从标准制造平台生产出，能够更全面地满足消费者需要的独特产品。在实施这种战略实践中，派恩引用了日本国立自行车公司为案例。该公司能为消费者定做自行车。消费者可从已确定的1100万种不同型号、颜色、车架尺寸和配件中任选一款，并可在10天内从当地的自行车商店取车。

弹性制造和批量定制战略，似乎为突破身陷特性阶段的创新死胡同提供了某种出路，质量革命已经推翻了传统定义中，质量与成本相互排斥、必须两者择一的认识。这里的新概念似乎打破了产品多样化和低生产成本彼此对立的格局。然而，弹性制造和批量定制可能也是一个陷阱，会导致生产几乎没有商业潜力的产品，以及对没有需求的产品进行多样化。例如，艾博纳西和克拉克对高度专业化的汽车发动机制造领域的揭示，证明上述考量也是对的。

下一次创新浪潮

许多基于技术的创新，实际上是连续变化的一部分。我们已经看到文件输出已经历的历次创新浪潮，照明产业也出现同样的过程，在许多其他产业，我们也会发现相同的情况，那么，这个模型是怎样适应这些创新浪潮的呢？

许多支持产业发展历程的观点是，每次创新浪潮重复着产品创新，以及流程及工艺创新，这两者的内在联系模式，重复着在一个时期内，主导设计在影响产业中公司数量的重要性。

每次新的创新浪潮都有其流动、转换和特性阶段，每次创新浪潮中，产品创新率或早或晚达到顶点，再随着产品创新衰退，经历着起伏的流程及工艺创新。每次创新浪潮的特征是，在出现主导设计时，行业中的企业数量达到这一阶段的顶峰，随即开始下降。

图4-4描述了这些熟悉的模式，同时增添了新的内容。上面两个象限是处于创新浪潮中，产品创新和流程及工艺创新的曲线。在两种情况下，产品创新率很早就达到了最高点，主导设计大约在这个时间出现。流程及工艺创新率继续提高，但随着创新和企业进入特性阶段，流程及工艺创新率也开始下降。

图4-4下面两个象限反映的是公司的创新活动，与参与的公司数量之间的联系。在两种情况下，公司数量在首次出现主导设计的前后达到最大，随后迅速减少。阐述它的意义在于，出现第二次创新浪潮时，参与的公司数量已少了很多。因此，虽然制造白炽灯（电照明系统的第一次创新浪潮）的企业有许多，但是，能闯入荧光灯的企业则会少得多。

我们能够预料，在照明技术的发展过程中，这个模式会在历次创新浪潮中重复出现。值得一提的是，这种观点是一种直觉，而不是基于实证结果。根据经验，该模式听上去当然是对的：我们知道，手动打字机制造商比电动打字机制造商多得多；白炽灯公司比荧光灯公司多得多；经营干胶照相版的竞争者比后来明胶胶卷产业的竞争者多（见第 8 章）。如果当时道路上大量行驶的汽车是由非内燃机驱动的，我们可以预计，在第一次汽车时代，美国为新产业中的主导地位而竞争的企业会远远少于 100 家。

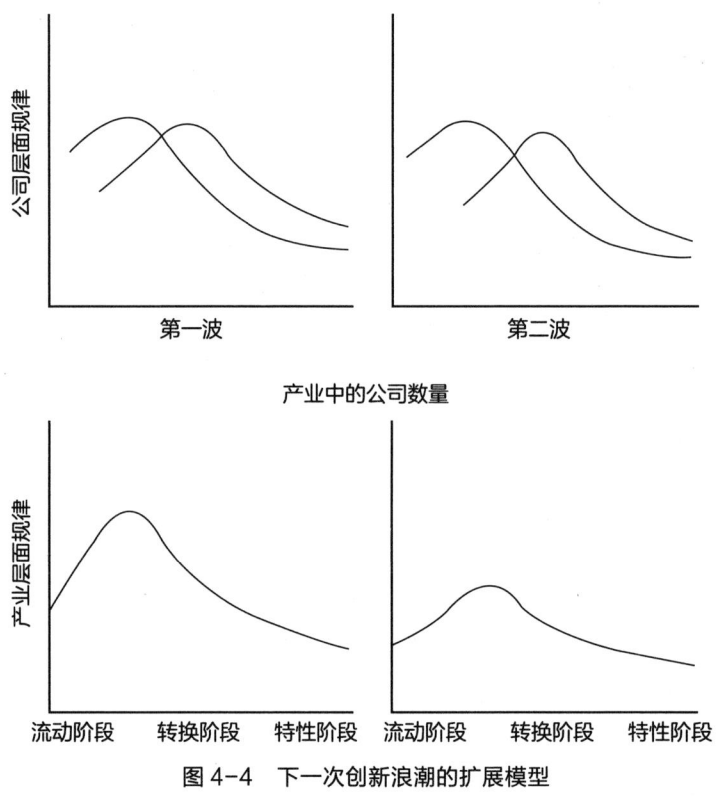

图 4-4　下一次创新浪潮的扩展模型

　　在后面的创新浪潮中，企业数量锐减的原因无疑与这样的事实有关：市场常常是由第一次创新浪潮定义好的，现有企业建立了满足这些市场的销售渠道和生产设施，这就限制了想对产业进行改革的企业数量，包括更好的技术。

在新的创新浪潮显著扩大和改变了市场的情况下，这个假设则是不成立的。例如，计算机打字大大改变了打字这种平凡工作的方式，以至于新公司的进入障碍倒塌了，众多的计算机和软件公司进入打字机产业。最后的这些观点带有预测性质而且需要进行大量深入研究，第9章将对此进行更为详细的阐述。

第5章

原料产品的创新

我们许多人都认为"产品"就是由许多零件组成的，如电视机、洗衣机、食品加工机、汽车、缅因州的狩猎皮靴等。由于我们身边最明显的东西往往是终端产品，这种类型的产品自然也就吸引了公众大部分的注意力。在办公室这种工作地点，目光自然会被吸引到像计算机、办公桌、文件柜、签字笔、电话等产品上，而忽略了像地毯、地板砖、墙上的油漆以及桌子抽屉上的钢杆这类物品。和窗户上的玻璃板一样，后面这些物品都是非终端产品（原料产品）。尽管它们是显而易见的，然而并没有引起我们多少注意。为油漆制造商工作的工程师并不这样看世界。石油炼油商、纺织厂经理以及玻璃制造商都不会这样看。他们的产品是仅由一种或几种材料构成的原料产品。对我们的经济和现代生活方式而言，原料产品与终端产品具有同样的重要性。

第 2 章讨论的主导设计概念以及第 4 章提出的产品和流程及工艺模型都是在研究终端产品中得出来的。威廉·艾博纳西对此作出了重要贡献，他的大多数研究都是以汽车工业为对象进行的。问题是在石化产品、铜线、合成材料以及数以千计的其他同质的原料产品中，讨论主导设计概念以及模型中揭示的产品与流程及工艺之间的相互关系是否也适用。艾博纳西对此是持有疑问的，他写道：

> 动态创新模型最直接地适用于这样的生产单元：在单元内，通过

一套复杂的生产工艺，多种输入要素被合并和转换，生产出性质可能变化了的高附加值产品……对产品或生产单元完全标准化的情况（如硫酸、尼龙或铜），突破式产品创新即便不是不可能，其前景也肯定是有限的。

然而，在本章和下一章将要说明，如果在形式上稍加改变，这个模型也是适用的。

进一步看，制造这些产品的工艺过程也需要经过流动、转换和特性阶段吗？在解释这个问题之前，考察一个原料产品——平板玻璃，它丰富的实例和使平板玻璃制造变得廉价而平凡的流程及工艺对我们将是有所帮助的。正如再生纤维、钢铁、汽油以及数不清的其他原料产品那样，玻璃的案例对动态创新模型，以及有助于理解工业创新的许多重要问题给予了说明。

产业的进化

作为从熔化了的沙砾（二氧化硅）、石灰（氧化钙）以及苏打（氧化钠）制造出来的一种简单产品，玻璃很可能是在人类使用火的遗迹中发现的。它的制造秘密毫无疑问是演绎出来的。熔化的玻璃具有延展性，富有创造力的人类学会了如何将它做成各种艺术形式，以及如何通过加入普通的矿物质使之拥有多彩的颜色。

作为文明社会的一部分，玻璃制品的使用大约已有 3000 年的历史。古代叙利亚人一直被认为是最早的玻璃制造大师，后来，他们将这种手艺传播给了埃及人、腓尼基人以及其他人。在 4 世纪，罗马帝国的亚历山大城和其他地方的匠人们，开发出了着色的马赛克装饰玻璃品。他们甚至开拓了将玻璃铸造或压成薄片的方法。像所有有用的手艺一样，制造玻璃的知识通过旅行的工匠和贸易商人传播开来。例如，在英格兰，有证据表明萨里和萨塞克斯的威尔登地区的小森林玻璃工厂，是由法国移民在中世纪创办的。在英属美洲地区，伦敦的弗吉尼亚公司 1608 年派出了 6 名荷兰人到约克镇，指导那里的殖民者制造玻璃。（就像来自荷兰的玻璃匠人一样，我的祖先是来到现在的美国弗吉尼亚州，开办炼铁厂的德国工匠。）在 1639 年，马萨诸塞州的塞勒姆镇批给这些工匠与他们房屋相连的几英亩（1 英亩 ≈ 4047 平方米）土地和 30 英镑，供他们建造一个玻璃厂。

现代化的玻璃产业主要分为两个技术分支：平板玻璃和吹制玻璃。本章中我们主要讨论前者。直到 19 世纪 80 年代，平板玻璃行业一直由一些雇用高技术工匠的小生产商组成。几乎所有的技术创新都是在英格兰、法国和德国出现的。因为需要持续的高温加热，玻璃制造业总是集中在离燃料来源比较近的地方：最初是森林，接下来是煤矿区，而到了 19 世纪后期，则是接近天然气产地的地方。

最初的玻璃板是通过冕牌玻璃制法（先把玻璃液吹成一个皇冠状或者空心球状，再放在一个快速旋转的平板中心重新加热，利用离心力将其展开铺平，形成一块直径 1.5 米左右的玻璃圆板，较为平薄的边缘就切成合适的形状做窗玻璃，中间的圆形凸起就是透镜的雏形了，不过也有人并不介意图像的扭曲，并称之为牛眼玻璃窗（Bullseye windows）①：一种完全由手工操作的方法制造出来的玻璃窗。玻璃制造工人握着金属棒的一端，从火炉中拉出一团熔化的玻璃。接着将金属棒快速旋转，使仍处于熔化状态的玻璃在离心力的作用下形成平坦的大圆盘。玻璃板就是从这个盘状的外缘一块块地切割下来的（见图 5-1），

---

① 这种生产方法在 1320 年左右就被法国鲁昂附近的玻璃工匠发展成熟，但是作为商业秘密并未公布，于是一水之隔的英国人进口了 300 年的玻璃，直到 1628 年伦敦才出现同样的工艺。——译者注

最大的尺寸可以达到 34 英寸 × 22 英寸。盘的中心部分还有原先那团熔化玻璃的一部分，呈半透明状，价值不大。今天在美国东部一些 17 世纪和 18 世纪家庭的过道中还能见到它们。

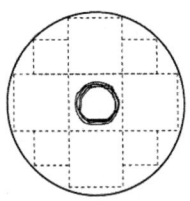

图 5-1　从圆盘状冕牌玻璃切割下来的窗户玻璃

将熔化的玻璃吹成长圆柱状的平板玻璃制法逐渐取代了冕牌玻璃制法。玻璃制造工人切掉两个圆端，沿圆柱体纵向切开，再用钳子将其展开制作成为一块薄的玻璃片。尽管这种玻璃仍留有波纹和许多缺陷，但圆柱体玻璃体现了生产力和质量方面的巨大飞跃。1903 年，美国玻璃窗公司（American Windows Glass Company）开发出一种圆柱体玻璃吹制机，减少了对熟练工人的大量需求，使这种方法变得更加有效，成本也更低。

之后，柱体制法也逐步被其他的玻璃板生产方法取代。每一次取代都提高了生产效率，增加了产品的均匀性并降低了成本。最后一次改进可能是在 1917 年，即科本（Colburn）平面玻璃拉制机出现以后。这种机器从火炉中拉出一张仍处于像太妃糖状态的连续玻璃薄片，然后将其转到冶炼和切割工序。在以后的 50 年中，这种方法得到逐步改进，单位生产成本继续降低，对熟练工人的需求更为减少。但是，产品的资本投入与限制成比例增加，用这些更为现代的方法制成的玻璃板自然比较薄，且容易损坏。

关于玻璃板的制造方法还可以写出很多，但是集中讨论玻璃板现在的主导形式——平板玻璃以及支持大规模生产的工艺技术的创新，我们可以更好地理解原料产品创新的过程。

平板玻璃制造

平板玻璃有着不同于冕牌玻璃和薄片玻璃的产品特性。传统的平板玻璃更厚、更结实、尺寸更大、表面更光滑，可以使用不同的方法进行生产。

法兰西的"太阳王"路易十四（Louis XIV），凭借其强大的军事力量、富裕的皇室背景，为其本人和继承人在凡尔赛修建了无与伦比的王宫，惊艳了整个欧洲。凡尔赛王宫是路易王朝伟大的象征，同时也是建筑和装饰艺术方面的奇迹。宫殿内部一个比较新奇的特征就是在镜墙（Galerie des Glaces）上使用了大块的平板玻璃。在此之前从来没有生产过这么大尺寸、这么多的整块玻璃。如图5-2所示，路易的镜子是经过混合、熔炼、铸造、退火、研磨和抛光等一系列步骤制造完成的。这是平板玻璃在17世纪末期出现时的最初的制造过程，在一段时间内它一直保持着这种分离式的生产步骤。

混合 => 熔炼 => 铸造 => 退火 => 研磨 => 抛光

图 5-2　最初的平板玻璃制造过程

在制造过程中，将沙粒、石灰、苏打和废碎玻璃（也就是旧的碎玻璃块）在一个陶罐中混合起来，然后把陶罐放在1200 — 1500℃柴炉（后来变为煤炉）上，在这种温度下，各种成分都将熔化。聚集在表面的一些脏物、空气泡，还有杂质会被清除。接着将熔化的玻璃倒入有突起边缘的模子里面。工人使用比较重的铜磙，将玻璃碾成一样的厚度，再将模子运到一个蜂巢状的退火炉中停放几天。

要想使成品玻璃有足够的强度，能够承受以后的研磨和抛光过程，退火过程是必要的。就细节而言，所有的材料都是不一致的，熔化后的玻璃也不例外。在铸造过程中，不同的厚度和不同的冷却速率会在玻璃内部产生不同的张力，使得玻璃某些点的承受能力比较弱，容易破碎。将玻璃放在高温的退火炉中，逐渐降温，可消除这些内部张力。最终的产品将是表面非常平坦的厚板玻璃，可以用来做窗玻璃，或者做成最能体现欧洲贵族奢侈和荣耀的镜子。

早期的生产过程灵活可变，但是效率低下。直到大约 1880 年，所有的玻璃制造都还严重依赖各个生产阶段的熟练工人。玻璃匠人是当时工资最高的工人。据书写美国玻璃制造史的沃伦·斯科维尔（Warren Scoville）估计，19 世纪后期的玻璃工人的工资，比其他行业的手工艺者要高出 1/3。事实上，工资仅占当时生产的玻璃全部价值的 40% 左右。对有技术的玻璃工人来说，存在着一个典型的卖方市场。美国的制造商从英格兰和欧洲大陆的玻璃车间雇用他们，并向他们提供工资、津贴，允许他们免费出入国境。平板玻璃制造对工匠的依赖程度更强，相对于吹制或拉制玻璃而言，每单位的产出需要的工人是后两者的 3 倍。1879 年，记录显示美国平板玻璃的资本密集程度是后两者的 6 倍之多。

平板玻璃制造过程中的每个阶段都是分离的，也就是说，每个步骤都是单独进行的。在将玻璃从一个步骤移动到下一步骤的过程中，存在着某种程度的延迟和毫无生产效率的手工操作。专用设备的作用很小。这是第 4 章中定义的流动阶段的一个典型例子。从镜墙的制造到现代化的玻璃摩天大楼的建设，平板玻璃制造的整个历史可以被看作一个向高度专门化生产进化的过程。所有的制造步骤被连成一个连续过程，设备更昂贵，操作也更有序，工匠最终也退出了舞台。这个发生在 19 世纪与 21 世纪之间的进化过程，有助于我们理解原料产品的创新演变。

平板玻璃制造的演变过程经历了五个步骤。

第一步　连续混合和熔炼

德国的西门子兄弟对早期的平板玻璃制造工艺进行了很大的改进。1861 年，英国玻璃板工厂安装了第一个西门子燃气炉。[8]西门子燃气炉能预热进入燃烧室的燃气和空气。尽管这样设计是为了提高热效率，但是它的真正意义在于使用燃气，而不是使用液体作为燃料。清洁的燃烧炉消除了使用柴炉和煤炉时容易产生弄脏熔化罐的烟尘和灰尘，加强了玻璃制造工人对熔炉的控制。

到1880年，西门子燃气炉出现了更加重要的创新，装备了连续熔炼箱（或称箱炉），真正体现了流程工艺的一体化。这个创新使工人能够在箱炉的一端添加成分，甚至是在从另一端取出熔化玻璃去铸造时也是这样。相对于夜间在"日池窑"中混合和熔化玻璃的传统生产方法来说，这是生产力的一个巨大进步，它使得玻璃浇注可以在白天进行操作。

如图5-3所示，新的箱炉有一个挡板将其分成两个室。从挡板的一侧将各种成分注到熔化的玻璃中，杂质和脏物漂浮在熔化的玻璃面上。干净的熔化后的玻璃从另外一侧流出。随着它的流出，纯净的熔化玻璃从挡板下面流过。

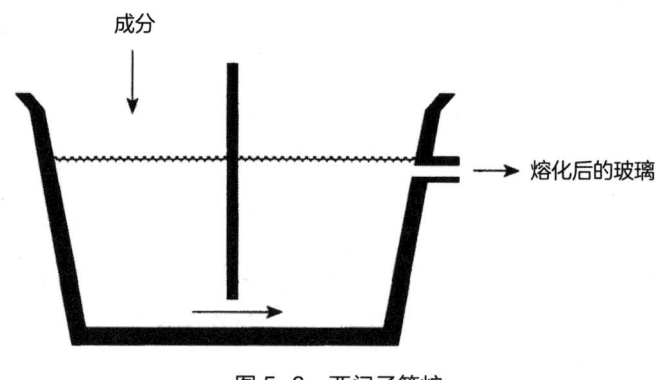

成分

熔化后的玻璃

图5-3　西门子箱炉

老工艺要求的两个截然不同的步骤——混合和熔炼在这里被合并在一起。更可取的是，能够连续取出熔化后的玻璃去进行铸造，这就去掉了循环周期中传统的等待过程。这是一个很大的工艺改进：改善了质量；能力增加到炉罐所允许的2倍水平；显著提高了效率；降低了对看护火炉工人的数量和技术要求。

正如表 5-1 表明的，在引入这种炉的最初 40 年中，美国的箱炉数量迅速增加，很快就取代了老式罐炉。

表 5-1　美国所有玻璃工厂的熔化炉数目（1879—1919）

	1879	1899	1904	1909	1914	1919
罐炉	280	391	349	370	328	289
箱炉	1	192	340	369	454	598

资料来源：Warren C. Scoville, *Revolution in Glassmaking* (Cambridge，Mass.: Harvard University Press, 1948), p.77.

然而，这种进步也是有一定代价的。连续箱炉比罐炉的成本更高，这样就需要投入更多的资本。只有连续不断地生产才能补偿这些更高的资本成本，而这反过来又降低了生产的灵活性。例如，改变颜色或构成时会极大地干扰正常工序。

第二步　连续退火

平板玻璃仍是继续先在金属桌面上进行铸造，再放入退火炉中数天，然后再研磨和抛光。自从制造出路易十四的镜子之后，两个世纪以来在这一方面并没有太大改观。在 19 世纪 80 年代，出现了隧道退火窑或称 "lehr" 的概念。在桌面上铸造平板玻璃时，把桌面连在一起形成一个排列，滚动着通过一个一端温度高，另一端温度逐渐降低的长隧道。这种隧道窑将退火从一个批处理过程，转换成了一个连续的子过程。更为可取的是，退火过程可以进行得更快。使用传统的退火炉时一般要花数天完成的工序，而使用温度保持逐段恒定的隧道窑只需数小时就可以。对比这两种工艺中所要求的步骤（见表 5-2），可以解释其中的原因：

表 5-2　工艺对比

步骤　　　　　　　　　　　　　　工艺	退火炉步骤	隧道窑步骤
在炉中安放生玻璃板	X	
将炉密封	X	
给炉加热	X	
将玻璃退火	X	X
使炉冷却到工人可以进入的温度将炉打开	X	
解封熔炉	X	
移出玻璃板	X	

使用传统退火炉时，七个步骤中只有一个可以增加玻璃价值，而隧道窑使玻璃工人跳过了所有其他的非生产过程。

第三步　连续铸造

在平板玻璃的生产中，在两个分离的过程——混合／熔炼和退火——之间是手工铸造工序，之后是研磨和抛光工序。在 20 世纪 20 年代以前，这些工序一直是生产的瓶颈。而突破这些瓶颈最终不是由玻璃工人，而是由年轻的、正在成长壮大的汽车工业完成的。

在平板玻璃铸造过程中的第一个创新，是比切鲁克斯（Bicheroux）工艺，它合并了铸造和滚压过程，削减了生产时间，使得玻璃的厚度更加一致。熔化的玻璃在两个滚轴之间铸造，使得生产的玻璃更加平坦，厚度更加均匀，需要的打磨更少。据猜测，早在 1849 年，英国玻璃制造工人就曾经尝试过这项技术，但未获成功。以至于马萨诸塞州的一个玻璃制造商这样说道："我认为让熔化的玻璃通过两个滚轴中间来制造出玻璃薄片是不可能的，我坚信，任何一个特别熟悉玻璃制造工艺的人都会同意我的观点。"幸运的是，比切鲁克斯工艺的创新者或者是没有听到或者是没有留意这种评论。

第二次创新来自 1922 年，那时福特汽车公司——当时世界上最大的平板玻璃用户——正努力确保自己新流行的封闭式汽车所需要的高质量玻璃的大批量供应。皮尔金顿公司——英国的一家玻璃公司，帮助福特解决了在操作箱炉时，因经验不足出现的一些问题。福特／皮尔金顿工艺是将平板玻璃经过滚轴拉动，通过隧道窑的传送带，形成一个连续平板玻璃带的铸造过程。这将以前两个分离的过程（铸造和退火）联系在一起。现在，从混合、熔炼、铸造到退火的整个步骤成了完整连续流程。关于平板玻璃制造生产率提高的程度，皮尔斯·戴维斯（Pearce Davis）曾提供了可靠证据。从行业历史看，在 1889 年要花 10 天生产的一面抛光玻璃，在 1923 年仅用 3 天就能完成。这时，在生产过程中只有研磨和抛光仍然是不连续的。当皮尔金顿开发出了能同时研磨和抛光一个连续玻璃带的两面时，这个缺陷也得到了部分解决。

第四步 浮法工艺

几十年来，皮尔金顿公司一直使用福特／皮尔金顿方法生产平板玻璃，流程及工艺创新是逐步进行的。其中最重要的进展是连续研磨和抛光。然而在 1952 年，阿拉斯泰尔·皮尔金顿（Alastair Pilkington）发起了一系列导致革命性方法出现的研发活动。正如其名所示，浮法工艺可以使炉中的熔化玻璃在完全平坦的已经熔化了的锡表面上成型。锡是一种密度更大，能够支撑玻璃但又不与其产生反应的物质。

皮尔金顿公司花费了 5 年时间，投入了数百万英镑，以及约 10 万吨的碎玻璃来开发这种浮法工艺，并为此建了一个实验工厂。（幸运的是，玻璃制造可以以玻璃的碎渣作为原料。）在能够正式销售的玻璃投产之前，又花掉了 14 个月试生产时间。在新工艺中，从箱炉中连续流出的熔化玻璃带，流入长长的熔化锡池中。为了防止锡氧化，熔化锡池是密封在内有氮气和少量氢气的可控空气舱内。当玻璃带进入锡池时，从上方传来的热量使其继续维持在熔化状态，这样能保证玻璃表面完全光滑和均匀。随着玻璃带连续通过锡池，温度逐渐降低，玻璃逐渐冷却和固化，同时除了液态金属外不与任何其他东西接触。穿过锡池后，玻璃被传送到滚轴上经过隧道窑。由于锡的表面是完全光滑的，退火后的平板玻璃不需要任何研磨和抛光。事实上，这种平板玻璃的表面比任何经过研磨和抛光的玻璃还要光滑。出来的产品就是平板玻璃制造商数世纪以来一直所追求的目标：从炉中直接出来有光泽、厚度均匀的光滑玻璃。

除了产品质量提高，新流程及工艺还产生了非常明显的生产效率：

● 取消了研磨和抛光过程，生产线的长度缩短了一半（到 640 英尺[①]）。

● 研磨和抛光使玻璃体积减少了15%—25%，而且需要成吨成本昂贵的磨料。原来必须以相当高的成本消除所产生的废料。现在，这一切都不再需要了。

● 劳动力成本降低了80%，能源消耗量降低了50%。资金成本同样也降低了。

窗户、镜子、陈列柜以及其他所用的大块平板玻璃，现在不再是王公贵族的奢侈品，就连普通人都能够买得起了。

图 5-4 描述了这个浮法生产过程，粗略地说明了熔化玻璃如何从箱炉中流入锡池，顺着长长的锡池由滚轴载着通过隧道窑，堆放好以备切割。

混合／熔化   铸造   退火

图 5-4　浮法工艺过程

注释：此图不是按比例绘制的。该工艺的每个部分都非常长。箱炉的长度通常约为 80 米，而退火窑的长度通常约为 400 米。

1　1 英尺 =0.3048 米。

皮尔金顿的浮法玻璃工厂将所有的自动化过程连成了一个连续过程。这样，平板玻璃制造在从劳动密集型行业向高效率的自动化行业转变过程中，迈出了最后的一大步。最初几年过去后，流程及工艺中存在的问题解决了。浮法玻璃生产几乎没有遇到任何麻烦。阿拉斯泰尔·皮尔金顿爵士报告说，工厂连续运营24个月从来没有出现较大的停顿。正如公司自己对创新的描述："玻璃制造业的这种流程及工艺，能够使玻璃制造商更加集中于玻璃的质量、切割、成型、强化和安装玻璃，更少地考虑制造工艺。"

与其他形式的平板玻璃制造过程相比，浮法玻璃工艺的资本密集程度更高。但是，它的高效率使得其他生产形式逐渐退出历史舞台。目前，用这种方式生产的玻璃占平板和薄片玻璃的90%以上。只有在资本稀缺、市场有限的发展中国家还使用着老技术。

皮尔金顿公司内部的创新竞争

在浮法玻璃取得突破性进展之前的30多年间，皮尔金顿公司认识到如果突破研磨/抛光工序这个瓶颈，制造工序将会是连续的。在1923年，它引入了一种研磨和抛光机器，该机器将从桌子上切割下来的玻璃板送入机器，每次加工一个表面。接下来，比较符合逻辑的应该是每次可以加工两面。皮尔金顿公司的工程师提出了"双磨机"，也就是一系列又圆又平的转动钢桌或钢盘，在玻璃带连续通过时，在旋转的盘和玻璃中间注入水和磨料溶液，磨料的粗糙程度从第一张盘到最后一张盘逐渐降低，到最后一张盘时，抛光使用的是研磨过程中留下来的细微碎屑。开发这个新的高速工艺需要花费大量资金，而且它难以操作，只要有一张盘稍微放错都会弄碎玻璃而使生产停止。

尽管如此，在 1935 年，皮尔金顿公司还是将其第一台"双磨机"在顿卡斯特工厂投入生产。由此，公司在大规模平板玻璃制造方面取得了世界性的技术领先地位。这种机器的主要缺点是浪费玻璃和资本以及运营成本高。在 20 世纪 50 年代和 20 世纪 60 年代，浮法玻璃工艺的进展显然对双磨机和平板玻璃制造工序中的那部分"贵族"构成了技术威胁，尽管它们也正在为皮尔金顿公司服务。正如我们在以后章节中描述这种现象时将要看到的，新技术的出现——突破式的创新——经常刺激那些管理着受威胁的旧技术的人们，使他们通过一系列的渐进式改进去完善他们的资产和方法。面对浮法玻璃的发展，皮尔金顿公司负责研磨和抛光工艺的员工，通过一系列渐进式的工艺改进将生产效率提高到原来的 3 倍。

最后，无论研磨和抛光过程怎么改进，都不及浮法玻璃工艺，最终这项技术退出了平板玻璃制造业的舞台。但是像许多其他技术一样，退出时，它并不是悄然无声，而是轰轰烈烈的。

尽管该行业以后肯定还会继续出现创新，但是其流程及工艺的历程已经将玻璃制造业提升至一个高度专业化的水平。所有的重要生产步骤都已经实现自动化了，并被连成了一个连续的系统。图 5-5 总结了这个进化过程。

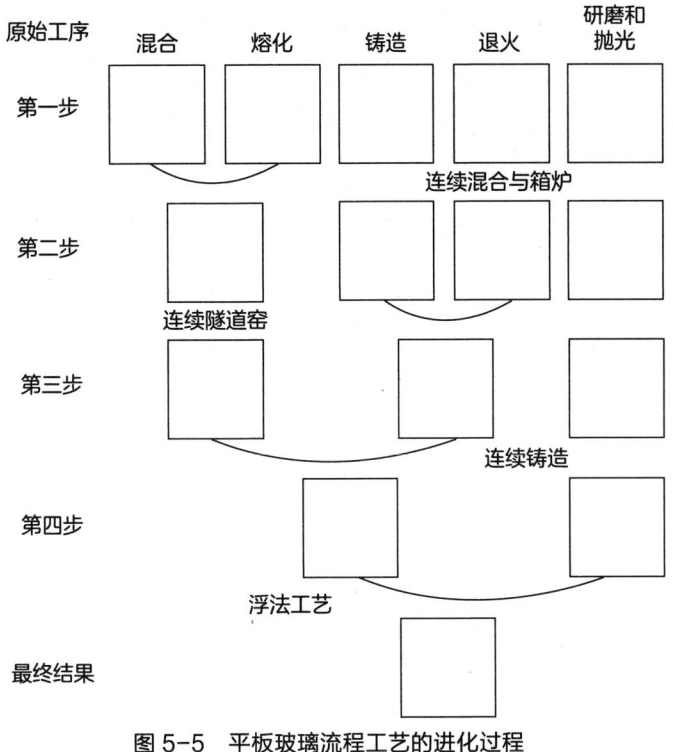

图 5-5 平板玻璃流程工艺的进化过程

流程及工艺中的技术断层改变

从 17 世纪凡尔赛的车间到最新的浮法玻璃工厂，制造平板玻璃的几种生产方法都涉及早期生产步骤的合并或撤销，每次合并或撤销都导致生产率的提高和单位成本的降低。每次合并实质上都是流程及工艺结构的改变。使用新的流程及工艺技术时，如从冕牌玻璃到圆柱体玻璃的变迁，也是一样的。新的流程及工艺结构代表了技术断层的生产力提高。在第一种情况下，是完全淘汰了一个生产步骤。在第二种情况下，则是新的生产技术本身更有效。

由于每个新的流程及工艺结构都导致单位成本的降低，因此，时间、单位成本以及工艺结构之间的关系看起来像一个向下的楼梯，每一步都代表着流程及工艺结构的改变。玻璃成分的混合和熔炼合并成一个步骤后，单位成本下降。虽然引入连续隧道前花费了一段时间，但当引入该流程及工艺后，成本再次降低。连续的铸造和浮法工艺同样使成本显著降低。

尽管流程及工艺结构的变迁通常并不多见，但是提高生产率的步伐从未停止。在实际中，大的技术断层创新之后通常伴随着许多小的渐进式改进（见图 5-6）。这样，我们可以看到流程及工艺结构改变导致单位成本的大幅降低，并伴随着一些由逐步完善产生的小幅成本降低。这两种成本降低之和等于长期的生产力提高。

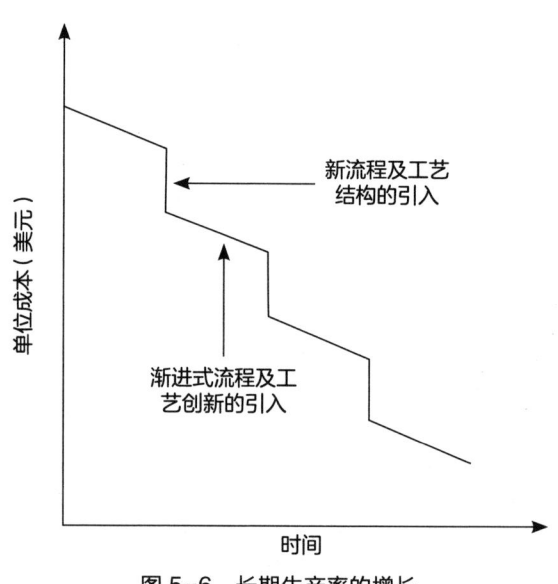

图 5-6　长期生产率的增长

其他学者已经就此形式的变迁提出了各自的看法。约瑟夫·熊彼得（Joseph Schumpeter）注意到了产业创新发生的周期性，创新"带来决定性的成本或质量优势，不是对公司边际利益或产出，而是对公司的基石或生存产生了冲击"。菲利普·安德森和迈克·塔什曼描述了一种"技术周期"，在技术周期中，随技术断层而来的往往是一个主导设计出现的孕育期，而后是对主导设计完善的渐进式变革时代。在讨论诸如玻璃这样的原料产品时，我们能很容易地用"可行性技术"这个术语去替代主导设计。制造冕牌玻璃的工艺，连续铸造的福特／皮尔金顿方法，以及浮法玻璃工艺都是突然出现的可行性技术，而在随后的数年内逐步得到了完善。

比较复杂的终端产品（如汽车、电视机）生产中的流程及工艺改进，像西门子箱炉、隧道窑和浮法工艺等，这些流程及工艺对生产力和成本的影响更为深远。后者代表了真正的基本进步，而前者实质上是渐进式的。例如，我们并没有发现将汽车装配成本削减一半的单个流程及工艺，即使我们确实发现了，由于厂房、产品开发和部件的高成本，产品的最终成本也不会大幅降低。固定成本和变动成本都将维持在较高的水平上。

流程及工艺在改善生产力上的本质不同，归根结底，可以总结为复杂终端产品比原料产品有着更多的流程及工艺步骤。例如，威廉·艾博纳西发现汽车发动机（仅仅是发动机）的生产就有130个步骤：钻孔、调转、钻孔、打磨、加装部件、转到下一个岗位等。将其中两三个步骤合并产生的影响是非常有限的：发动机制造仍然有128或129个步骤。"可制造性设计"领域内的进步已使重要步骤减少，这种情况在汽车行业尤为明显。例如，福特汽车公司最初的金牛座汽车（1986）是美国第一个详细分析其装配工艺捷径的汽车设计。在这种汽车投入生产之前，福特的工程师和装配工发现了数百种可以减少生产步骤的方法：将侧面和门的控制面板从9个减少到2个；去掉不必要的螺栓；将螺钉的尺寸设计成相同规格，免得工人在组装过程中不断更换工具；减少零部件数目等。尽管金牛座车型装配流程及工艺步骤的数目相比一般的美国竞争车型有很大改善，且福特公司的装配成本明显占有优势，但是，即便赫尔克里斯（Herculean）^① 使出浑身解数也并不能使总的单位成本有多大改观。相比之下，最古老的平板玻璃制造工艺只有 5 个生产步骤。合并这些步骤就明显地提高了效率。

高成本的流程及工艺创新

不应当将生产力方面的这些巨大飞跃，理解为是没有代价和风险的。技术断层引起突破式的改进，但与此同时也会经常涉及在研究、新厂房和设备方面的巨额投资。阿拉斯泰尔·皮尔金顿爵士曾经评价过，如果他和他的董事们知道开发浮法玻璃技术的成本会如此之大，也许他们绝不会去尝试。尽管流程及工艺一启动就取得了成功，但公司还是投入极大，甚至 12 年中没有在现金流上打平。根据英国玻璃制造商的说法："如果你去找一个会计师，说：'我有一个绝妙主意，虽然会带来大量负现金流，但是如果获得巨大成功，它可以在 12 年后开始有净现金流。'那么，应该屈指可数的会计师会说：'哦，那正是我想要的。'"

事实上，皮尔金顿公司已经将赌注全部压在了浮法玻璃工艺上。当时，它还是个私人企业，富裕的老板并不需要对每年的现金红利或股票价格的涨跌担心。现在，它是个公众企业。在麻省理工学院作的一次演讲中，前首席科学家丹尼斯·奥利弗（Dennis Oliver）曾说道："在公众所有制的约束下，绝不可能下这么大的赌注。"

---

① 希腊神话中的大力神，宙斯之子，已经成了大力士和壮汉的同义词。——译者注

章节总结

为了描述和理解创新过程的复杂性，理查德·尼尔森（Richard Nelson）曾经建议，应当试着定义一些本质上一致的技术和行业类型。他预估这样至少需要5—8种类型。在仅定义两种极端类型时，我们肯定会忽略许多细微的特征和差异。然而，就分析平板玻璃和前面提到的终端产品时，所提出的相似和不同之处来说，仅定义两种极端类型看起来仍然是一个有效的开端。

迈克尔·波特在解释企业国际化成败决定因素的议题时，得出了相似的结论。以行业为分析单位，波特区分了要素驱动型行业，类似于这里的原料产品类型，和知识技能密集型行业，类似于这里的终端产品类型。在要素驱动型行业中，波特总结道："基本要素决定成功：公司必须在制约范围内寻求最优化，成功会随着要素的改变而改变。对知识技能密集型行业：'外生的改变是重要的和不断发展的；改变制约的能力很高；重要的要素被创造出来或者被吸引进来；企业对生产要素的调配能力至关重要。'"

本书的研究与波特关于变革源泉的观点是一致的。我们将会看到，像浮法玻璃这样的可行流程及工艺更有可能来自行业内部，而像电动打字机、文字处理机或个人计算机，以及荧光灯等这些突破式的产品改变，往往倾向于来自新进入者或其他的边缘"局外人"。在接下来的三章中，我们将着眼于原料产品创新中的其他方面和案例，进一步拓展或丰富由平板玻璃案例得出的一些认识。在第6章中，我们首先将目光转到原料产品创新的其他研究上。

第 6 章

终端产品与原料产品创新的差异

到目前为止，我们已经考察了终端产品的创新，并在第4章提出了一个关于创新模式的模型。第5章将平板玻璃作为案例，描述了原料产品的创新。本章将要说明这两类产品创新模式的相似之处以及区别所在。

如果根据可观察到的模式和细节，我们能够明确划分产品和技术类别，将是非常有意义的。不幸的是，学者尚没有提供任何有意义的、简单的分类法。此处是两个极端：一个极端是复杂的终端，另一个极端是同质的、原料类产品。对这些产品创新模式的识别，可能有助于我们观察处于两者之间的产品。

确切地说，这些产品类别虽不是包罗万象的，但也不容易定义。玻璃、再生纤维和石油等产品可以视为原料产品，复杂产品如计算机、飞机等可以被划分为终端产品；但大量的中间产品具有两者的特点。例如，从外观看，现代彩色摄影胶卷属于原料产品，但仔细观察，则可以发现它不是一种简单的、涂有涂层的明胶材料。今天的彩色胶卷上有12种不同的涂层，并以非常复杂的方式组合在一起。集成电路放大了看似乎复杂得惊人，但其制造过程具有许多原料产品的特点。

关于产品创新和流程及工艺创新的模型

第4章提出了一个产品创新和流程及工艺创新这二者之间随时间变化的关系模型。图6-1重复显示了这个模型。产品创新和流程及工艺创新的许多模式适用于原料产品，并且得到很多非相关产业研究的支持。本章的以下内容将阐述终端产品与原料产品创新的种种差异。

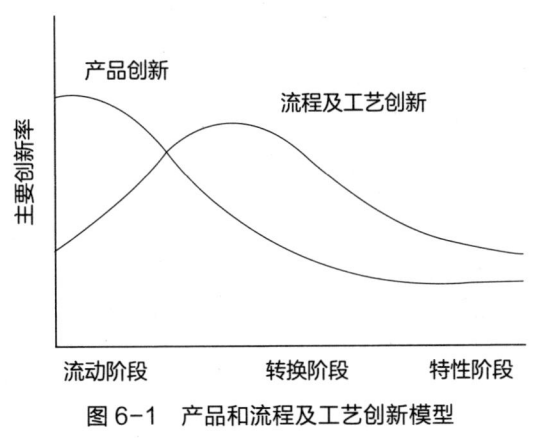

图 6-1　产品和流程及工艺创新模型

产品变革先于流程及工艺变革

在图6-1中，我们注意到产品研发有一个早期的创新浪潮，但产品创新的速度逐渐降低，并让位于速度正在提高的流程及工艺创新。我们观察到，白炽灯产业出现过这种情况。我们预计，在原料产品中，产品创新浪潮的消退趋向会出现得更早一些，换句话说，主导设计将会出现得更早。甚至原料"产品"（如发电标准）在流程及工艺的收益开始出现之前，已经经历了某种形式的变化。

例如，首先是直流发电，其后才是各种形式的交流发电——在达到我们今天的标准和电力生产实现规模化以前，具有不同的特征和多种电压。变压器、交流—直流（AC-DC）转换器、涡轮发电机以及后来在超越临界状态下的涡轮机等主要流程及工艺的出现，都是与产品主导设计的出现相一致的。紧随其后的是流程及工艺集成、渐进式变革和规模的增长等，重点在于提高生产率的流程及工艺。

在前面分析终端产品时我们已经注意到，主导设计包含了许多市场需求的特性。但包含这些特性要求的主导设计，通常是在一段时间内的生产制造，以及融合用户使用体验之后才形成的。主导设计将技术努力的重点转移到了产品的改进和差异化上。这一思想对原料产品似乎也成立。当然，原料产品所包含的不同材料种类较少，在较早的阶段，重点主要在生产流程及工艺的技术效果和验证方面，在经历了同样的变化和实验之后，形成所谓的可行性技术（Enabling Technology）。可行性技术具有连续性生产过程所需要的众多要素，并能使技术努力的重点从产品创新和设计，转移到对流程及工艺的改进。

哈佛商学院的罗伯特·斯托鲍，在研究石油化学工业时，将引进新产品的企业称为产品创新者，而将开发新的商业化流程以及工艺制造相同产品的企业称为流程及工艺创新者。观察了石油工业中9个产品创新者的经验以后，斯托鲍发现，产品创新的时间，与流程及工艺创新者最初开始生产产品的时间间隔大约是5.7年。斯托鲍的研究也确认，在新产品创新后的几年里，流程及工艺水平上升，随后其又随时间变化而渐渐降低，这与模型中产品创新曲线与流程及工艺创新曲线的描述是一致的。

重要流程及工艺变革随时间发展而逐步减少

斯托鲍研究发现，在较长的时间中，每10年所研发的新流程及工艺数量约为9个。在第一个30年中，制造产品的流程及工艺数量是上升的，但是，在第一个10年中，"主要"创新数量达到最高，随后便开始下降（见图6-2），随着时间变化，微小的流程及工艺创新所占的比例越来越高。斯托鲍进一步研究表明：随时间变化，随后再出现主要流程及工艺创新的可能性是下降的。因此，就某个具体产品而言，下一次新流程及工艺变革是"主要"创新的机会是微乎其微的（见图 6-3）。

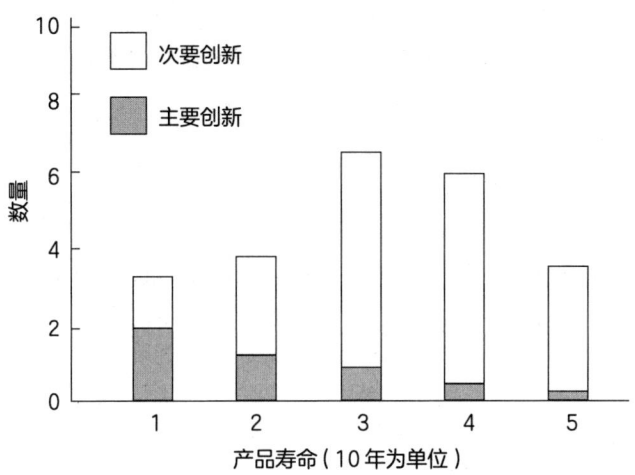

图 6-2　9 个产品在产品寿命期内每 10 年开发的新流程及工艺的平均数

资料来源：Robert Stobaugh, *Innovation and Competition: The Global Management of Petrochemical Products* (Boston: Harvard Business School Press, 1988), p.26. With permission.

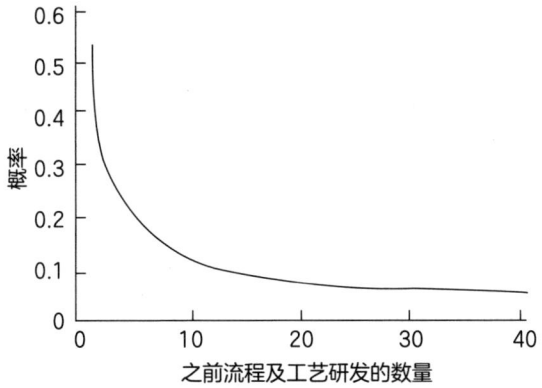

图 6-3　下一次新流程及工艺为主要创新的概率

资料来源：Robert Stobaugh, *Innovation and Competition: The Global Management of Petrochemical Products* (Boston: Harvard Business School Press,1988), p. 27.With permission.

市场首先是专门化的，但随时间的变化而拓展

电弧灯、白炽灯等终端产品首先服务于轮船、零售公司和文化机构等专门化市场。最初，照相机面向的是专业肖像摄影师。打字机的创新者最初认为打字机的市场是电报业务。早期的汽车是少数富人的玩物。在20世纪50年代，关于IBM计算机市场的研究分析认为，对所有类型的计算机而言，整个市场需求在20亿—30亿美元，主要用于流程及工艺管理[①]。然而，就上述每一个案例而言，创新开拓出了更大的市场空间，使产品变得更为丰富和廉价。今天，在我们的生活中随处可见电灯、照相机、打字机、汽车和计算机。

在许多原料产品中也存在同样的模式，艾伦（Allen）关于聚乙烯产业的研究（英国和某些欧洲国家称为 polythene）可能提供了最好的案例。1933年，皇家化学工业有限公司在实验室里制造出了聚乙烯，聚乙烯的第一个用途是作为硬性天然乳胶[②]的替代品。硬性天然乳胶是一种天然的热带产物，供水下传输电缆绝缘用。由于制造过程比较困难，聚乙烯材料十分昂贵，直到1939年才建立第一个商业化工厂，第二次世界大战以后开始扩张，而且北美的一些最主要的化学企业取得了生产许可证。人们发现了聚乙烯的更多新用途，导致其产量迅速上升。20世纪50年代早期，引入了3项制造高密度聚乙烯的新流程及工艺（齐格勒工艺、阿莫科石油公司工艺、菲利普石油公司工艺）。现在，世界上聚乙烯的产量大于其他任何一种聚合物产量，并且产品是如此便宜和丰富，而且还常用于制造奶瓶和一次性袋子。

跨界者（Outsiders）的作用

对终端产品创新而言，我们处处可见产业外部人的作用。埃里克·冯·希

---

① 而非个人计算机。——译者注
② Gutta percha，又称古塔波胶，原产于马来西亚。——译者注

贝尔（Eric von Hippel）的工作已人尽皆知。希贝尔认为，对用户需求的深刻洞察，在很大程度上是产品创新的关键。无论是用户自己，还是与制造商相结合，终端用户反馈已是产品创新的一个重要来源。例如，当贝尔实验室和德州仪器公司在晶体管和集成电路上进行最初的创新时，他们都是电子零部件的用户，而不是真空管的生产商。

在原料产品中我们可以观察到同样的现象，但规模要小一些。约翰·艾诺斯指出在石油精炼产业的特有历史中，尽管有一些创新者与该产业关系密切，但精炼工艺中创造性的变化来自产业之外。第7章对此有更充分的描述。19世纪制冰产业的许多主要流程及工艺是由酒店业的一位运营者研发的。我们也提到，美国福特汽车公司改进了玻璃制造工艺。

当然，业内人在原料产品产业里，尤其在制造产品的工艺方面，发挥着巨大的创新作用。在这里，众多设备制造商或生产者本身，在制造实践中的真知灼见为创新提供了沃土。

与终端产品创新模型的其他相似之处

原料产品与终端产品还有许多其他的相似之处。随着流程及工艺开始起作用，生产规模会迅速地扩大（假设产品已取得了市场成功）。钢铁制造、纺织品和玻璃制造仅是展示这一模式的三个产业。生产变得缺乏创新性和更为官僚化，专用设备和专门化的产品开发，使产品差异化的成本更高，也增加了管理难度。产业本身开始由少数企业所主宰，企业间转向为以价格和生产能力为主的竞争。

显著差异

尽管终端产品和原料产品的流程及工艺和产品创新上存在许多共同模式，但是仍存在着明显差异，认识这些差异不无裨益。

更深入以及更早地专注于流程及工艺创新

一方面，对原料产品中的流程及工艺的强烈关注，最大限度地激励了制造商和工艺设备制造商想方设法去不断改进。正如我们所看到的，平板玻璃是个老产品，几个世纪来它已经历了一些重要的物理改进，但今天的平板玻璃在性能上与200年前的产品仍很相似。但另一方面，终端产品的功能如波音747与30年代的商用飞机相比已有天壤之别。与许多其他同质产品一样，玻璃保持着非常大的相似性，变化的只是其制造流程及工艺。流程及工艺的变化导致了现今的质量高、数量大和价格低的玻璃产品。在石油精炼、化工、铝、钢铁、制冰和冷冻、纺织和其他无数的产业中我们可以看到同样的现象。因此，终端产品和原料产品的创新在以下方面不同：原料产品中流程及工艺率迅速地超越产品创新主导产业的发展模式，并使该产业经历从转换阶段到特性阶段的演变（见图6-4）。

a. 终端产品

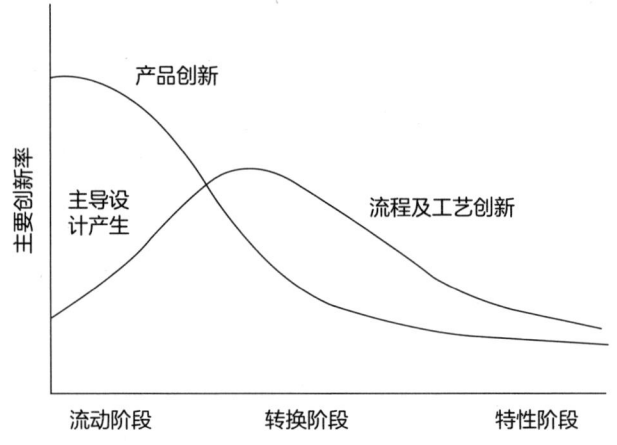

b. 原料产品

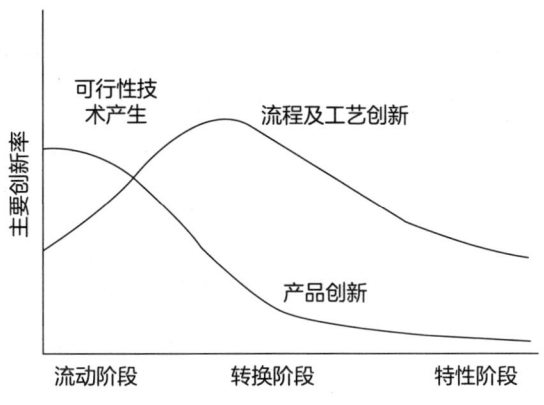

图 6-4　终端产品与原料产品的创新模型

流程及工艺创新：偶尔大步跃进，渐进式改进

　　约翰·艾诺斯在石油精炼工业的研究中发现，自从 1913 年首次引入"裂解"重质烃提取汽油的方法并成功地商业化以来，有三次流程及工艺创新浪潮：第一次是在 20 世纪 20 年代早期，第二次是在 1936 年，最后一次是在 20 世纪 40 年代。每一次成功的流程及工艺创新浪潮都改进了现有的流程及工艺，并取代前一次的创新成果。约翰·艾诺斯认为每一次创新浪潮出现的原因都是不同的，分别如下：为了从日益稀缺的原油中提取出更多的汽油，降低精炼成本，提高质量。正如他指出的：

　　　　这些发明和创新能够制造出质量更高、产量更大和成本更低的产品。这些流程及工艺起初是不连续的，但在随后成为连续的。在几乎所有的案例中，发明虽然都是由与石油产业紧密联系的人完成的，但他们并不从属于那些主要的公司。

和平板玻璃产业的情况一样，每项主要流程及工艺创新会大大提高生产率，艾诺斯发现这三次创新浪潮引起的生产率增长是惊人的，见表6-1。表6-1的前两列数据表明，这些创新使原材料、资本、劳动力的使用率大大改进，能源生产率显著提高。对过去创新的渐进改良，即流动阶段的初始装备到艾诺斯所称的"现今装备"（大约是1961年），也进一步提高了生产率。

表6-1　石油裂解处理的生产率增长

输入	每100加仑汽油的消耗		
	Burton 工艺	流动阶段，初始装备	流动阶段，现今装备
原材料（加仑）	396	238	170
资本（1939年美元）	3.6	0.82	0.52
劳动力（人时）	1.61	0.09	0.02
能源（百万BTUs）	8.4	3.2	1.1

资料来源：John Enos, *Petroleum Progress and Profits: A History of Process Inno vation* (Cambridge, Mass.: MIT Press, 1962), p. 224, With permission.

这些都是"流程及工艺不连续"，也是研究者安德森所描述的：

> 本质不同的产品制造方法反映在产品成本或质量上的提高。它们包括钢铁生产中的贝色麦（Bessemer）炉、石油催化裂化、电子成像（相对于光透镜成像）、遗传工程中采用限制性催化酶和干胶成像工艺。

精炼能力的较大提高，很大一部分是通过小的渐进式工艺改进完成的，剩下的是大的工艺变化（1914年引入伯顿工艺，1955年引入流体工艺）。

乔丹·古利克森（Jodan Gullichsen）对化学木浆生产的研究揭示出同样的模式。古利克森认为木浆生产曾经是分批地进行蒸煮、漂白、清洗和木片制浆的过程，但现在的木浆生产是连续操作。第一项重要流程及工艺改良消除了多个步骤清洗装置，以及大量耗水耗时的资源消耗，采用了单一的一整套步骤。1964 年，霍华德·拉普森（Howard Rapson）和柏蒂尔·安德森（Bertil Anderson）在技术上又向前迈进了一步，他们在一个反应器中完成了所有的漂白步骤。而反应器自身的体积小于它所代替的所有设备，从而进一步降低了对水的需求。图 6-5 代表传统的蒸煮、鼓洗和漂白过程，图 6-6 是 20 世纪 70 年代后期，在斯堪的纳维亚半岛出现的集蒸煮、扩散器洗、替代漂白技术于一身的连续技术。这一技术减少了流程及工艺步骤，对水的需求量减少到仅为原来的 1/7。作为连续制浆工艺的一个重要贡献者，古利克森多年以前就预计到可以减少这些工艺步骤。

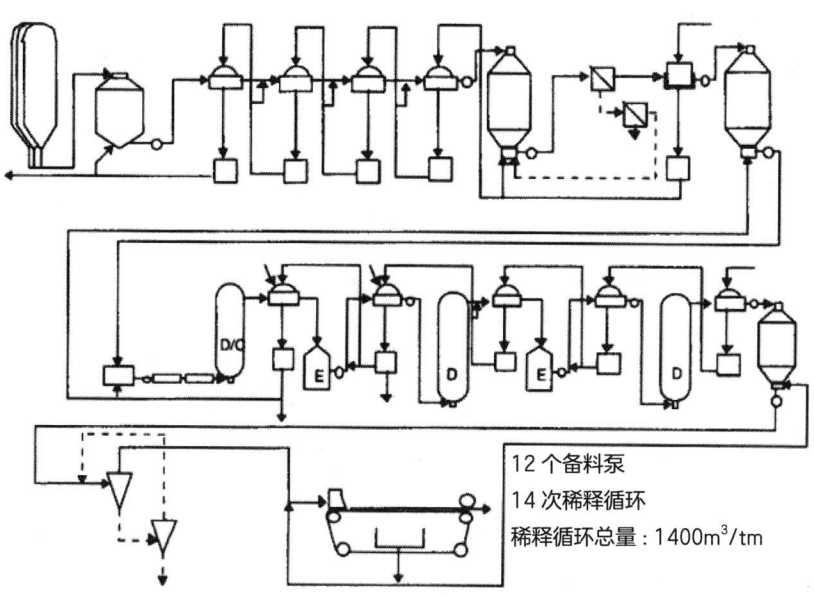

图 6-5　传统的木浆制作过程（1976 年以前）

资料来源：Johan E.Gullichsen,"Innovations Through Exploration of Fibre−Water Interactions", *Innovations for Survival* (Falun, Sweden: The Marcus Wallenberg Foundation,1986), pp. 45−46. With permission.

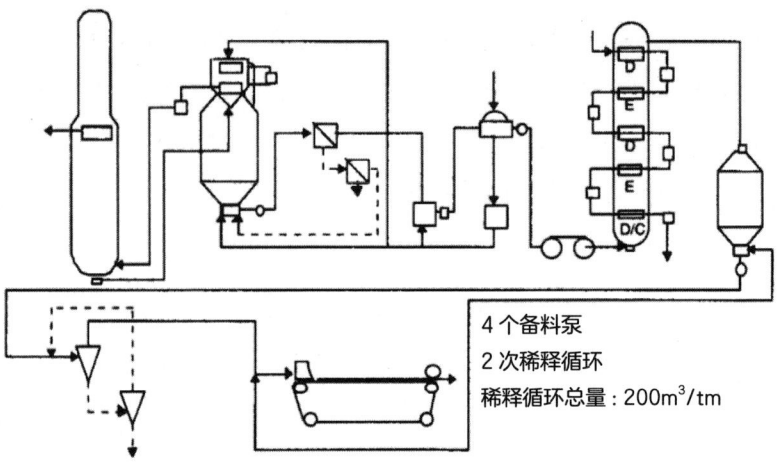

4 个备料泵
2 次稀释循环
稀释循环总量：200m³/tm

图 6-6　连续的木浆制作过程

资料来源：Johan E.Gullichsen, "Innovations Through Exploration of Fibre-Water Interactions", *Innovations for Survival* (Falun, Sweden: The Marcus Wallenberg Foundation,1986),45-46. With permission.

　　这些研究和其他研究肯定了平板玻璃所看到的情况，原料产品的流程及工艺经常是以不经常发生却是重要的生产率提高（即突破式创新）为特点的。处于突破式创新之间的创新是渐进式改进的结果。图 5-6（长期生产率的增长）说明了这种现象。

从管理的角度来看突破式创新和渐进式创新

　　相当多的证据表明，整个技术和生产率的进步是突破式创新和渐进式创新相结合的产物。关于两者的比例是学术界争论的中心地带。艾诺斯对石油精炼产业研究得出的结论是，两种形式的创新同等重要："在一个产业中，惊人的创新并不经常发生，累积型的改良似乎对技术进步有同样多的贡献。"丹尼尔·霍兰德详细研究了杜邦下属的五家尼龙工厂，试图找到提高效率的源泉。他的结论是："在解释单位工厂成本的降低上，技术变化具有举足轻重的意义。"根据霍兰德的解释，基于技术降低的成本中77%可归功于"微小"的技术变革。在常规项目中这些渐进的流程及工艺改良是难以辨识的。

尽管还没有进行过正式研究，但是，由第5章中描述的皮尔金顿浮法玻璃技术带来的生产率增长中至少有一半是对之前使用的基本工艺进行渐进式改良的结果。在突破式创新和渐进式创新对商业化进程中的相对贡献上，学者们可能有争论。而且在不同的产业中，这些贡献的作用可能是迥然不同的。一些人对美国公司将其战略置于突破性技术创新之上提出质疑，认为这是一种危险倾向。而他们的日本竞争者执行的是渐进式创新战略。用棒球作比喻，日本的比赛计划是采用许多平凡的一垒打、跑位和二垒打来赢得市场主导地位。而美国竞争对手喜欢用不常有的本垒打来取胜。美国的战略自然被看作拥有风险且成本较高。

把美国企业描绘成突破式创新者，日本企业描绘成渐进式创新者，而且成功是属于后者的，这里存在两点失误：第一，有大量的事实表明，这些陈词滥调在国家层次上是不成立的。美国企业，尤其是原料产品产业，如化工、合成纺织、精炼，甚至是钢铁企业，历史上就是渐进式创新的领先者；而日本企业如丰田公司以及它的精益生产系统表明，其真正达到了从事突破性产品和流程及工艺的能力。第二，两种战略中没有哪一个战略（就其自身而言）能获得市场主导地位；所有的事例表明，产品和流程及工艺既需要突破式创新又需要不断的渐进式改良。任何想在商业竞争中获得成功的企业，如果单靠缓慢的龟或者迅捷的兔，都会发现自己将被成功地发展了两种优势的企业超过。

与主导设计出现时一样，流程及工艺结构出现重要变化，即不连续变化时，并不是总那么明晰。除非是回溯历史，否则辨认新兴的主导设计是困难的。但对一个新的流程及工艺结构来说，有几个明确的信号会警示我们。首先，正如安德森和塔什曼所说，成本和质量出现了质的改进。对此可重新表述为，相较于同样的投入水平，出现了显著增长。但是，即使如此，源于新结构的显著产出增长或显著质量改进也许不是非常明显，重要的新流程及工艺经常是存在于迷惑不解、尚需时日才能解决的技术问题里。皮尔金顿浮法玻璃就是一个最好的案例。其次则是流程及工艺步骤的数量，成功地把批量加工改造成连续加工，通常是流程及工艺结构变化的一个明确信号。

再生纤维的商业研发是与平板玻璃案例同样出色的例子。

以再生纤维为案例

1855 年，法国发明者乔治·奥德曼（George Audemars）发现了一种制造细长丝的方法——由溶解的胶棉拉制成丝。当他这样做时，纤维在空气中固化了，并卷在一个卷筒上。该工艺获得了专利，在市场商业化上却行不通。后续技术是从长吸管中拉制纤维。1862 年，出现的喷丝头（形似喷嘴的玻璃装置）是一项重要创新。喷丝头有一个孔，纤维素溶液从里面挤压出来形成长长的细丝。

查多内特（Chardonnet）伯爵在1884年获得一项生产再生纤维的工艺专利。他不久后建立了一家工厂，但直到1891年才开始生产。醋酸再生纤维在1894年获得专利，然而，它的数量少，对粘胶再生纤维没有影响。后者作为主导产品设计出现于20世纪初。

再生纤维工业的可行性技术，由包括改进型喷丝头、经适当处理的纤维素精纺溶液、过滤与混合溶液的设备和经喷丝头泵压出的纤维，以及最后编织细丝、绞制成纱的一组创新流程构成。喷丝头从单孔的玻璃喷丝头，发展到多孔的铂金喷丝头。在铂金上钻孔容易做到精准成丝，而且铂金喷丝头能同时吐出几根细丝，然后绞制成一支纱。这项创新极大地提高了生产率。

克罗斯（C.F.Cross）和碧瓦（E.J.Bevan）于1892年获得粘胶纤维溶液的专利。粘胶纤维溶液是经烧碱和二硫化碳处理的纤维素，再经水或稀释的烧碱溶液溶解后制成的。查理·托普翰（Charles Topham）发现了溶液老化的重要性，并研制出吐丝制纱所需的设备。在他的系统中使用了多孔铂金喷丝头、一个过滤器和一个用于改进吐丝溶液质量的拌料器、一个控制纱线均匀厚度（纤度）的唧筒。他最引人注目的创新是纺纱箱。纺纱箱把来自溶液池的细丝绞制成纱，纱在箱内形成"纱锭"。这样就消除了当再生纤维在绕线筒上缠绕时需要再缠绕和绞织的步骤。于是托普翰使再生纤维生产只需一步，更接近于连续工艺。粘胶再生纤维可以不用纺纱箱生产（以前的各种再生纤维和后来的某些粘胶再生纤维是卷在绕线筒上的），但是纺纱箱对商业化生产有显著贡献。

随着时间的变化，再生纤维的生产在不断进步，就像平板玻璃发展成连续的流水线工艺一样。1906年，一种细丝增强纺纱车获得专利，并于1913年投入试产。这种装置能使吐出喷丝头的再生纤维和纺织池的再生纤维连续流动，完成全部的净化和干燥工艺。然而，因为第一次世界大战期间的开发不足、缺乏纺机用的优良建筑材料和不易获得的廉价劳动力（相对于新设备的购买和维修），它的应用未能继续下去。在老技术（纺纱箱和纺纱筒工艺）彻底退出历史舞台和产量增长之后，美国在 20 世纪 30 年代才最终完全采用连续纺纱工艺。表 6-2 对这个发展过程进行了总结。

表 6-2　再生纤维制造流程及工艺改进的主要阶段

解决方案 准备阶段	使斜罐 / 升压相结合，消除材料转运
	自动化机械和更大的设备使连续工艺成为可能，并减少了生产周期
	增加了原材料吸收系统，保存材料
	黏性监控系统改进工艺控制和材料的染整特性
纺丝阶段	双活塞唧筒增大了纤维素通过喷丝头的压力，提高了可控性
	引进齿轮泵提高了纺纱速度
	酸液池替代了硫酸铁，使纱的强度更高和更易处理
	添加化合物防止喷丝头堵塞
	杜邦改装为"全主动"纺纱；每个喷丝头的喷嘴对应一个绕线筒，提高了生产能力
	改装成托普翰纺纱箱，采用电动锭子使纺纱速度更快
后纺阶段	纺线机具备测量能力，加强了工艺控制，减少断线
	修纺纱调整纺线机以适应材料的成分，并能提高生产率
	马达、稳定器、导线等机械改良
精整阶段	取消重复绕丝步骤，大幅度地提高了生产率
	"扁形绕丝"工艺消除了摇纱步骤
	改进干燥工艺提高了质量，加强了控制
	用经轴代锥轴绕线，为用户节省了一道工序
连续纺丝阶段	改进已开发的前进式细纱纺纱机，工业再生纤维公司采用连续纺纱，一台机器承担了九个流程及工艺阶段的工作

资料来源：Drawn from Daniel Hollander, *The Sources of Increased Efficiency: A Study of DuPont Rayon Plants* (Cambridge, Mass.: MIT Press,1965), pp. 59-177; and H.J.Hegan,"The Historical Development of and Outlook for Viscose Fibers", *Journal of the Textile Institute*, Proceedings, vol. 42(1951), p. 399.

在文献（丹尼尔·霍兰德的研究）中可以看到许多有关再生纤维的流程及工艺基于技术变化的数据。技术变化的积累提高了生产力，降低了成本。提高纺纱速度、纺纱补偿装置、锭锥工艺是再生纤维技术变化的几个例子。每个工艺步骤都强调改进所用材料。更结实的线、更快的设备、消除不必要的转换和加工工序、改善工艺控制和监控能力等所有这些均有助于提高所用材料的效率和效果。溶液配料设备的自动控制、吐丝器以及清洗、干燥、漂白和染整设备是自动化岛，它们由人工转换操作联系起来。最后，细丝增强纺纱车的使用把这些自动化小岛联结成一个连续工艺。

再生纤维工业的创新轨迹很大程度上是制造商的创新轨迹。然而，用户和供应商都作出了贡献。例如，用经轴代替锥轴，直接在经轴上绕制再生纤维是由加工者（再生纤维用户）提出，由杜邦（再生纤维制造商）开发的。提高纺纱速度的马达和连续的溶液配料设备，是由杜邦在设备供应商的帮助下开发的。溶液配料设备的某些研制工作是由制造商自己完成的。

20世纪50年代出现尼龙之后，再生纤维工业的发展近乎停止。然而，可以认为，新的尼龙产业是再生纤维工业中的一种技术断层创新，因为尼龙生产中的基本纺纱方法和许多工艺步骤与再生纤维生产工艺相似。

当出现喷丝头创新后，流程及工艺改良自然就逐步展开了。例如，杜邦的工作倾向于成本和产量导向的微观变革。尽管这些变革是渐进式的，但是其中的某些变革是资本密集型的。例如，在溶液配料和提高纺纱速度时采用自动化设备，这些变化巩固了现有生产工艺，同时也是成熟产业处于特性阶段的一个明确象征。

流动、转换与特性阶段模式

在第4章出现的模型，讨论了以流动、转换和特性阶段划分的产品创新和流程及工艺创新。这些模型似乎也可以运用于原料产品。在玻璃制造的案例中，根据其竞争的侧重点、产品变革、产品工艺、材料、组织和其他因素，1880 年之前玻璃制造处于典型的流动阶段。在此阶段，以独特产品种类参与竞争，是终端产品和原料产品产业的竞争特点。功能优劣在这里是关键，而且由于没有沉重的成本负担，此阶段容易热衷于产品变革，生产方法灵活多样但缺乏效率，依赖于通用设备并且投入的熟练工人较多，组织管控同样是非正式的和创业型的。

模式的另一端是特性阶段，特性阶段的原料产品产业模型与终端产品产业模型相似。竞争集中于成本价值关系，并且大部分创新的方向是致力于改进这一关系的。在此阶段，产品创新和流程及工艺创新是渐进式的，因为突破式变革需要更高的成本，而且产品创新和流程及工艺之间也更为紧密地关联在一起。

转换阶段是介于流动阶段和特性阶段之间的广阔的中间阶段。就我们的模型而言，终端产品和原料产品的差异在转换阶段表现得最为明显。概括地说，重要的差异是原料产品对流程及工艺来说驱动存在较大程度的依赖。表 6-3 比较了终端产品和原料产品在转换阶段的重要特点。

表 6-3　终端产品与原料产品在转换阶段的对比

	终端产品	原料产品
创新	强调渐进的产品改良和产品多样化	强调需求上升引致的流程及工艺变化
创新来源	用户；制造商	制造商；设备制造者
产品	各个生产者的许多产品特点独特	非差异化程度提高
生产流程及工艺	一些工艺自动化，建立自动化岛	开始变得更固定、更连续，资本更密集
设备	引入专用设备	专用设备
工厂	通用目的，有特殊要求	单一目的，规模较小
流程及工艺变化的成本	中等	高
竞争者	众多，但在主导设计出现后，数量下降	众多，但在可行性工艺出现后，数量下降
产业领先者的脆弱性	面对现有的产品和比现有产品更有效的产品	面对更有效的和质量更高的生产商

在转换阶段，生产流程及工艺自动化从建立自动化岛开始，然后又通过它们与材料输送和其他机制相联系。在原料产品的生产中，这一现象会很快发生并且变化极大，最终结果是形成一个连续性流程及工艺。在转换阶段，从手动生产工艺到建立自动化岛，尤其在几个自动化岛联结成一个新工艺步骤时，可能涉及不同类型的技术和需要更高的技能。流程及工艺技术和生产率巨大跃迁的结果是，要求更少但更大的生产单位来满足预计的需求。

虽然在终端产品市场上，市场进入和竞争地位的变化是随着新一代产品技术和技术竞争发生的，但是，原料产品出现同样的现象时，似乎不是与产品变化相联系的，而是与主要设备创新相联系。这些设备创新经常是先将前两个或三个独立步骤合成一个步骤。另外，以前需由一个独立生产单位完成的步骤能合并到一个新流程及工艺中去。

迈向连续性流程及工艺

前述章节隐含了这样的思想，一些终端产品已越来越像原料产品了。也就是说，就生产方法而言，终端产品的制造过程已开始变得更为连续了。集成电路就是一个例子。集成电路的复杂性正在向前端的研发移动，并正在使实际的制造过程更为连续（尽管大大超过了需求）。计算器行业也是一样，第一个计算器共有约 2300 个部件。但几年以后，这些部件的功能大为简化，许多简单的四功能计算器仅含有 5 个不同的部件。与蒸汽熨斗（50—90 个部件）、汽车（5000—7000 个部件）和 747 机型（百万个部件）相比，简单的计算器更像玻璃、再生纤维和制冰。这些产品仅有一个部件。流程及工艺的简化还表明，制造商要想依靠流程及工艺来节约成本和实现连续性生产，可以考虑采取减少部件数量和降低装配复杂性的方式。

相当多产品类别的部件数量都在显著减少。IBM 的 Selectric 打字机就是一个明显的成功案例。起初，一台打字机的部件超过 1000 个，但现在打字机的部件已少于 200 个，而其可靠性据说提高了 10 倍以上。前 IBM 的总裁拉夫·戈莫里（Ralph Gomory）在《哈佛商业评论》（*Harvard Business Review*）上发表文章，讲述了该公司的另一个办公产品 Proprinter 点阵式打印机的成功故事。在 20 世纪 80 年代早期，该打字机是 IBM 为配合个人计算机使用而开发的。当时，个人计算机市场可以见到的打印机大约有 150 个部件。在 IBM 的开发人员完成研发工作后，新引入的打印机仅有 62 个部件，但性能超过了竞争者的打印机。除了简化制造步骤所获得的收益，更少的部件意味着 Proprinter 在此领域有着非同寻常的可靠性。更少的部件意味着更少的装配错误、更少的校正和更少的出错机会。福特的金牛座汽车是另一个成功的案例。首次生产的金牛座车型比福特的 LTD 车仅少了 28% 的部件（4000 个对 5700 个），该车型是作为替代车型而设计的。

艾尔文·莱纳德（Alvin Lehnerd）在一篇关于百得公司和 Sunbeam 公司的文章中也同样对减少重要部件的情况进行过描述。Sunbeam 的工程师发现，在世界主要市场上销售的蒸汽／干式熨斗所含的部件数量有显著的差异，部件从 74—147 个不等，紧扣件从 16—30 个，并且紧扣件的类型有 9—15 种。Sunbeam 自身的产品属于中等偏下的水平。公司重新设计了蒸汽／干式熨斗系列，对部件数量和装配成本给予了充分关注。1986 年，公司推出新产品系列，新的设计做到在两种类别产品中，仅含有 51 个部件和 3 个紧扣件。Sunbeam 公司的制造成本大大降低，并取得了明显的竞争优势。

20 世纪 70 年代初，百得公司重新设计了全部动力工具的产品生产线。目标是使产品具有双倍的绝缘性、具有较少的部件和使用较少的人力。同样重要的也许是，与此同时，对制造过程进行了重新设计。高度协作性的产品和流程及工艺变化显著提高了生产率。新系统仅需投入 1/7 的劳动力和不到 39% 的材料及间接成本，每小时生产 2400 个产品。采用电动马达后，从 60 瓦到 650 瓦的所有工具类型可以在同样的机器上生产，唯一的差别是管组长度和铜、钢的用量。正如莱纳德对此描述的那样，制造这些马达与通常的终端工艺有很大差异，制造马达似乎是连续性生产流程及工艺，因而与原料产品更为相关。"马达目前是自动化制造，人手并不接触它。放于机械化生产线前端的薄板，自动进行堆积、焊接、绝缘、弯折、喷漆、组装和测试。"而且，如同石化和玻璃生产工艺一样，制造马达的机器每周 7 天、每天 24 小时连续运转，这基于同样的原因考虑资本的利用和流程及工艺的稳定性。

这使我们去深入思考替代目前将产品划分为终端产品和原料产品的方法。未来的研究应考虑一个图谱，根据产品部件和生产操作的数量分级，同质的产品如玻璃是一个极端，而飞机是另一个极端，在中心部分的可能是部件较少但采用类似于玻璃、钢铁和其他同质材料制造工艺的各种产品。

第 7 章

入侵稳定业务的超级创新

每当技术断层发生，企业的命运会发生巨大变化。

——理查德·福斯特（Richard N. Foster），引自《创新：进攻
者的优势》（*Innovation: The Attacker's Advantage*）

最近的一次伦敦之旅，我和家人试图在住所附近的一家小杂货店买到一盒
新鲜牛奶，但我们失败了，冷柜里只有除了牛奶外的其他易腐食品。店
主看出了我们的困惑，他带我们到一个常规货架前，我们吃惊地发现牛奶与各
种不易腐烂的食品一起放在常温下存储。这种情形成为可能，是因为瑞典利乐
公司的一项无菌包装的创新发明。该公司开发了"闪光灭菌"工艺，以降低将
牛奶和果汁等，进行特殊处理与冷藏的昂贵成本。这种处理食品的保鲜方法，
在食品行业以及拥有与使用冰箱受限的消费者中是受欢迎的。因美国市场有丰
富的冰箱分销渠道与家用冰箱拥有率，无菌包装以缓慢的速度进入美国市场，
但是在其他冰箱或制冷工具不太发达的地区迅速发展。实际上，美国牛奶包装
商也部分借鉴利乐的想法对牛奶采用额外的灭菌方法来延长牛奶保质期。时至
今日，美国市场只在如咖啡奶油或小盒果汁类特殊商品或便利店售卖商品，使
用无菌包装形式。

　　前面章节讲到创新阶段或不连续的创新是如何席卷打字机、照明和平板玻

璃制造行业的。本章将聚焦于一个古老行业来详细检验这一过程。对这个行业而言，无菌包装很可能代表了下一个阶段的转型创新。

美国的冰业

被当代人称为"冰王"的、来自波士顿的弗雷德里克·都铎（Frederic Tudor）在 1833 年正准备开启他有史以来最大的赌博。这年春天，他从当地的池塘切了 200 吨冰拖到邻近的查尔斯顿码头。在那里，需要冷藏的货物被小心翼翼地装在托斯卡纳号船上准备开启 180 天的印度航程。每一层冷藏货物之间，以及货物周围都包裹了大量的锯末。数月的航行几乎全部是通过热带水域：向下经过西印度群岛，然后穿过非洲西海岸的赤道，沿着好望角进入印度洋，在前往加尔各答的途中再次穿过赤道。在旅程结束时，托斯卡纳号上还有 100 吨待售的冰。这次生意探险虽然亏了钱，但为都铎的冰帝国开发了新的市场，并在日后贡献了利润。

都铎很好地承受住了最初的损失。自 1806 年他将第一批冰从马萨诸塞州的查尔斯顿码头运往西印度群岛的马提尼克岛以来，他已经将冰的生意打造成一个利润丰厚的主流产业，同时，最好的时光尚未到来（见图 7-1）。到 1856 年，他的公司每年以 363 次航行运送 14.6 万吨货物到费城、查尔斯顿、萨凡纳、新奥尔良和旧金山等美国港口，以及加勒比海群岛、哈瓦那、里约热内卢、马德拉斯、孟买和中国香港。相当数量的冰在当地市场销售。现在它已成为酿造与渔业、肉类加工、奶农、餐馆和医院里不可或缺的商品。许多经济活动开始依赖于冰，售冰业务成为一个新兴的生意。通过售冰，都铎获取了巨大的财富。最值得注意的是，都铎以及很多和他类似的企业家，把曾经被认为毫无价值的东西变成了发财的机会。

正是类似于都铎以及后来成为他竞争对手的波士顿人的足智多谋，验证了历史学家丹尼尔·布尔斯汀（Daniel Boorstin）一直强调的"利用海洋，新英格兰将本是领土和生存的威胁物（花岗岩和冰）全方位地变成了有商业价值的物品"。

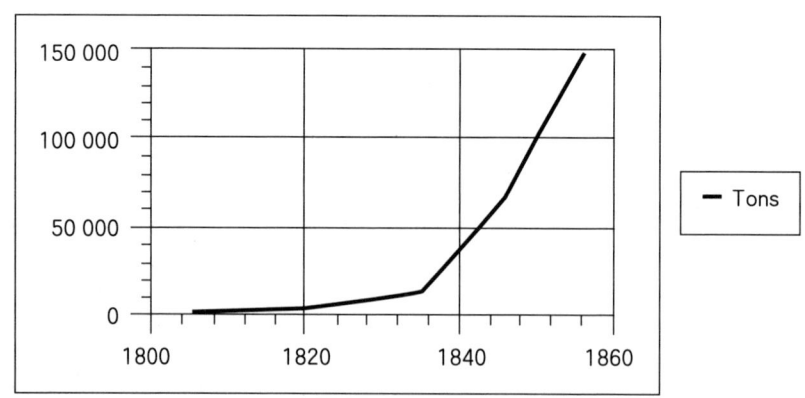

（Tons：吨）

图7-1 都铎的冰公司运冰量（1806—1856）

资料来源：Based on data in Henry Hall, The Ice Industry of the United States with a Brief Sketch of Its History and Estimates of Production, U. S. Department of the Interior, Census Division, Tehth Census, 1880, v. 22 (Washington, D.C.: U. S. Government Printing Office, 1888, reprinted by the Early American Industries Association), p. 3.

本章和下一章会继续探讨创新及其在影响竞争成败中的关系。在此，我们以美国采冰业以及伴随机器制冰到来而衰退的案例为研究对象。这个案例并不是因对历史的神秘好奇心而来的，它提供了一个窥视科技融入整个产业生命周期全过程的机会。这种长期视角有助于我们了解一种具有竞争力的科学技术是如何出现的，以及居于主导地位的技术如何应对所受到的挑战。

我们在其中还可以观察到一个曾经被大量需求与广泛应用的技术——冷却，是如何让位给其他技术的。因此，自然制冰被机器制冰取代，随后一种来自完全不同领域的技术创新——机电制冷技术，又将取代后者。

新英格兰的第二冰河时代

多年来，美国农民们一直是在冬季把冰切开后，储存在自家的地下冰窖里。直到 1784 年秋天，乔治·华盛顿（George Washington）在弗农（Mount Vernon）建造了一座"干井"冰屋。该冰屋采用了当时美国财务总长罗伯特·莫里斯（Robert Morris）向他描述的设计。华盛顿最初的设计由于地下设施没有排水系统而一直失败，但莫里斯的设计效果很好。此后，华盛顿会在每年 1 月用很多天时间监督，将从波多马克切割运送来的冰放到他新改良后的冰屋。北部各州的农民会举办采冰的社区活动：男性负责切冰，装车，并且运送到每一位农民的冰屋处，女性则负责烹饪一顿丰盛的社区大餐，并负责为那些由于采冰而掉进冰冷水中的人提供保暖的衣物。这是一项繁重的工作：将大块冰切开，并切割成较小冰块，用手把它们拖出来，向农用马车和雪橇上不停地装卸搬运。一切都等到弗雷德里克·都铎将这项冬季仪式转变成商业冒险，创造出统一规格并可销售的、代替各种各样冰块尺寸的"产品"，并通过采冰的流程创新，使其实现较高的利润。

成功的创新者往往与有能力的合作者为伍。乔治·伊斯特曼有化学家亨利·雷琴巴赫（Henry Reichenbach）、爱迪生有机械师查尔斯·巴切洛（Charles Batchelor）、亨利·福特依靠查尔斯·索伦森（Charles Sorenson）拥有的工程管理知识与技能。弗雷德里克·都铎也不例外。都铎从纳撒尼尔·贾维斯·怀斯（Nathaniel Jarvis Wyeth）这位年轻的哈佛毕业生的知识中获益匪浅。怀斯在 18 世纪 20 年代早期接管了位于马萨诸塞州剑桥市的新鲜池塘岸边的家居酒店的运营管理。与其他在夏季供应食物的酒店一样，怀斯的酒店每年冬天都会储存大量的冰块。但是不同于其他的管理者，怀斯研发出更高效的采冰和存储的方法与设备，同时，冰块因尺寸规格更为统一而易于存储。

1825 年，怀斯设计并申请了"冰犁"的专利——一种利用马拉工具，使不规则的冰块成为规格统一的小块，然后从池塘中切割出来，并能够更高效地运输和存储在冰屋内。同一年，他成为都铎的独家供应商，不久，来自新鲜池塘的冰以"冰王""冰岛""冰山"的名字随着都铎公司的船出现在大西洋沿岸和世界各地。继怀斯发明冰犁之后，有 50 多种专门设计的锯、除雪机及其他工具，增强并系统化了整个采冰的过程。这些工艺创新促使冰的价格降低了 1/3。

使用怀斯方法的船员们在波士顿地区的湖泊中广泛寻找目标，甚至到达位于康科德的瓦尔登湖。在这里隐居的梭罗（Henry David Thoreau）观察了这一采冰过程，并且在《瓦尔登湖》（*Walden*）中作了如下描述：

> ……每天有 100 名爱尔兰人和洋基① 来的督导，一起从剑桥出发取冰。他们把冰分成蛋糕的方法是众所周知无须描述的，同时，把这些小块的冰滑到岸边，快速地拖到一个冰平台上，由马拉的滑车把冰块堆放在一起，就像一桶桶的面粉，被均匀地并排放置，一列一列，它们仿佛形成了一个坚实的方尖碑去刺穿云层。他们告诉我，好天气时，他们可以取出 1000 吨冰，相当于 1 英亩的产量。

到 1834 年托斯卡纳号从印度返航，都铎冰公司在波士顿地区拥有近乎垄断的地位。它在向西印度群岛供应冰块业务，与英国和荷兰政府拥有独家协议，在与西班牙殖民的古巴也拥有类似的协议。仓储位于查尔斯顿、南卡罗来纳和萨凡纳、佐治亚，以及牙买加的金斯顿和古巴的哈瓦那。在这些天气炎热的城市，防止冰瞬间化成水并不是一件容易的事情，都铎亲自监督了码头边冰屋的修建和测试。第一座冰屋于 1816 年在哈瓦那建成。设施是一个正方形，预先在波士顿做成双壳的建筑，再用船运送到哈瓦那。外部的长度有 25 英尺，内

---

① 美国把北方人成为洋基。——译者注

部有 19 英尺，整个结构被设计为可容纳 150 吨冰。我们假设两道墙之间的空间内，被填满了木屑或其他形式的隔绝材料。都铎通过测试不同的隔绝材料和方法，掌握了冰的融化量，以及冰在这个设施内的融化速率。哈瓦那冰屋的最好融化记录是每小时 56 磅[①] 水。都铎的在新鲜池塘旁的冰屋号称可以将冰储存超过 3 年的时间。方法的改进使都铎降低了冰产品的价格，并扩大了销售量的空间。以南卡罗来纳的查尔斯顿为例，每吨冰的价格从 1817 年的 166 美元下降到 1834 年的 25 美元。

都铎在波士顿的邻居也没有落后，有几个人先后进入了这个行业。其中一个竞争对手是来自盖奇的希丁格先生（Hittinger）。希丁格公司在 1842 年时试图开发一个由新鲜池塘开采并将货物运输配送到英国的市场。希丁格知道对传统的英国人来说，除非演示如何使用冰块，否则他们是不会用冰的。鉴于此，他雇用了一批波士顿的调酒师，并在运冰船抵达前到达伦敦。当运冰船抵达时，希丁格和他的调酒师已经在一个明亮而华丽的大厅准备就绪，他们打算在这里将英国人带入各种风格的鸡尾酒世界里。不久，时尚的英国人就迷上了来自新英格兰的冰。

一旦对英国的贸易全面展开，美国冰的优势吸引力就全面展现出来，犹如我们今天见证的各种瓶装水一样。来自靠近马萨诸塞州的温汉姆湖冰公司的产品，因其剔透度和所谓的纯度而比其他同类更受追捧。根据当时的说法，人们可以透过两英尺（约 0.61 米）厚的温汉姆冰块轻松阅读一份报纸。英国的绅士和女士们很可能根本没有意识到，采冰队的马儿们在温汉姆湖表面紧张工作到什么程度。实际上，在这些采冰公司，有一个专门给年轻男孩的工作岗位——让他们跟在马的后面拾冰，谁也猜不到他们拾冰块时做得有多么彻底。没有温汉姆冰的伦敦晚宴会被认为是不完整的。直到四五年后，当挪威人把从奥彭加得湖采来的冰，包装为温汉姆湖的名字，并以更低的售价进入市场时，这场攫

① 1 磅 =25.4 千克

取英国人财富的盛宴才结束。

到 19 世纪 70 年代晚期，天然采冰商业化到达顶峰的 10 年前，波士顿地区有不少于 14 家公司每年切割近 70 万吨冰。缅因州和新罕布什尔州也有蓬勃发展的采冰公司。因它利用了许多当地的丰富资源，从而成了新英格兰的完美行当：寒冷的冬季；许多淡水池塘；农民、移民、渔民和水手在冬季寻找工作；大量的锯末（用于隔温）避免对伐木业造成滋扰，同时有海运的基础设施。流程创新使产品更加统一，可降低生产成本。例如，在新英格兰地区，大多时候的冬天不足以生产厚厚的冰。因此，一旦形成几英寸的冰，拾冰人就会把一层薄薄的水浇到冰上，这样很容易在夜晚冻住。这个步骤会每天重复进行，他们一英寸一英寸地浇水，直到整个冰块厚到可收获为止。

位于北部一线，从纽约到威斯康星各州，也发展出区域型采冰产业，服务于不断壮大的肉类加工和乳制品行业，以及为中心地区不断增长的城市人口提供产品。尽管内陆地区的制冰者缺乏进入海外市场的通路，但凭借铁路的便利性，可以高效而低价地通过长途运输到类似于芝加哥、圣路易斯以及其他上百个大大小小的城市。在丰收的季节，火车直接在湖边装载，其他时间，则用运冰传送带装载。

采冰制冷业是 19 世纪 70 年代美国经济的重要组成部分，并伴随着家庭用户成为大规模常规消费者而继续扩大。1850 年后，越来越多的城市居民开始购买"冰盒"，这些冰盒很快成为现代必需品。到世纪之交，家庭消费者占国内冰购买市场的一半。未来看起来非常美好。正如 1857 年"冰王"本人在波士顿贸易委员会上所言："采冰贸易源自波士顿，半个多世纪以来一直在成长和扩大，已经没有竞争对手，我们有理由相信它还处于起步阶段。"

尽管当时没有人意识到这一点，但 19 世纪 80 年代是采冰制冷行业的顶峰。制冷行业将继续随着国家的发展而扩大，但是一个基于完全不同技术的超级创新已经侵入了该行业的边缘。尽管当时未引起人们的注意，但新的技术最终注定会主导采冰与制冷行业的市场。

机器制造的入侵——造冰

随着工业和家庭都越来越依赖使用冰来保存食物，冰镇饮料、糖果和医疗应用，冰的成本与稳定供应成为越来越重要的考虑因素。

由于该行业对季节性和天气的依赖性较强，尤其是夏季，根据采冰产地到目的地的距离远近，冰的价格波动很大。夏季，北方配送价格一般是 6—8 美元 / 吨。哪怕是在暖冬造成产量减少时，因使用冰屋可以有效储存冰块数年，从而保障了供应价格并未大幅度变化。然而，在南部港口城市，由于运输成本和融化造成的损失，将夏季价格推至 20—30 美元 / 吨。当出现黄热病疫情因而出现需求飙升时，或当北方产量不佳、供应减少时，冰价飙升至 60—70 美元 / 吨。南方内陆城市甚至要支付更高的价格（125 美元 / 吨）。因此，南方市场对可以影响冰的供应和价格的创新给予了最大的接受度。

此情此景和美国 20 世纪 70 年代在石油方面的经历大为相似。在这两个案例中，资源都是在最充足而又需求最少的地方找到的。在中东的产油国拥有大部分石油，而国内对石油的需求却很少。新英格兰人住在天然冰盒里半年，但最享受的是其余时间的温带气候。同时，最需要该资源的人离得很远，不得不为此支付溢价。所以，所有具替代性的、促进效率的创新，都是来自承担了不确定的供应量和高价格的国家也就并不为奇了。例如，用合成燃料、太阳能以及清洁能源代替石油。同样，挑战新英格兰冰产业的超级创新，以及首批大规模使用，也发生在炎热的南方地区。南方乡村的酿酒商和肉类包装商是最早应用机械方法生产冰的实验者。他们是可以接纳高价格替代品的小众先锋代表。

早在 17 世纪中期，人们就出于科学上的好奇心，尝试用机械或化学的手段生产过冰。1755 年，实验室可以将真空状态下的水蒸气成功制造成冰。

1810 年，人们更尝试使用硫酸吸收水蒸气从而增强这一工艺，并在 1824 年得到了大幅改进。1834 年，一位住在伦敦的名叫雅各布·珀金斯（Jacob Perkins）的新英格兰人发明的，一个通过在连续和封闭的循环中蒸发挥发性液体，从而制造冰的机械装置在英国获得专利。帕金斯的这项发明是第一个可实际应用的制冰创新，其基础原理与后续的压缩机、冷凝器、膨胀阀和蒸发器一起构成当今的制冷基础。

1838 年，在炎热潮湿的佛罗里达州阿帕拉契科拉，约翰·戈里（Dr. John Gorrie）医生开始在他治疗疟疾患者的病房里用冰冷却房间。北方冰的不稳定供应以及价格变化，促使戈里遵循与珀金斯相同的原理设计并制造了一台制冰机。戈里在 1851 年获得了美国专利。他试图在新奥尔良成立一家商业公司来开发和应用这一专利。但这一计划以 1855 年戈里的过世而告终。

一群来自法国、德国、英国和美国的发明们使用氨、乙醚、纳普塔或其他蒸汽不停地试验新的设计。历史资料显示，人造冰的首次成功商业化与其产能的提升是在不同的时期。琼斯（Jones）提到，1862 年是法国机器通过墨西哥进入圣安东尼奥的一年，从而避开了联邦对来自各州的航运封锁。1868 年，新奥尔良有了第一家人造冰制冰厂，开始以大大低于天然冰的 35 美元每吨的价格销售人造冰。另一个有大规模商业应用的业务于 1869 年开始于得克萨斯州的韦科。在 1886 年由美国政府赞助的一项行业研究中，亨利·霍尔（Henry Hall）描述了创新者们面临的崎岖道路：

> 目前，世界各地约有 40 种不同风格的制冰机在运行。近百人在华盛顿获得专利。然而，目前不超过 60% 被认为现阶段有实际应用价值……为了在人造冰上取得商业成功，就必须做到制造成本不超过 2 美元／吨。到目前为止，造成这种灾难性结果是因为各地的生产成本在 20 美元／吨到 250 美元／吨不等。美国的发明者的目标之一是将冰

的制造价格控制在每吨 75 美分到 1 美元。过去 10 年中，他们已多次宣称实现这一目标。尽管实际上美国任何制冰商能够以如此低廉的成本生产冰是令人怀疑的，但是制冰成本一定会伴随大规模的商业实践而在某一点被降低，现在它正成为一个常规产业在大量的南方城市落地，并与北方进口的天然冰展开竞争。

从 19 世纪 60 年代零星几家工厂，到 1870 年，南部各州已经增加至 30 家，在加利福尼亚州增加到 5 家。其中最大的一家是位于新奥尔良的路易斯安那冰公司，日产能为 118 吨。10 年后，到 1889 年，已经有 222 家制冰厂在运营中，大部分仍在南方，但位于中部的各州，如俄亥俄州、伊利诺伊州和印第安纳州也出现了制冰厂。在随后的几十年里，制冰厂的数量飞速发展（见图 7-2）。压缩机和其他的制冰设备改进迅速，同时包括蒸汽机制造商在内的一些公司也进入制冰这一领域。新英格兰冰实际上被赶出了南方市场。

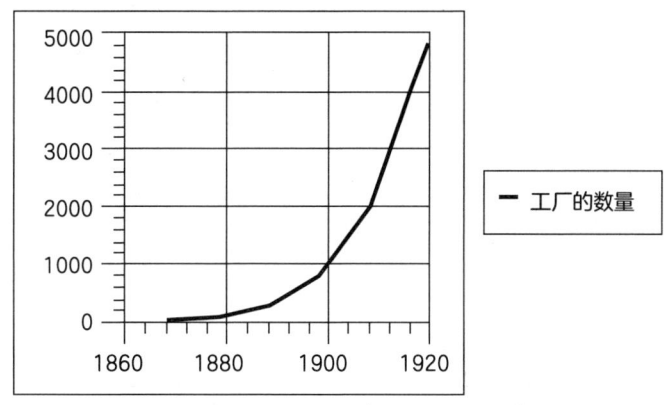

图 7-2　美国的制冰厂（1869—1920）

资料来源：U.S. Bureau of the Census, cited in Cummings, *The American Ice Harvests*, p.11, and Jones, *America's Ice Men*, p.159.

尽管新技术吃掉了行业的一大块，北方的制冰生产商也在推进自身的改进以加大生产量。蒸汽动力圆锯被应用于从河流与池塘中切割冰块；安装了机械传送器可以将冰饼连续地从池塘运输到冰屋或专门设计的铁路车厢上。在哈德逊河上，引进了 100 条专门设计的驳船，以更有效地将冰从源头输送到更远的南面内河港口。身为采冰设备和负责城市配送的一吨"冰车"的领导者，尼克伯克冰公司引进了蒸汽动力传送带，将冰从船只和驳船上运出，并有效地将其移入该公司拥有和运营的许多冰电梯中。很多生产商将冰块碾磨成更一致的大小，并保持切削边缘防止冰块黏接在一起结冰，同时提高存储的效率。因此，尽管这个行业的大门即将关闭，北方的冰制造商依然在对其产品和从采集到存储再到交付的流程进行着不断改进。这些改进带来更大的产量和更低的单位成本价格。

采冰者已经发明了一套从生产到存储再到分发的效率显著的完整系统。尽管机器制造的冰在南方迅速蔓延，1886 年的采冰收获量依然是有史以来最大的数量：2500 万吨，这表明了过期的技术如何被不断增长的市场掩盖。

如我们现在所知，这是一场失败的战斗，因为机器造冰的技术是以指数级迭代改进的，而采冰技术的渐进式改进则带来了越来越少的收益。蒸汽压缩机的试验仍在继续，并尝试了包括甲基、乙醚、油和氨在内的制冷剂。使用氨作为制冷剂是向前迈进的重要一步，因为它比其他制冷剂具有额外的热力学优势，同时它所需的压力很容易产生，并且机器本身也被制造得更小。戴维·博伊尔（David Boyle）在 1872 年年末为第一台氨压缩机申请了专利，许多改进版本随之而来。氨压缩机是一项为其他更重要技术的进步打开大门的重要指引技术。

早期机器制冰的一个问题是因为夹杂空气而不够透明。对某些用户而言，天然冰在这方面具有明显的品质优势。不久后发现，蒸馏水在冷冻时几乎是透明的，这引来了各种制冰设备以蒸发阶段的浓缩蒸汽作为冰冻原料水的设计。其他生产商找到了减少泵到接头过程中，制冷剂泄漏的方法，这也是使用高压气体的常见问题。

从发明者的工作坊和个体机械师的车间开始，到由制冰机器组成的公司，其中一些已发展成大企业。一些对生产设备的重大改进是由用户提出的。例如，纽约市的一家啤酒厂发明了一套可以减少氨从压缩机泄漏的油封系统。1890年后，电力开始取代蒸汽作为动力来源。第一本贸易杂志《冰与制冷》（*Ice and Refrigeration*）于1891年面世。高效、自动化和易用性被誉为制冰过程中的特点。

采冰时代的结束

尽管努力地降低成本和改进产品，采冰人依然逐渐败给了机器制冰。一些人放弃采冰并购置机器制冰设备；大多数人都随着大势离开行业。正如历史学家理查德·卡明斯（Richard Cummings）所描述的："一些冰的分销商发现由采自然冰转向建造制冰工厂是更好的选择。一些人则考虑通过节省时间的设备来降低采冰的成本……但是，由于工业制冰技术不断改进，采冰者处于一场必将失败的战役中。"马萨诸塞州是采冰帝国的最后一个堡垒，到1909年，这里也已经有了七座机器制冰厂。

随着机器制冰技术向国外扩散，冰的出口市场急剧下降（见图7-3）。致命一击发生在一战爆发后，老式的冰盒——采冰应用最后的最大市场，让位给了电冰箱。

到20世纪20年代中期，除了少数地区外，天然冰制冷行业已经一去不复返了。冰屋空置多年后成为废墟。今日，沿着淡水塘和温汉姆湖已没有任何明显的迹象表明19世纪的伟大冰屋以及其代表的繁荣而庞大的产业。

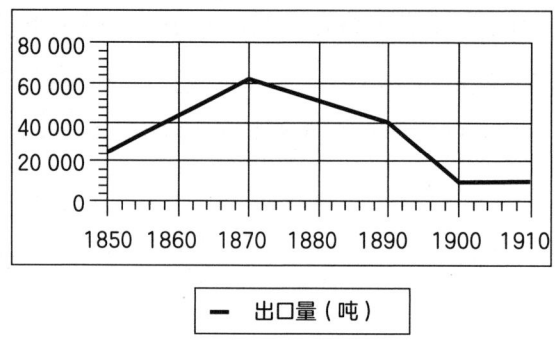

图 7-3　美国冰的出口（1850—1910）

之后的岁月中，即使是新的机器制冰厂也会过时，取而代之的是新一轮的创新：电机制冷。家用电冰箱满足了更便捷、成本更低的冷藏需求，从而让任何冰的来源，无论是采冰、制冰、铁路运输、海运以及冰盒都变得不那么重要。

作为补充，我们可以想象市场出现了几个拥有高价格独特产品的小公司：冰川冰。在 20 世纪 80 年代，一些阿拉斯加州的企业家开始从冰川中装冰，将冰作为可供制作混合饮料的轻奢优质产品出售给其他 48 个州。和一个世纪前在英国销售的温汉姆湖冰一样，这不是日常实用的冰，在这个聚会场景下，天然高级冰块所展现的是之前的繁荣岁月。

超级创新出现的范式

这个关于制冰产业的长篇故事并不仅仅是一个离奇有趣的轶事，而是作为一个超级技术创新如何出现并成功入侵，甚至在各种情况下超越原有技术的案例。这是过去和现在的产业中反复出现的现象，今日可以看到在胶合板、链板、铜线、光纤以及超级计算机和大规模并行计算机之间的决斗，是新旧同类之间的斗争。

这些入侵的进程有一个通用的模式，有些产业本书谈论过，还有一些在本书覆盖之外也曾遇到过。概括来看，当创新的速度停留在表层且不是很活跃的阶段时，任何产品在市场中都会有一个技术连续性阶段，当发生重大产品或工艺的创新时，则进入技术不连续性阶段。就如机器制冰摧毁了新英格兰地区的天然采冰行业，超级变革创造新的业务，促进现有产品或商业进入转型或消亡。

一项入侵式技术具有更好的产品性能或更低的生产成本的显著潜力，或者两者兼具。图 7-4 显示，在尝试许多替代方案期间，特定产品的性能会提高，而当主导设计出现后，产品性能大幅度加速。在取得重大进展后，将出现一段不太频繁的渐进式变化期，如产品性能曲线的平稳期所示。

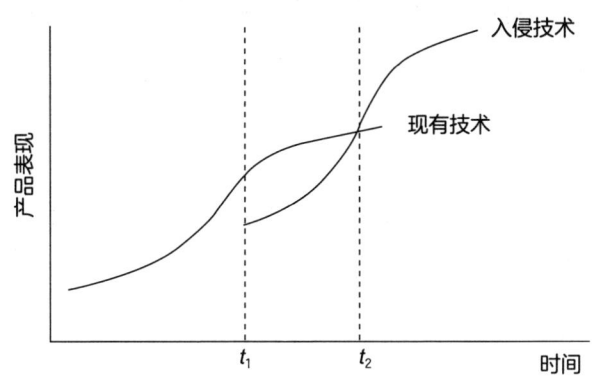

图 7-4 现有产品与入侵技术性能维度对比

当入侵技术首次出现（t_1）时，现有技术通常比挑战者（入侵技术）具有更好的性能或更低的成本，而挑战者仍然是不完美的。打字机在最后阶段的创新与最早期计算机处理器出现的案例提供了一个完美的参考。按现代标准衡量，这些都是粗制滥造的装置，难以操作。苹果公司的第一台个人计算机，很难想象竟然如同马克·吐温的雷明顿打字机，只能输入大写字母。任何有很强的自尊心的打字员，都不会放弃 IBM 选择这些玩具（指代初代苹果计算机）之一。客观地看，新的技术可能是粗糙的且容易让人们相信它只有非常有限的应用空间。现有技术的性能优势可能会持续相当长的一段时间，就像 19 世纪最后 20 来年的时间里，采集天然冰对机器制冰的优势一样，但是，当新技术拥有真正的价值，它通常进入一个快速改进的时期。而此时，现有技术则进入缓慢创新阶段。最终，新技术获得质的提升，到达可以与现有技术相媲美的汇合点（t_2），并且以火箭般的速度超过现有技术，并处于一个快速改进与迭代的周期中。

当然，现有玩家不会眼睁睁地看着自己的市场份额消失，绝大多数会发起反击。正如我们在第 3 章中提到的，煤气公司凭借比一般照明效率高 5 倍的韦尔斯巴赫纱罩对抗爱迪生的白炽灯。实际上这并不是浅显的表层创新，一方面，现有技术的厂商会通过加倍的创造性努力来应对入侵的新技术，同时也导致原本的替代品可以基于相同的产品架构，进行实质性的改进。图 7-5 描述了这一行为。在这里，现有技术享有短暂的性能改进阶段（虚线），但是随着时间推移，到 t_3 时间点时，新技术的不间断的改进使其与现有技术持平并在随后超越。对现有技术的持续投资会带来一定的提升，但最终收效甚微。另一方面，新技术具有潜在的更好表现，这一潜在效果被市场意识到，一般是需要时间的——直到新技术的表现成果远超旧的。

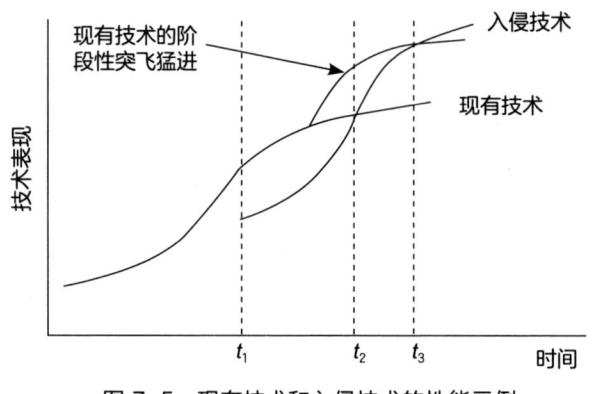

图 7-5　现有技术和入侵技术的性能示例

在最终结果上，成本决定表现，图 7-4 和图 7-5 可以非常容易地倒置以用来描述现有技术和入侵技术的成本下降曲线。

来自外来者的创新

迄今为止，在我们研究的案例中，来自行业内部的创新少于来自外来者的创新。回到我们的打字机案例，克里斯托弗·肖尔斯是一名在密尔沃基某个办公室中默默无闻工作的政府职员，打印或文档处理在他之前就被创造了。并且，文档处理类的创新在几代人以前就设定了既有模式。当下一次创新浪潮——电气化冲击到这一行业时，发展或增长的先锋并不是由任何打字机业务的巨头所引领的，而是外来者——IBM。后来，当电子计算机技术进入文档处理业务时，创新来自王安公司、苹果公司、坦迪（Tandy）公司等不知名的硬件企业以及一系列软件企业。IBM 最终也通过收购硬件设备拥有了市场份额，但仅仅是追随者而不是作为技术的领导者。

在照明行业，我们看到白炽灯带来的巨大飞跃并不是来自行业内的领导者，而是来自托马斯·爱迪生，他的成就一直在完全无关的领域：电报和录音。那些当时在家用与商业照明中，拥有最大市场份额的燃气照明公司最终完全消失了。多年后，西尔瓦尼亚一个市场上的小参与者带来了下一波照明技术的最大创新：荧光灯。

机器制冰的案例同样符合创新来自外来者的范式。制冰产业为波士顿地区为主的北方人带来了巨大的财富。他们创造了产品并控制分销；尼克博克公司本身并不是生产商，而是加工设备、分销设备和冰梯的主要参与者。尽管尼克博克公司与冰业巨头在行业中拥有巨大利益，超级创新仍来自外来者。（人们倾向于认为：由于他们对现有业务的大规模投资，他们无法进行改变行业的创新。）我们已经探讨过这一现象背后的经济逻辑，我们可以推测，如果采冰帝国最远的边界加尔各答和中国香港的商人有现成的西方技术，他们可能是最先创造制冰领域的重要创新的人。

行业的外来者在追寻超级创新时，没有什么可以损失。他们没有现有技术架构的基础设施需要捍卫或维护，如美国南部的制冰业创新者所表现的那样，他们完全有经济动机推翻现有的秩序。

另外，业内人士有充足的理由来延迟超级创新的发展。在经济上，他们对现有技术有巨大的投资；在情感上，与他们的财富紧密相连并需要维持现状；从实际角度来看，他们的管理注意力被现有系统所局限，维持和稍微改善现有的制度，对他们来说已经是一项全职的工作。居于市场主导地位的企业和管理者，能够刻意追求超级创新是非常了不起的，且是非常少有的。

不愿采用新技术

技术创新动态的一个核心表现是，产业的领导者跟随他们的核心技术走向过时和默默无闻，这一令人不安的规律应该也让每一位商业战略家感到极大的不适。将创新提升到产业领导者地位的企业，往往在转型到新技术时失败。很少有人会尝试从正在衰落的技术跳跃到挑战者的技术，更少有人能成功实现。没有人比理查德·福斯特（Richard Foster）更能全面地阐述这种前途黯淡的现象，抑或清晰地表达出这个情形。福斯特罗列了一长串在集装箱和包装领域被创新技术打败的领军企业：玻璃瓶被钢罐代替；钢罐被铝罐代替；玻璃瓶被塑料瓶代替；塑料涂层纸盒装牛奶被塑料瓶代替，等等。在每种情况下，他指出市场领导地位从一些公司转移到另一些公司。同理，今日的市场领导者从来不是下一代产品的领导者：

> 我明白任何综合统计数据都要经得住严谨的学术研究，但我的感觉是，当隔代创新来袭时，70% 的案例中，企业领导地位会发生变化。

技术变革也许不是企业的头号杀手，但它肯定是企业状况不佳的主要原因之一。

老牌企业在超级创新首次出现时，选择忽视是很容易理解的。首先，早期阶段的超级创新在未来会产生多大影响还尚未明朗。与生物突变一样，超级创新是偶然发生的，但是很少有能够领导长期生存的特质。早期困扰机器制冰技术的问题是非常严峻的，如行业分析师亨利·霍尔（Henry Hall）在 19 世纪 80 年代写到，就在这项技术即将起飞之时，在南方之外的地方依然没有看到这项技术成为主要角色的迹象。在 19 世纪的照明行业，被爱迪生称为"煤气人"的从业者肯定意识到了第一个白炽灯照明系统所带来的麻烦。但人们不禁要问，如果不是广受赞誉的爱迪生，而是一个不知名的技术专家成为这一新系统的引领者，情况是否会如此[①]。在早期的摄影产业，如下一章所阐明的，伊斯特曼创新的胶卷质量低，未能让许多人相信它能够完美地达到一流的摄影标准，甚至是达到当时的普通标准。

老牌公司还承担着与现有技术密切相关的人员、设备、工厂、材料和知识方面的大量投资。将资源从目前取得成功的区间转移到未经证实的新领域是需要一种罕见的领导力的。

还有一个与人密切相关的问题，即管理者躺在功劳簿上，或者在这种情况下，处于使他们成功的技术舒适区内。很少有人，如我们中的任何一个，在这方面是完美的。这些经理将他们的思维和计划，与自己的现有技术紧密结合在一起，而不是与客户需求保持紧密关系。在这种情况下，尽管不同的新技术可以更好地满足客户需求，管理者也只能通过改进或增强现有技术来满足不断变化的客户需求。就冰制冷行业而言，北方生产者是通过提高现有生产量和分销

---

① 领导人的个人魅力以及行业影响力话题。——译者注

过程的效率来应对新技术的威胁；直到采冰时代终结，没有任何迹象表明北方的采冰者接纳任何机器制冰技术。他们中没有人在南方建造机器制冰工厂来满足已存在的南方客户的需求。也没有人试验今日看来是合理的适应变化的方法：用拥有冷藏技术的船向南方运送采集来的冰（以减少融化），在返航时用冷藏船运载南方农产品到人口稠密的东北部地区（尽管当时有人建议这样做）。

　　最近，当 20 世纪 70 年代不断上涨的燃油价格引发了客户对更小、更高效的汽车的需求时，美国汽车制造商的应对（除少数例外）是提供其现有车型的低配略小版本。在经历了多年的市场失败后，管理层才开始采取一个自下而上的小型车开发概念。

迎接非连续性变革的挑战

　　现有领导者在创新竞争中面临两个障碍：第一，他们需要培养对自身脆弱性的认识，这一点对任何取得巨大成功的公司来说，都是一个缓慢且艰难的过程。1980 年至 1981 年，通用汽车公司新推出的 J 平台车遇到了可怕的问题。J 平台车超重且动力不足：它们难以在寒冷的天气下启动，并因面板对齐性差而在组装线上出现了巨大问题。这些质量相关问题的调查，由一个特别的焦点小组来完成并汇报给最高管理层，而最高管理层拒绝相信他所听到的。1982 年，该公司新成立的企业质量和保证部门力荐并委托进行了另一项评估，这次评估是用一些备受美国产业公司推崇的质量方法。当获得结果时，高层管理人员再次拒绝接受，至少发自内心地认为通用汽车的质量与其他那些公司汽车的质量不在一个层次上。他们完全认识到通用汽车的质量问题是通用汽车不再长期占据行业领导者位置的时候。此时，其市场份额被国外和本土竞争对手赢得。意识到外来的威胁是采取有效行动的第一步。

第二个障碍在于组织调整，以促进与入侵技术的成功竞争。一方面，大多数老牌公司的组织问题是：他们及其技术往往停留在特定的发展阶段，而挑战者及其创新仍处于非固化的流动阶段。挑战者带来全新的、完美且具有更好性能的产品（或潜在更好性能的产品），组织灵活性和创业精神；挑战者不受特定工种和生产资料的困扰。另一方面，老牌公司更加官僚主义，享有规模经济的效益（但提供错误的产品），已对僵化的制度进行巨大的投资，并由非创业者管理。因此，我们同意福斯特的评估：在缓慢且肌肉僵硬的冠军和灵活的挑战者之间的竞争中，挑战者拥有 70% 胜利的概率。

福斯特认为："进攻和防守应该分别由单独的组织来完成。"这一论点有直观的表现，也可得到来自若干行业的证据的支持。当 IBM 决定要认真对待个人计算机市场时，它并没有试图从 IBM 庞大的阵营中研发该产品。该公司在佛罗里达州博卡拉顿（远离纽约阿蒙克总部）设立了一个单独的部门，以完成这项工作。福特汽车公司在创建"金牛座车型团队"时也遵循了类似的道路，这是一个跨学科和部门的研发团队，由已故的拥有非凡决策权的路易斯·韦拉尔迪（Lewis Veraldi）领导。金牛座车型团队推出了十年来最成功的美国新车型。通用汽车公司成立了土星公司，赢得了与日本最好的小型汽车厂商竞争的桂冠；土星独立完成设计、建造和产品营销，没有从通用汽车公司借用零部件和劳动力。土星公司拥有很多符合我们在模型称为"流动阶段"组织的特征。

迎接技术的不连续性挑战是属于更大的企业革新话题的一部分，我们将在第 10 章进行探讨。

第 8 章

流程创新中的科技创造力

你按下按钮，其他交给我们完成。

——伊斯特曼柯达公司广告

本章继续探讨一个产品和流程创新成为关键成功因素的新产业。它展示了一个以化学为基础的摄影行业，从 19 世纪初通过乔治·伊斯特曼（George Eastman）在不经意间使用长条感光胶卷的创新，从而创造了业余摄影和后来的电影摄影方面的巨大市场。

任何看过 1990 年首次播出的系列节目《内战》（*The Civil War*）的人，肯定都被制片人里克·伯恩斯（Rick Burns）使用的数百张照片打动，这些照片让我们了解了这场极具戏剧性冲突的历史。尽管作为片中访问历史学家和展示那个时期的信件与日记时的背景，浮现于银幕上的那些军官、陆军士兵、战争场面和战争中不幸的受害者的照片是用 19 世纪中期的器材拍摄的，但绝大多数照片生动而逼真。

事实上，到美国内战时期，摄影成像技术已有 20 年广泛应用的历史，并且已经进入第二次技术创新浪潮。这项技术的第一次技术创新浪潮起源于 1839 年法国的银版照相法，即一种在感光银涂层铜板上生成图像的印版照片。这项技术在美国一炮打响并很快催生了由从业者、供应商和制造商组成的一个小型产业。发明电报的塞缪尔·莫尔斯（Samuel Morse），是美国第一个银版照相使用者。在获得说明书和一些设备后，莫尔斯于 1839 年 10 月拍摄了波士顿市政厅的照片，这无疑是在西半球拍摄的第一张照片。之后，莫尔斯拥有了一批学生，其中包括马修·布雷迪（Matthew Brady）。他后来建立了一个非常时尚的工作室，社会精英们来这里拍摄肖像照，就是那些被用在《内战》中的照片。到 19 世纪 40 年代中期，波士顿的约翰·普卢姆贝（John Plumbe）在艾奥瓦州杜布克以西的主要城市建立了 14 家肖像工作室。

从镀铜板到湿玻璃和干玻璃板

到 19 世纪 50 年代中期，银版成像技术已让位于玻璃板的使用，这项技术创造了内战时期杰出的摄影作品。该创新使用了一种透明而黏稠的叫作胶合物的物质涂在玻璃板上。在拍摄照片之前，摄影师会用硝酸银对胶面涂层板进行光敏处理。当玻璃暴露在光线下时，可以在玻璃上形成负趋光图像，在暗室中"定像"后，再通过将玻璃板和感光纸暴露在明亮的阳光下完成成像。这项技术被称为湿胶板摄影。

湿胶板的使用，除成像缓慢和缺乏色泽以外，极大地改善了摄影技术，并提供了与今日成像品质相媲美的图像。当然，其中一个主要的不利条件是板子必须足够敏感，并在曝光前后立即加工。这需要大量的设备、一个暗房以及必备的基础化学知识。马修·布雷迪的突破之一是把这一费事的过程从室内搬到户外。在几个助手的配合下，布雷迪徜徉在联邦军的营地和可怕的战场上，拍摄了数千张照片，并在他那辆由马拖着的、并被好奇的士兵们称为"它是什么货车"的暗房里当场成像。数以百计的巡回摄影师带着便携式工作室紧紧跟随着联邦军队，并以每张照片一美元的价格为士兵们拍摄肖像照寄送回家，这创造了一个蓬勃发展的业务。湿胶板技术的另一个不利因素是其重量和尺寸极大地限制了摄影师在短时间内处理的玻璃板数量——是几十个而不能是数百个。

综合而言，必备的化学工艺和烦琐的照片处理方法限制了其成为专业和业余爱好者市场的领导者。所以，21世纪时发展出的设备和耗材才那么领先。历史学家里斯·詹金斯（Reese V. Jenkins）提供了一段关于影像行业最完整的历史记录：

> 限制摄影耗材生产的因素不是缺乏市场，而是来自两个内部技术限制：第一，易快速变质的感光材料；第二，对普通人而言，掌握当时摄影技术的难度。因此，技术性的发展是摄影和摄影产业最初产生明显边界的原因。只有这些限制条件被破，整个市场的力量才能够展现。

但是，让摄影业发展到其潜在扩张阶段需要几个中间步骤。其中之一是引入涂有干明胶感光乳剂的玻璃板。这种感光乳剂在19世纪70年代末推出，使得工厂能够制造出不易损坏的感光玻璃板，这一关键零部件的大规模生产，使得摄影变得不那么复杂，更方便，成本更低。它们也比湿板要"快"很多。

来自纽约市罗切斯特的年轻摄影爱好者乔治·伊斯特曼，成为众多跳入这一创新行业的创业者之一。凭借着对影像化学的应用知识、浅显的商业经验和一位来自罗切斯特的叫亨利·斯特朗（Henry A. Strong）的成功商人的财务支持，伊斯特曼于1878年创办了一家干板耗材公司。和他的竞争对手一样，伊斯特曼的干板耗材公司开发了一套生产工艺为全国市场供应板材，同时，伊斯特曼率先开发流程和设备（冲压机、通风系统、玻璃清洗机和涂装机），以实现大规模生产。但是，与其他竞争对手不同的是，伊斯特曼是少数对一系列不同摄影产品——相机、放大器、印刷纸和各种耗材——进行流程及工艺和生产能力改进的人。

不久，干板业务就拥有了商品生意的所有特征。产品在一开始没有什么差别，随着流程及工艺的改进在美国市场迅速扩散，价格急剧下降。1854—1855年的经济衰退，促使很多小的板材生产商退出该产业，只留下少数垄断寡头，没有一家生产商在干明胶板上赚到大钱。

技术的扩散

读者肯定熟悉当今技术创新的方式，科学家和工程师从一个企业到另一个企业并最终创立自己的公司。19世纪50年代到19世纪90年代的美国产业史上在计算机、生物技术、软件和基因工程技术领域出现了大量公司，这些公司要么是从政府赞助的实验室研究项目，要么是从现有大型企业中孵化出来的。科学家和工程师经常从竞争对手中招聘而来，或被激励去创办可以将新技术发展和商业化的创业企业。爱德华·罗伯茨（Edward Robert）最近写的一本名为《高技术企业家》（*Eetrepreneurs in High Technology*）的书中记录了科学人才从麻省理工学院的众多实验室向数百家科技类型创业企业流动的过程，其中，数字设备是最突出的。

自工业革命以来，技术扩散都是通过劳动者的大脑转移的，而这是难以控制的。来自英国德比郡的机械师塞缪尔·斯莱特（Samuel Slater）是早期的一个例子，他记住了其雇主发明的新的纺织机器的设计原理。1789年，斯莱特移民到了罗得岛的普罗维登斯，在那里，他接管了当地一家纺织厂的管理权，并着手复制他前雇主拥有的整套机器。英国期望通过制定法律来阻止机械师和工匠向外国移民，从根本上看并没有成功，因为训练有素的工人通过伪装自己，或藏匿在桶里到达充满希望与机会的美国。

> 19 世纪在摄影业创新的扩散也有类似的现象。里斯·詹金斯
> （Reese Jenkins）指出：弗兰克·科西特（Frank M. Cossitt）在 19 世
> 纪 80 年代后期将伊斯特曼公司的相纸生产技术，带到了一个新的竞争
> 公司——安东尼公司。在接下来的 10 年，科西特离开安东尼公司，利
> 用他在伊斯特曼和安东尼两家公司学到的技术创办了自己的公司——
> 纽约亚里士多德公司。几年后的 1891 年 12 月，伊斯特曼得知，几
> 个他最重要也最值得信赖的员工，包括首席化学家亨利·雷琴巴赫
> （Henry Reichenbach）正计划离开，并利用他们在伊斯特曼公司学
> 到的产品与流程及工艺技术组建一个竞品企业。
>
> 如我们在前几章看到的，这种现象在打字机行业亦然。雷明顿
> 公司的原销售代理约斯特离开并组建了一家竞品公司，他的约斯特
> 凯利格拉夫公司还有前雷明顿重要员工弗朗茨·瓦格纳（Franz X.
> Wagner）参与的共同规划。瓦格纳和他的兄弟又开发了一项显著的
> 重要创新，并卖给了约翰·安德伍德（John T. Underwood）。根据瓦
> 格纳的设计生产的安德伍德 I 号的销量很快超过了凯利格拉夫和雷明
> 顿的设备。

干板的供应无疑简化了专业摄影师和重度业余爱好者的工作，但似乎对
扩大市场与普通用户没有什么帮助。相机依然很大，装置笨重，干板和湿板
一样沉重和易碎，摄影师仍需要投入大量资金来开发和制作照片底片。伊斯
特曼似乎很早就意识到了这一点，就像爱迪生与白炽灯照明的关系，他决定
开发一整套系统来改变摄影业务的现状。与爱迪生类似，他不是从零开始开
发的，而是利用他所在时代当下的技术。涂层干板技术成为了他所探寻的下
一步的垫脚石。

电影摄影

早在 19 世纪 70 年代末，一位居住在英国的俄罗斯移民莱昂·华纳克（Leon Warnerke）就设计了一种运行方式与今日类似的摄像系统。一个底层放置橡胶并涂有感光剂的硝棉胶纸巾被卷在相机背面。纸巾/橡胶"胶卷"被拉伸穿过玻璃板通常所处的区域，并在拍摄每张照片时前移。之后，无遮盖的感光剂与橡胶衬里分离，贴在玻璃板上进行加工。

华纳克的系统笨重且成本高昂，并没有什么成果。但这是伊斯特曼和他的相机设计伙伴威廉·沃克（William Walker）所使用的设计基础架构。1885年，两人发明了一款背后用涂层纸材料做卷轴胶卷系统的特殊相机，最终主宰了这一领域。支架可安装在其标准板式相机的背面，并且一个胶卷上可进行多达 48 次曝光/拍摄。与玻璃板相机相比，这极大地减轻了重量。但对伊斯特曼而言，纸卷胶卷是失败的，因为它在速度、分辨率和对比度方面没有达到专业市场的标准。所以伊斯特曼和同事们又回到了他们的实验室继续研发迭代。

当时让摄影行业拥有极大兴趣的技术是明胶。这种类似塑料的材料于 19世纪 60 年代在欧洲发明，19 世纪 70 年代和 19 世纪 80 年代激发了摄影行业一些人的想象力，其中以来自纽约市奥尔巴尼的两兄弟，约翰·海厄特（John Hyatt）与赛亚·海厄特（Isaiah Hyatt）的流程及工艺创新最终契合了大家的兴趣。其发明之一是能够将明胶切薄至 1/100 英寸。另一个是开发一种亚硝基乙酸酯溶液，可以沁入极薄的切片中进行再干燥。第一个方法启发了人们用明胶板代替玻璃板；第二个方法启发人们研制更薄的胶卷。

在伊斯特曼寻找一种材料来取代玻璃板时，他最终转向了明胶。它具有作为感光乳剂载体的特征：重量轻、柔韧性好、透明、耐用，并且不会与照片处理过程中使用的化学品起反应。还有什么比用明胶制造感光乳剂代替镀膜玻璃板做感光乳剂更合乎逻辑的事情呢？ 1889 年春天，伊斯特曼与他的首席化学家亨利·雷琴巴赫合作，成功地开发出一种感光明胶胶片，并完成了商业化制造的生产过程。在写给他的同事威廉·沃克 的一封信中，伊斯特曼将明胶胶片描述为"我们曾经尝试过的最光滑"的产品……不用它会是巨大的浪费。

大约在同一时间，他和他的同事开发了一种简单而便宜并且特别适用于新的胶卷的相机，被叫作柯达。随着胶卷、相机和生产过程的到位和理顺，伊斯特曼现在拥有了突破摄影市场传统界限的所有元素。

流程创新与伊斯特曼体系的成功

先前向专业摄影师出售胶卷的尝试失败了，伊斯特曼现在追求的是一个迄今为止尚未对摄影产品的演变做出任何反应的市场：业余爱好者。他提供给业余爱好者一套简化的拍照系统。柯达相机中装上一卷可以拍 100 张照片的胶卷，售价 25 美元。当胶卷用完后，使用者将整个相机邮寄回位于纽约市罗切斯特的伊斯特曼柯达公司。在那里，胶卷被取出冲洗成照片，相机中被装入新胶卷。使用者支付 10 美元（包含加工费），与相机一起回邮。相较其他替代品，用柯达拍照系统拍照绝对简单，伊斯特曼在欧洲和美国的广告中也展现了这一理念。摄影师只需执行 3 个简单的任务：拉纽带（按下快门）、转动按钮（推进胶片）和按下按钮。

新系统于 1888 年夏天向大众开放（使用纸卷膜，不久后被明胶取代），并立即获得成功。全国摄影师大会将其命名为"年度摄影发明"。

似曾相识，又一次重演

有趣的是，在柯达首次简化拍照业务流程——从销售预装胶卷相机，再被送回工厂冲印的系统近一个世纪后，柯达在 20 世纪 80 年代末开始销售同样流程下运行的可回收相机。可回收的柯达只有一个塑料镜头，以大约 10 美元的价格提供给大众消费者。里面有可拍摄 24 张底片的胶卷。相机可以被带到任何加工者处冲洗，加工者可以将用过的相机返回柯达，柯达再重新预装胶卷并重售。如今，"一次性相机"已成为柯达系列中价值增长最快的产品之一，并引领许多刚刚开始摄影的新手以与原柯达相机相同的方式进行摄影！

伴随这一系统的发展，之前提到的詹金斯提出的两个技术发展的内生限制，即摄影材料的易朽性和大众掌握摄影技术的复杂性，都被战胜了。摄影现在可以极大地跨越专业市场的区间。对柯达相机和胶卷的需求开始起飞，公司在接下来的 10 年里拼命地努力跟上起飞的速度。图 8-1 展示出自伊斯特曼柯达公司成立以来其国内总销售额。在推出柯达拍照系统前 5 年的缓慢增长是由于公司内其他业务（干板和摄影纸）的下降而造成的。

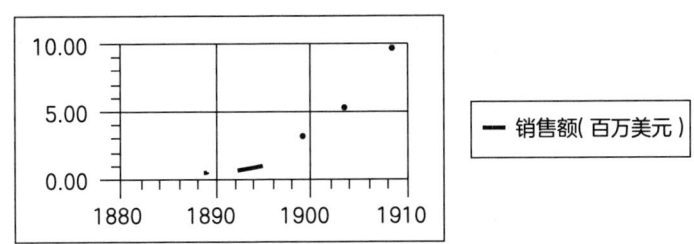

图 8-1　伊斯特曼柯达公司销售额增长（1889—1909）

说明：Data for many years not available.

资料来源：From Eastman Kodak reports as cited by Jenkins, *Images and Enterprise*, p. 157: and Edwin Frickey, *Production in the United States, 1860 —1914* (Cambridge, Mass.: Harvard University Press, 1947), series P13, as cited by Jenkins, p.178.

改进生产工艺，从而可以大量生产新型明胶胶卷，成为关注的焦点。乔治·伊斯特曼在很早就表现出拥有非常机敏的流程创新能力。实际上，他经营企业的第一原则是应用机器实现大规模生产。从早期他发明的清洁、涂层和干燥玻璃板的机械化系统开始，之后他还与沃克一起开发了一个独创的涂装和干燥非常长的摄影纸带的系统。这些长纸带随后被传输到一个一半浸入在明胶乳剂的滚筒中，被涂上明胶乳剂。很长的纸带以蛇形（节省空间）被悬挂在天花板上，直到乳剂干燥，然后切成单独的片。伊斯特曼很细心地为制造流程的每一步申请专利，因为他明白这些步骤对公司未来的成功至关重要。

与相纸一样，胶卷也是涂层、干燥和切割。但这些步骤之前，有一个主要环节是从液态材料中创造明胶。最初生产是通过批量方法在 12 张玻璃桌上完成的，每张玻璃桌宽 3.5 英尺，长 50 英尺。硝棉与溶剂混合的溶液通过漏斗均匀地铺在这些桌子上，并放置一晚使其干燥。第二天，由此产生的明胶在黑暗中被涂上乳液，剥离玻璃桌面，切成可以备卷的长缎带条。1890 年至 1891 年，需求增长促使伊斯特曼在罗切斯特城外建造了一个新的研究和制作胶卷的厂房。在这里，同样的工艺被采用，但是不同的是，12 张桌子从 50 英尺长延长到 200 英尺长。一年内，其生产能力增长了一倍。

奇怪的是，在海厄特兄弟实现可连续铸造明胶 5 年后，以及随后几年作为摄影胶卷竞争对手的布莱尔——沃特曼公司开发出涂装，以及干燥海厄特胶卷的可持续工艺技术后，直到 19 世纪 90 年代中期，伊斯特曼一直使用这一批胶卷制作和涂装方法。直到一个名叫达拉格·德·兰西（Darragh de Lancey）的麻省理工学院毕业的年轻人取代即将离任的伊斯特曼，因其在购买专利和创造设计方面发挥了重要作用，使得伊斯特曼在 1899 年成功地研发出了感光胶片以及商业化量产工艺。很快，其他生产商也都上线了这款机器。

到 1902 年，伊斯特曼柯达生产了世界上 80%—90% 的明胶胶卷。到 20 世纪 30 年代，该公司在其柯达公园工厂运营了数十台大型、专门设计的胶卷制造机。这些原料是胶卷"涂料"，一种蜂蜜黏度溶液，由用硝酸和硫酸处理并溶解在溶剂（主要是木材酒精）的棉花中产生。胶卷涂料分布在巨大的循环轮的抛光表面。热加速了溶剂的蒸发，留下了一层薄薄的透明明胶。这些机器被设计成日夜运行的，从而产生连续的薄膜丝带。

旧技术的反应

胶卷和胶卷相机的销售量，随着柯达系统的推出而呈现爆炸式增长。无论是干玻璃板摄影公司，还是在支持玻璃板摄影相关联系统下的公司，都未迅速衰落。由于专业摄影棚摄影师继续青睐传统系统，干明胶板的销量在未来 15—20 年内相当稳定。然而，那些局限于这个市场的公司却错过了该行业所享有的所有增长，最终屈服于过时。

一些设备制造商与胶卷和平相处，根据自己的专利生产相机，以适应伊斯特曼的产品。另一些人则试图直接模仿，因为伊斯特曼在产品和工艺上建立了一系列保护性专利，他们饱受诉讼之苦，很少有人能渗透到这些伊斯特曼激烈捍卫的专利中。

生产商表现的最有趣的反应之一是引进产品，从而希望改进现有的干板摄影技术。正如我们在第 3 章中看到的煤气照明，以及第 7 章中的天然冰采集制冷业一样，面对一个严峻的挑战者，旧技术往往能找到自我改进的方法。在这种情况下，詹金斯指出，市场上出现了一批改进：自动调节百叶窗、使用纤明胶层代替玻璃的相机、小型平板相机。一位制造商实际上预计有多重曝光功能的爱迪生胶卷会提前几年推出，他推出了一款板式相机，其内部"储板匣"由大约 20 块板材组成。拍摄照片时，在外面的板将机械移出对焦平面，停放在摄像室的底部，同时放置一个新的板。这个相机一定很大，而且非常重。这些自动换片相机的后期版本可以容纳玻璃板或明胶板。

---

19 世纪摄影成像技术家谱

1839 年，银版照相法在法国发明，在镀银铜板上成影。

1855 年，湿胶涂于玻璃板。

1855 年，玻璃板照相和锡版摄影，更便宜的湿胶涂层板技术受到一定欢迎与采用。

1880 年，涂于玻璃板的显影剂。

1885 年，胶卷，首先是纸卷型，然后是明胶材料。

由摄影进化得到的启示

摄影发展进程说明了技术创新在原料产品上（在这个案例中，光敏板和胶卷）所扮演的角色提供了许多好的案例。在许多方面，我们会从终端产品的创新中找到模型，管理者可以从这些模型中吸取经验教训。类似地，这一扩展案例也证实了先前得到的许多经验，此处回顾这些内容是很有必要的。

创新与改变中的浪潮

摄影成像技术家谱说明了一个行业的基本技术如何在短短 40 年内经历变革浪潮。我们在打字机、平板玻璃制造、制冰和照明方面也观察到了同样的情况，这些都总结在表 8-1 中。

表8-1　创新与变革的浪潮

行业	创新的浪潮
打字机	● 手动 ● 电动 ● 文字处理器 ● 带有文字处理软件的个人计算机系统
制冰与制冷	● 天然冰采集制冷 ● 机械制冰 ● 机电制冷 ● 涂层包装保险
照明	● 蜡烛和油灯 ● 蒸馏器油灯 ● 白炽灯 ● 荧光灯
平板玻璃制造	● 冕玻璃 ● 铸玻璃 ● 浮法玻璃
摄影技术	● 达盖尔照相法 ● 银版照相法 ● 玻璃板成像 ● 干玻璃板 ● 纤维素胶卷 ● 数字化成像

在这些浪潮的内部和之间，如下现象被常规观察到。

与现有形式平行

创新通常由现有形式提出。这很容易在技术进展中发现，从银版照相法，到湿胶质，到干明胶板，再到明胶胶卷，这一从旧到新的过程中，从基础光化学角度看，都拥有这一典型特质。同样的情况也在打字机的发展中呈现：每一次技术变革都推进了一些重要因素的出现。QWERTY 键盘就是一个最好的例子，它成为在手动、电动到基于计算机系统的打字系统中的共通元素。当机器制冰者与新英格兰的天然采冰业碰头时，哪怕他们可以制造不同尺寸的冰块，他们依旧生产和采集相同尺寸的冰块。爱迪生卖掉的电动照明系统也模仿了燃气照明系统的很多形式。

一款主导设计的出现

除了特殊应用，伊斯特曼开创的胶卷模式迅速成为胶卷摄影的主导设计。今天，装在一个不透光的、密封罐中的 35 毫米胶卷，是从巴尔的摩到曼谷公认的产品形式，哪怕是柯达公司自己尝试引入的磁盘胶卷都未能成功进入市场。这种现象是技术标准化需求的结果。当然，制造 30 毫米或 45 毫米的胶卷在一些情况下是会有的，但是胶卷与绝大多数相机相匹配是更强大的需求。35 毫米胶卷之于现代摄影的意义，相当于 QWERTY 键盘对打字机和个人计算机的意义。

作为创新者的外来者

特别是在终端产品领域，主要创新来自外部。爱迪生就是在此方面很好的一个例子。在第一次白炽灯实验之前，他没有任何照明行业的经验。类似地，消灭了天然冰采冰业的创新也来自外来者。在打字输入系统方面，IBM 开始研发电动打字机时，也是个外来者，制造文字处理器和个人计算机的公司中，没有一家在打字机行业有任何经验。摄影案例为这个结论提供了最薄弱的证据，因为伊斯特曼在创新明胶胶卷时，是摄影行业的重要成员。然而，现代摄影行业的最新创新来自电子行业，而与化学摄影无关。在以流程及工艺为导向的产业中，如玻璃制造，创新往往来自流程设备的供应商，而不是来自生产集成商本身。

老牌公司不愿采用超级创新技术

在分析的几乎所有案例中，老牌公司在超级创新出现时都是缓慢地逐步接受。一些公司，如煤气照明和天然冰采集公司，很容易地就被抛弃或赶出他们的市场。另一些公司则做了尝试。例如，一些相机公司调整了他们的相机机身，以适应明胶胶卷；那些在 20 世纪 30 年代和 20 世纪 40 年代幸存下来的手动打字机生产商，大多数都是因为努力进入电动打字机行业而存活，但是，没有一家成功赶上下一次的处理器与个人计算机浪潮。

这种不愿采用成功的新技术的结果是，导致在技术拐点时领导力随之发生变化。因为老牌公司未能跨越技术不连续性创新，所以火炬被传递给了新的市场领导人。在从手动打字机向电动打字机的过渡中，罗伊尔被 IBM 超越而黯然失色；随着爱迪生电气和西屋等公司的出现，天然气公司逐渐淡出了照明行业；随着伊斯特曼的胶卷取得市场支配地位，领先的干板制造商逐渐消失。

关于现代摄影产业，领导力可能会再次改变。1989 年，索尼董事长森田康夫召开新闻发布会，发布这家大型消费电子公司的新产品。该产品不是一个新的便携式电视，不是一个改进的微波炉，而是一个前所未有的新的相机。这款相机的标志性在于，它利用电子数字技术复制了一张图像，这与 1830 年在法国开始的传统化学成像大相径庭，自那以后一直主导着整个行业。有了索尼的新系统，图像可以立即在任何电视屏幕上观看，而无须处理过程。

截至 1993 年，索尼新的图像制作技术的未来还不清楚。它可能是一种只有几种特殊应用的技术；但是，它可能会成为人们未来拍照的方式。这就提出了一个问题，即基于感光胶片的大规模产业将如何应对。柯达、富士胶片、数十家相机制造商和全球数以万计的独立胶片加工商的数十亿美元产业，可能与 19 世纪采集天然冰制冷产业处于同样的境地。如果电子成像成为未来的浪潮，这些目前的生产商中，哪一个具有向新的和无关联技术飞跃的能力呢?

产品创新与流程及工艺创新的关联

产品创新与流程及工艺创新之间的关联在本书中得到体现。这些关联对产业的发展至关重要，并以若干重要方式表达。

从产品创新到流程创新的转变

随着生产者和客户对产品特性的认可，以及市场的扩大，产品和工艺创新的速度发生了变化。尽管如此，伊斯特曼公司也从未停止对其产品的创新，继续开发成像更快、更清晰、更复杂的彩色胶片。因此，正如我们在其他行业（尤其是制冰和照明）所观察到的那样，产品在早期就发生了重大转变。一般来说，这种转变在原料产品领域发生得更快。胶卷作为一种产品当然具有原料产品的所有特点，然而，当它进入彩色时代后，其复杂性大大提升。从这个意义上说，胶卷是原料产品中，最简单产品与复杂产品之间的一种混合。

成本和质量的双重关注

无论在产品设计还是制造过程中，成本都是伊斯特曼的基础策略。例如，我们知道，他很快将原来的柯达相机替换为一种命名的型号：I号相机，因为柯达的快门系统设计本身成本高昂。今天，许多人认为，大约70%的制造成本是由产品设计决定的：伊斯特曼直观地理解了这一点。他的I号相机采用了更简化和更容易制造的快门设计。詹金斯推测，为什么是在罗切斯特经营的伊斯特曼，而不是德国人，成为全球市场的领导者，后者可是光学、精细化学品和相机设计领域的技术领导者啊？他指出："德国产品通常非常昂贵，因此产量相对较小。相比之下，乔治·伊斯特曼在质量和成本之间保持着令人羡慕的平衡，将财力和人力资源集中在国际大众市场和大规模生产上。"在这方面可以看到，从亨利·福特时代到20世纪70年代间，大规模生产、优质的美国汽车工业与同一时期的低产量、高质量欧洲汽车工业有相似之处。

引入流程创新的高成本

随着一个行业变得更加"具体化"，人们更加依赖使用专业化和昂贵的设备。改变生产系统的流程创新成本变得非常高昂。这对决策者来说是一个辛辣的讽刺：流程创新带来了真正重大生产力增长的潜力（而不是保证），但代价惊人。皮尔金顿的玻璃公司面临着这种困难的局面，当柯达从使用相对便宜的玻璃桌以批量方法制造胶卷，转向使用连续胶片制作时，伊斯特曼也面临类似情况，需要巨额支出。在此类情况下，费用肯定很高，但结果没有确定性。

系统的重要性

我们还注意到系统在新兴产业中取得大规模成功的重要性。爱迪生的白炽灯系统需要同时开发灯具、电线、插座、发电机等；天然冰采集同样创造了一个系统，用于切割、储存和分发当地和至遥远港口的冰；每个人的摄影都需要一个简单的相机和有较低成本的、有效的处理系统。在现代个人计算机领域，网络系统与电话、传真机，甚至触摸打字技能，都被证明是极其重要的。产业先驱们开发的系统无疑给有抱负的竞争对手制造了进入障碍。

能力的重要性

理解传统公司可能面临的挑战的一个方法是，考虑创新与现有业务和技术能力的关系，包括打字机制造商、天然冰采集与制冰公司、天然气公司或汽车制造商。一定程度上，创新是增强抑或摧毁公司已经拥有的能力。在摄影成像方面，伊斯特曼的胶卷创新涉及一些针对当时老牌公司的能力增强的元素（用光化学乳液涂敷在透明材料上），以及一些真正新奇且具有破坏能力的元素（铸造和切割均匀薄且无灰尘和气泡的明胶条）。伊斯特曼在开发和改进涂装干板和感光纸自动化工艺方面具有天赋，这为他成功形成批量生产胶卷所需的能力提供了良好帮助。他在干明胶板业务的竞争对手同样拥有涂层能力，但制造明胶胶卷的业务完全超出了他们的经验范围，这可能是他们中很少有人将不连续性创新与胶卷连接起来的原因。同样，通用电气也很容易从生产白炽灯转向生产用于收音机和电视的真空管，但并非如此轻易地弥合了从真空管到晶体管的差距：柯达成功地从胶卷到录像带；西尔瓦尼亚从白炽灯转向荧光灯。在每种情况下，创新都提高了能力。现有技能和态度的影响力是如此之大，以至于赫伯特·霍洛蒙（J. Herbert Hollomon）曾经评论说："只有当他与全新的一批人一起在新的地方建造了一座新工厂时，通用电气才最终设法生产出晶体管。"

伊斯特曼在胶卷制作方面的能力，为他提供了展现自己的良好机会。当托马斯·爱迪生要求伊斯特曼制作一种特殊胶片用于新发明的动作片相机时，伊斯特曼已经具备了开发该产品所需的能力：他只需要加固和加长胶片条，并增加孔，就能使电影相机的链轮参与进来。

在机械打字机（手动和电动）向文字处理器的过渡中，能力的重要性同样得到很好的阐释。罗伊尔、雷明顿、安德伍德和其他老牌打字机公司的技能库，没有为文字处理的创新做好准备，文字处理没有厢、型条、墨带和传统行业的其他用具。这些领域的竞争力对老牌公司向文字处理过渡根本没有帮助。在电力和电灯制造方面，当相应技术挑战了它们对市场的控制时，这些煤气照明公司也因缺乏能力而采取了类似的做法。

一般来说，竞争力增强的创新来自老牌公司和外部企业。破坏能力的创新几乎总是来自局外人。（本主题将在下一章中更充分地阐述。）

需要建立起新能力以预测未来发展，这是业务长期成功的一个重要因素。

乔治·伊斯特曼似乎是认识到这一因素的成功创新者之一。当彩色胶卷出现在欧洲实验室时，他的公司并没有能力生产，但是他意识到了开发彩色胶卷的重要性。与大多数超级创新一样，彩色胶卷在 20 世纪头十年出现，是由行业领导圈外的一家公司——卢米埃兄弟（Lumiere Brothers）开创的。伊斯特曼敏锐地意识到他们的自动铬工艺（1904）对他的公司构成的威胁，尽管它在 1907年上市时并没有获得商业上的成功。他支持一些单独的研发来开发这项技术，并让一个值得信赖的助理监督竞争公司（主要是德国公司）的进展速度加快。伊斯特曼早期在彩色胶卷方面的所有尝试都失败了，这些失败促使他在伊斯特曼柯达研究实验室将研发制度化。当他进入暮年时，伊斯特曼被认为他的公司发展了制造彩色胶卷的能力，这在 20 世纪 20 年代末就做到了。这位年迈的创始人，其长期经验教会了他弥合技术变革不连续性的必要性，他认为彩色胶卷对公司在行业内持续保持领导地位至关重要。

这种能力观念对所有公司在遇到渐进式和不连续的技术变革时的生存至关重要，在以下章节中将更充分地阐述此观点。

为技术不连续性做准备

20 多年前，詹姆斯·布朗和我共同发表了一篇题为"技术机会的监测"（Monitoring for Technological Opportumities）的文章，评估了公司用来监测寻找即将发生技术变革迹象的方法。例如，该方法针对传统摄影技术上的应用。我们用在商业领域中使用白银（照片成像的重要配方）与白银生产增长乏力之间形成的越来越大的差距作为一个"信号"，表明胶卷业务的某种形式的技术变革似乎是可能的。我们认为，这一差距的影响可能导致：开发更高效的银基底片；以银以外的基材为基础开发底片；开发竞争介质，如电子。今天，最后两个开发是有验证的。首先，录像带（一个涂有磁化粉末的胶卷带）的使用在很大程度上消除了除摄影基础开端的、小众的、专业电影制作外的传统胶卷的应用场景。其次，电子成像的发展持续取得进步，尽管它与早期所有超级创新一样，不完善、昂贵，而且没有成功的保证。

伊斯特曼公司面临的挑战是，如何在遇到各种各样的创新使得传统产业过时时仍能保持领导地位。如果电子成像代表未来，柯达将不得不从其在精细化学品、涂层薄膜以及纸张生产方面的百年专业知识跃升到电子和数字技术专业知识等至关重要的领域。伊斯特曼已表明其战略意图，即在化学和电子成像领域占据市场主导地位。迄今为止，其产品一直是新技术和旧技术的混合体。其中包括廉价的塞满电子配件的相机，可满足用户既要求操作简单，同时又获得优质照片的需求。它们包括即刻成像（Instaprint）系统，该系统将底片转换为电子图像，然后用户可以操作，如更改照片的构图、颜色平衡和曝光度。当用户对电视显示器上的图像满意时，他们只需"按下按钮"，即可在 4 分钟内生成一张 10 英寸 ×4 英寸的成品打印照片：数字传输回光敏打印纸。柯达的照片光碟系统是朝这个方向迈出的又一步。在这里，普通 35 毫米相机上拍摄的彩色底片，通过类似于即刻成像系统的数字扫描系统，传输到特殊的光盘或 CD 中，然后可以放入连接至用户电视机上的家用 CD 播放器中观看。同一播放器可以连接到用户的家庭计算机，并提供软件，将允许他们编辑和调整照片的图像。

人们试图将这种混合动力系统与吉尔菲兰的轮船航行进行比较，试图使用新技术延长旧船的寿命并保卫旧船。但照片 CD 系统确实具有与大量现有底片和幻灯片兼容的巨大优势。虽然尚未被证明是商业上的成功，但它发挥了柯达在彩色成像方面现有的成熟的能力与优势。

混合系统的优点是，胶卷仍然能够捕捉到比任何电子视频或摄影系统更丰富、更精细的颜色和细节范围。在相对粗糙的电视图像上长大的一代人是否会欣赏或者为这种程度的精细度付费呢？即使同样版本在电视上播放，或者彩色打印机生成的并不够逼真？用户是否会对照片 CD 上捕获的图像接近现实生活的想法感到温暖呢？

宝丽来也准备进入电子成像业务，并已宣布一个新的被称为赫利奥斯（Helios）的系统为大众成像市场服务。赫利奥斯集成了激光扫描仪和新的碳基即时胶卷系统。赫利奥斯机器将从超声波诊断机中接收数字输入，并一步一步地将其转换为此应用程序所习惯的极其锐利的黑白图像。

在所有的案例中，令人吃惊的是，尽管有电子化手段提供便利，盈利之路仍然以胶卷生产和一次性胶卷消费为基础。图像仍用相机在底片上拍摄，并存储打印照片来观看（柯达的照片 CD 系统除外）。宝丽来和柯达都没有掌握一个完全电子系统的产业链，即一个图像被捕获、存储和使用电子设备进行循环播放的数字化系统。摄像机几乎捕获到了所有家庭电影和电视新闻摄影市场的业务。业余和专业电影摄影将是下一个吗？大众们还没做出决定。

第9章

创新是一种滑梯游戏

在未来 5 年、10 年或 15 年，技术领域将很少有结晶时刻；这是其中的一个时刻。

格伦·佐佩特（Glen Zorpette），超级计算机，IEEE 频谱

1992 年 9 月

在儿童的滑梯游戏中，每一个前行都是不容易的，人们一步一步，一步一步，就像渐进式进步慢慢移动科技的前行。拉尔夫·戈莫里（Ralph Gomory）和罗兰·施密特（Roland Schmitt）指出，今天销售的大多数产品去年都以略逊一筹的形式出现，大多数竞品也是同一产品的变体①。偶尔，玩家会足够幸运地降落在梯子的底部，这让他可以快速爬到游戏小路的更高高度。戈莫里和施密特将这比作创造了一个新的想法，从而产生快速发展的潜力。不幸的玩家也可能降落在梯子或滑道的顶部，带她到一个较低的水平，就像面对快速变化的技术而选择滑行的公司一样。技术竞争的普遍性在于，大多数时间都花在曲折、逐渐倾斜的道路上，那些只能比其他人快一点的公司将在特定时间内遥遥领先。戈莫里和施密特表达了以下观点：

---

① "挤牙膏式"升级迭代，特别是一些位于垄断地位的厂商。——译者注

正是基于这种渐进式改进的过程，当晶体管在最初发明后，每年都会诞生更好的计算机存储器。在过去的 20 年里，每个芯片的内存位数从 1 增加到了 100 万个。渐进式改进也使喷气发动机的推力是 20 年前单位重量推力的 2 倍，塑料得以在较 10 年前的 2 倍温度下使用，白炽灯的效率是爱迪生发明时的 15 倍。

事实上，这本书的相当一部分已经详细描述一些行业持续创新和渐进式前进的过程。但是滑道和梯子如何呢？尽管它们很少，但在道路上遇到这一突破的玩家，他们的命运要么完全逆转，要么愉快改善。当进化轨迹被新技术或其他力量中断时会发生什么呢？

我们现在可以看到存在这类技术冲突的一个领域是超级计算机，该领域正在形成不连续性。美国的克雷（Cray）和日本的 NEC 在生产计算速度最快的计算机，以及所拥有的市场份额上保持领先。所谓的超级计算机是基于四、八或十六位进制而创造的令人眼花缭乱的、由奇异的部件构成的快速处理器，往往运行在极冷的温度下。这种处理器的开发是有条不紊的，也是克雷和 NEC 的曲折小路。然而，由思维机器（Thinking Machines）和英特尔科学计算机（Intel Scientific Computers）领导的其他公司正在迅速攀升，通过连接成百上千的基于微处理器的节点，形成所谓的"大规模并行超级计算机"，其处理能力可能达到当今投注机的 100 倍。大型并行超级计算机具有巨大的优势，它们可以由标准处理器技术创建并在正常温度下运行。

大规模并行超级计算机市场从零开始到 1993 年的收入达到 5.38 亿美元，当时预计到 1997 年将跃升到 16 亿—27 亿美元。这样一来，大规模并行超级计算机将剥离传统超级计算机制造商和传统大型机框架制造商，如 IBM 的业务。正如人们所期望的那样，鉴于之前的经验，这个新市场的主要公司都是新进入者。

当然，计算机公司并未完全忽视这种威胁。例如，IBM 在其主机业务在高端受到超级计算机，在低端受到个人计算机和工作站的威胁与挑战时，正在开发属于自己的 Power Parallel 系统。"这就是未来——IBM 将驾驭它。"1993 年秋天，该部门的负责人欧文·弗拉多夫斯基 – 伯杰（Irving Wladawsky–Berger）向《纽约时报》（New York Times）如此描述 Power Parallel 系统。

当不连续性浮出水面时，确定通往未来的道路成为生存和成功的一个重要诉求。对老牌公司来说，走出目前的习惯路径是另一个更困难的挑战。企业继续走在目前赚钱的技术道路上的惯性是非常强大的。例如，IBM 必须面对这样一个现实，尽管业务在减少，但价值约 1 万亿美元的主机软件在客户群中部署并运行，其数千名员工和数千名股东从其目前的大型主机业务中获益匪浅。资源被转移到并行机器开发的延展。事实上，新技术的成功会威胁到其中的许多既有利益。

正如我们不久将看到的 DEC 公司（Digital Equipment Corporation）的案例，老牌公司容易倾向于在不连续性创新与公司既有利益的冲突中妥协。就 IBM 而言，刚引用其 Power Parallel 系统主管在同一篇文章中也描述了即将推出的 390 并行机：一台具有并行处理涡轮增压格的传统多功能大型机。用一只脚站在过去、一只脚站在将来的方法弥合技术不连续性，在短期内可能是一个可行的解决方案，但与具有一个单一重点的竞争对手相比，混合战略的潜在成功从一开始就被稀释了。

龟与兔

戈莫里和施密特认为，尽管所有公司都从相同的技术知识水平开始，如果一家公司在渐进式改进方面只比竞争对手稍快一些，那么它似乎就会拥有应用新技术的新产品。当所有人都在追求改进相同的基本设计或生产工艺时，这当然是正确的。然而，费尔南多·苏亚雷斯（Fernando Suárez）和笔者已经表明，新技术的出现（或称为梯子）是由一批新的竞争者进入这个行业为标志的。要保持成功，既需要掌握不频繁的、不连续性创新，又需要掌握不间断的渐进式改进，以应对来自竞争对手的挑战和客户的需求。当公司知道其产品和市场背后的技术将定期发生变化时，他们将如何能够保持成功？

即使是规模最大、实力最强的公司也觉得这是一场挣扎战。例如，根据戴维·柯克帕特里克（David Kirkpatrick）的说法，IBM 在每一次革命性变革中都落后了 3 年到 11 年。数字（Digital）领先 IBM 11 年推出迷你计算机；苹果在推出个人计算机方面领先了 4 年；阿波罗在引进工程工作站方面领先了 5 年；东芝以 PC 兼容笔记本领先 5 年；SUN 微系统以其 SUN 4 RISC 工作站领先 3 年。IBM 后来推出的 RISC 显示，其实验室在 RISC 起源和推进方面是领先于其他公司的。尽管 IBM 现在正认真地进入大规模 Power Parallel 系统，但其较新的竞争对手，又有了 5 年或更长的征程。显然，正是大公司的成功和支配地位，使得他们容易被新进入其业务的玩家影响变得脆弱。事实上，IBM 前董事长约翰·阿克斯（John Akers）提出，将 IBM 拆分为更具可管理性的几个组件可能是化解自满情绪，以及提高每个部分市场响应能力的正确做法。

证据和建议

我们早些时候争辩说，新技术使产业巨头们从曾经的小暴发户公司中脱颖而出，激励了那些乐于接受变革的老公司，并扫除了那些不适应变革的公司。

本章将示例和观察的线索更紧密地结合在一起，以重新审视在一开始提出的问题：我们能否更好地理解，哪些公司能够迎着改变乘风破浪，而其他公司却被抛在后面？这些公司的成功是因为其保持领先状态的管理原则，还是纯粹是因为运气好？

在这本书的开头，我们注意到，熊彼特所定义的创新既是公司和整个行业的创造者，也是毁灭者。克里斯蒂亚诺·安东内利（Cristiano Antonelli）、帕斯卡尔·佩蒂特（Pascal Petit）和加布里埃尔·塔哈尔（Gabriel Tahar）指出：

> 在他的早期（1912）作品中，熊彼特扮演着坚持强调企业家在抓住不连续性创新机会方面的角色。从广义上讲，创新是生产者和生产资料的"新组合"，包括新产品、新生产方式，开拓新市场，利用新原材料，甚至重组一个经济部门……这一论点强调了创新过程的不连续性。

随后几年（约1942），熊彼特开始更加强调大型企业在创新中的作用，他认为随着科学知识的积累，在研发方面有一个门槛，门槛之下的公司不可能成为有效的参与者。我一直被熊彼特观点的矛盾困扰。目前的分析表明，前一种假设对新兴产品技术和参与产品创新的公司——尤其是终端产品（即非连续性和未定型阶段）来说是正确的，对许多原料产品，以及生产特定阶段的标准产品和大型系统的公司来说，后一个假设适用于流程创新。

在熊彼特提出假设之后，研究人员主要关注他提出的概念，并研究发明（新产品和工艺的想法或概念）、创新（将新想法聚焦在首次使用或销售）以及技术的传播（它们在市场上的广泛使用）。事实上，这是迈尔斯和麦昆斯在他们有影响力的研究中使用的框架，由我和 Sappho 项目，首次对匹配成功和不成功的创新进行广泛研究。库珀（Cooper）和申德尔（Schendel）率先从受创新威胁的成熟行业公司的视角，对重大技术创新进行了挑战性分析，从而将镜头转向相反的方向。他们注意到：

> 一系列典型的事件是传统公司对来自行业外的创新技术威胁的反应开始的。新技术通常由一家新公司首创。最初，是粗糙和昂贵的，它通过成功的细分市场扩张，整体增长遵循 S 曲线。旧技术的销售可能会持续几年，但随后通常会下降，新技术在引进后五到十四年内取代旧技术。

不仅是现有技术销售下降，传统行业领导者也失去了领导地位。为什么会这样？显然，传统公司经济实力雄厚，他们拥有成熟的市场知识和分销知识。理查德·福斯特和笔者受到库珀和申德尔提出的问题，以及詹姆斯·布莱特提出的案例和观察点的启发，开始独立地研究这些问题。福斯特的分析是基于技术极限的理论，而金霖苏（Linsu Kim）和我更关心公司的行为和竞争反应。我们得出的结果非常相似。一个行业中老牌领导者消亡的最明显原因，是他们在旧产品或流程技术方面拥有技能，而创业型企业在新的产品或流程技术方面拥有基础。也许，从研究许多不连续改变的案例中最令人惊讶的观察是，技术资源的差异在一个行业的入侵者和传统公司之间没有太大的区别。大多数受到威胁的公司其实曾参与到新技术中来，并且往往在新技术中占据突出位置。基本问题似乎是他们继续对现有旧技术和业务作出最重要的投入和承诺，而旧业务在受到威胁时往往已处于其发展的天花板。库珀和申德尔这样总结：

> 传统公司以两种方式进行反击。旧技术得到改进，并作出使用新技术开发产品的重大承诺。虽然在旧技术中，竞争优势地位是我们的盟友，但事实证明，在新领域是困难的。除了主要的传统竞争对手（他

们也在为新领域的市场份额而奋斗），公司还必须面对大量新竞争者。尽管作出重大承诺，传统公司通常不能成功地在新技术中建立长期的竞争优势地位。除非某一部门或成功的多元化企业在内部拥有优势竞争位置，否则公司可能再难重现昨日辉煌。

库珀和申德尔的结论是，双重战略根本不是在新的战略中取得领先地位的可行方法。受到威胁的公司继续承诺开发旧产品，哪怕其销售额开始迅速下降。他们对这一困难的解释是："关于在组织内将资源分配给新旧技术的决定对决策者充满了影响；不仅老产品线受到威胁，而且现有技能和影响地位也受到威胁。"

如果一个人纯粹根据技术资源来押注，一个公司将会在一个不连续性方面获得掌控，那么人们可能会押注于一个具有尖端技术基础和大量发展支出（作为销售的比例）的创业公司，这个行业的特点是代际变化迅速，每一个都代表着与过去相对较小的一个进步。当然，这样的公司会发现自己很难在市场上站稳脚跟。亨德森（Henderson）和克拉克（Clark）最近研究了一个此类的典型案例。他们对半导体光刻校准设备行业进行了全面研究分析，行业内的每家公司都是通过对五代不同的产品架构技术进行过分析的，这意味着组件以不同的方式集成到系统中。令人惊讶的是，没有一家在一代产品中处于领先位置的公司，在下一代产品中能够占据显著位置。亨德森和克拉克的结论是，即使是导致系统关系变化的相对较小的转变，也会对行业现任者产生灾难性的影响。他们的解释是，这种创新"破坏了老牌公司古老构造知识的有用性，而且由于设计架构知识往往嵌入已建立组织的结构与工作流程中，这种破坏对公司来说，是既难以识别又难以纠正的"。

虽然研究的每项案例与项目，以及我自己与金霖苏的研究，描述了不连续变化的动态，但给管理层的建议是令人失望的。库珀和申德尔认为，他们的工作阐明，管理层应该考虑到不连续变革中的一些方法和陷阱。他们的信息准确地描绘了在捍卫旧位置，或成功进入新位置方面成功的低概率，从而建议将多样化作为一种极其可行的选择。福斯特向创业者提出了很好的建议，告诉他们如何利用那些老牌公司所秉持的"执念"——他们顽固地认为，即将出现的创新威胁不重要或会昙花一现——来提升自己的竞争优势。安德森和托士曼认为："行业标准的终结在本质上是以技术可能性为限制的一种政治和组织现象。"一个行业从发酵到有序的扩散，既是一个工程问题，也是一个社会学问题。亨德森和克拉克的结论是，需要加深我们对增强创新和破坏公司内部竞争力的创新之间的区别的理解，他们指出：系统变革可以巧妙地同时做到这两点，有时误导一个公司相信，因为它理解组件，因此它也必须了解这些组件形成的系统。他们建议：一个能够快速有效地了解组件的组织，可能根本不能够理解系统关系。克里斯坦森建议公司不要如此关注大而熟悉的客户。这些客户的需求可以引导一家公司沿着花园之路，在旧概念的边际改进上大手笔地花钱，同时忽略在小型但不断增长的市场中的新客户，然而事实上这些市场会更支持新概念。结合目前"倾听客户意见"的学说，这一建议尤其有价值。但是公司应该听哪种客户的呢？我和金霖苏的结论是：非连续性创新在打破市场和制造过程的关联性对公司的威胁大于打破市场或打破制造过程的非连续性创新。我们认为，将非连续性流程变革介绍给制造类似于玻璃类同质产品的老牌企业，好过介绍给以电视生产为主的终端类老牌企业。最后，我们认为，就像库珀和申德尔认为的那样，扩大市场的不连续性创新对老牌公司的威胁似乎比对那些仅仅创造替代产品的公司要小。

　　不幸的是，这些研究都没有成功地解决关键问题：老牌公司如何在过时状态下更新其核心技术，从而避免收缩和失败。（这个问题在一年内更加引人注目，因为 IBM、DEC、柯达和通用汽车等公司的收缩意味着每季度裁员数万人。）每个分析都受到很大限制，传说中的八个盲人和大象的观点代表了认知的有限性。每个人都有一部分真相，但那部分单独来看就是一种误导。为了更充分地说明我们的理解，我将结合前面提到的研究数据，以及一些单一但密集的不连续性创新案例研究的数据，并利用这些组合数据构建一个三因子模型。我要表明，在某些情况下，知名公司的领导人当然应该挺身而出，投资于完全不同的技术，而在其他情况下，他们显然不应该而且是极其不应该采取双重战略。

聚焦战略与双重战略的案例

正如前几章所表明的，创新造成的不连续性往往会造成绝大部分公司不能弥合的鸿沟。有几个人找到了自己的路，但大多数都陷入了深渊。伦斯勒理工学院的苏珊·沃尔什·桑德森（Susan Walsh Sanderson）生动地展示了同行业中两家处于技术不连续地位的领先公司，一家公司如何有效地与新产品架构结合，而另一家公司则继续挣扎。在管理代际变化中：产品家族设计方法/桑德森使用从 CISC（复杂指令集）到 RISC（精简指令集）架构在计算机工作台的转变，以显示 SUN 微系统如何从其原有系统进行彻底的突破，以推出新一代成功的工作站。（RISC 架构比现在常见的 CISC 架构更简单、更快。）DEC 公司被其流行的 VAX 系统的成功所绑架，从而采取"既投资 RISC，然后又继续 VAX，这种半心半意的方式"。

图 9-1 代表两家公司的产品家族战略。就 Sun 公司而言，其基于 CISC 的产品的持续扩展实际上在 RISC 技术处于不连续性创造时结束。1989 年，该公司开发了基于自行设计的微处理器，处于 RISC 架构下的新工作站家族成员：Sparc 芯片。到 1991 年，Sun 公司与上一代工作站彻底告别，将全部精力投入新架构创造的产品系列中。

根据桑德森的研究，DEC 拥有种类繁多的微型计算机和工作站产品序列，其长期战略是支持自身产品与主要竞争对手之间的兼容性。其庞大的客户基础和已部署装备是 DEC 向 RISC 架构过渡的障碍，因为该架构的连续性和兼容性将受到威胁。它缓慢地涉入 RISC 技术，同时保持其对现有 VAX—站系列产品的承诺。基于专有的阿尔法芯片的下一代工作站是其未来的计划。

图 9-1 的底部描述了 DEC 的工作站产品家族与发展战略。在这里，CISC

时代的 VAX 系列被带入 RISC 时代，而其自有基于 RISC 的机器（使用 MIPS 公司芯片）则只占其工作站发展的很小一部分。新的阿尔法系列设备从开发到上市再到产品系列构成在这个游戏中都呈现得稍晚一些。正如桑德森所言："DEC 在 VAX 架构上建立了帝国，无法为自己或其客户进行无痛的迁移。它等待了太久才作出必要的过渡，几乎失去了公司 。"

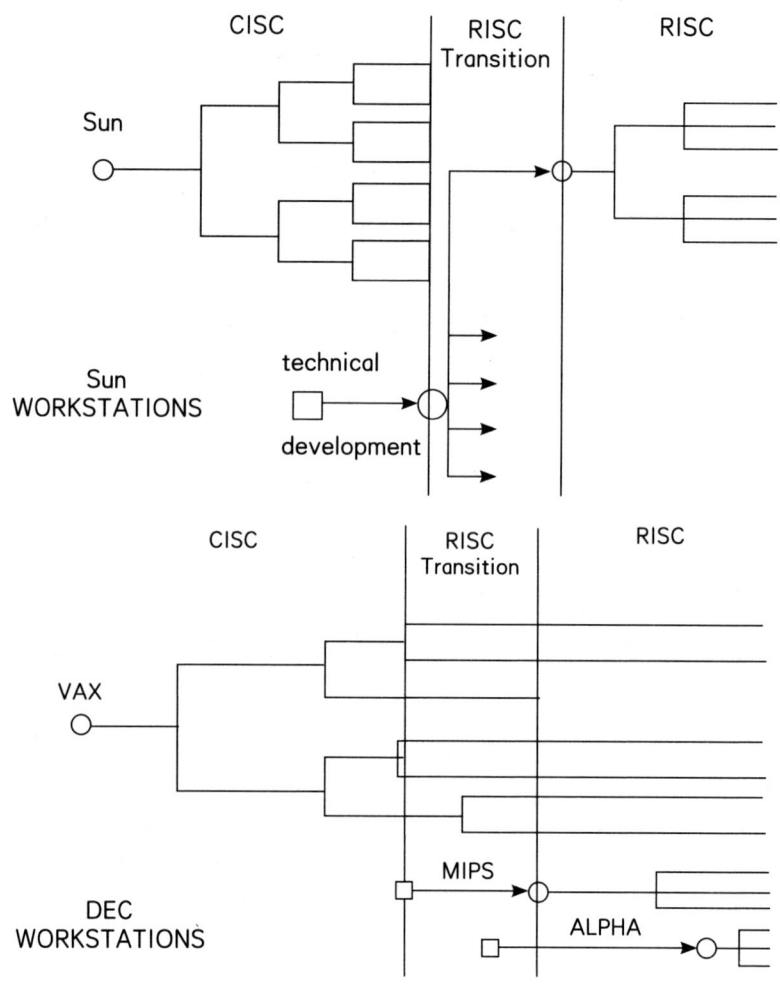

图 9-1　Sun 公司与 DEC：代际产品战略

虽然 DEC 的阿尔法芯片可能为未来的成功和增长奠定基础，但许多观察家认为，由于公司继续致力于多个平行的产品架构，该公司在前进的道路上将承受不必要的大混乱。在桑德森的分析中并未对 Sun 微系统公司在这一季"押注公司"或者放弃老一代工作站战略，在何种程度上削弱现金流进行过多讨论。我们可以推测，风险是相当大的。到 1991 年，公司与基于 CISC 基础的架构决裂的一年，Sun 微系统公司已经是一家拥有 38% 工作站市场份额且市值达数十亿美元的公司。事实上，工作站是它唯一真正的业务。因此，Sun 微系统公司决定完全迁移到基于 RISC 基础的架构，这比 DEC 的谨慎行事更具生存威胁。DEC 是整个工作站市场中规模小得多的参与者，并拥有大量其他业务的维持。CISC 到 RISC 基础在计算机开发与部署过渡方面是一个令人信服的例子，说明在发生根本变化时不要采取双重战略来维持新产品和即将淘汰的产品[①]。

连续性和非连续性

第 4 章阐述的连续性进化模型将产品和流程及工艺的转变定义为从早期流动阶段向高度特定和刚性阶段的过渡。随着连续性改变的不断推进，技术的多样性给标准化让路。这些进化阶段不是无限期的，往往被新的超级创新和不连续性变化周期打断。我的意思是，超级创新和不连续性变化扫除了公司在技术知识、设计、生产技术、工厂和设备方面的大量现有投资。

本书前面的章节提供了大量的、不连续性改变的、力量强大的案例，无论是产品还是流程设计，都引发了企业和整个行业中重要的重组。表 9-1 展示了这些不连续性变革的总结摘要。

---

① 苹果公司从早期采用 IBM 芯片迁移到了英特尔芯片，到目前又向自研的、基于 ARM 架构的芯片迁移，也体现了该重要变化中，有成功经验的企业采用的聚焦策略。——译者注

表 9-1 产品和流程的非连续性变革

行业	非连续性变革
打字机	手动到电动；专用文字处理器；个人计算机
照明	油灯到气体：白炽灯；荧光灯
平板玻璃制造	冠冕玻璃通过工艺架构的许多变化来铸造玻璃；浮法工艺玻璃
冰和制冷	天然冰采集制冷到机器制冰；冰箱；图层保鲜包装
摄影技术	达盖尔银版照片到锡板成像；到湿板成像；到干板成像；到胶卷；到电子成像；到数字化电子成像

打字机

在手动打字机、电动打字机、文字处理器和个人计算机之间观察到非连续性创新。在 20 世纪初的大型手动打字机公司中，没有一家能够成功赶上电动打字机的潮流；正是 IBM 这个外来者开发了新产品及其市场。随后，转向文字处理器，然后个人计算机造成同样的错位，除 IBM 外，几乎没有一个原来的打字机公司取得了飞跃。事实上，几乎没有人以过去的形式生存下来。

照明

从用蜡烛照明到现代电气照明系统的变化，都在 150 年内（在西方世界的大部分地区）发生。油灯取代了蜡烛，在大多数城市地区又因煤气灯出现而消失。爱迪生设计的白炽灯取代了煤气灯，荧光灯在许多情况下取代了这些。每一次变革都带来了不同的冠军；而且，随着继承了爱迪生发明技术的公司（GE）在荧光灯领域的领导地位的消失，没有一家公司能成功弥合这种非连续性创新。

平板玻璃制造

这个产业几代人的非连续性创新和渐进式改变实际上已经淘汰了除少数高度资本化与大销量产品供应商外的所有生产商。如果皮尔金顿兄弟公司决定保护其浮法玻璃工艺的专利，并轻松保持竞争优势，那么今天这个重要行业的公司将会更少。相反，它选择将这一突破性的技术授权给其他公司使用，这使得他们得以生存。由于发达国家绝大部分的玻璃都是用这一方法制造的，那些没有采用这一方法的制造商基本被淘汰了。

制冰和制冷

毫无疑问，缅因州和明尼苏达州北部的一些地方仍坚持采集天然冰用以商业销售，但其他公司早已不在了。大多数用机器制造冰取代自然冰的公司也是如此。他们反过来又成为电机制冰创新的猎物；近40年前，天然冰制冷或机器生产冰制冷的市场已经破败。在这里，变革的推动者也不是现有技术的领导者。

摄影技术

从银版成像到现代胶卷的过渡，以及电子成像的新兴技术出现是被许多非连续性打断的；锡板成像到湿板，然后是干燥的涂层玻璃板，然后是明胶和胶卷。每个转型都受到不同系统的启发，很少是受市场领导者启发的，每次转型都导致旧生产商被新生产商取代。

除了这些案例，我们将涵盖库珀和申德尔分析的案例：蒸汽到内燃机车，真空管到晶体管，吸水笔到圆珠笔，安全剃须刀到电动剃须刀，化石燃料锅炉到核锅炉，螺旋桨到喷气发动机，自然皮料到合成皮革。我们将涵盖安德森和托士曼分析的水泥行业和微型计算机行业的案例，以及阿特拜克和金霖苏的案例；机械到电子计算器，晶体管到集成电路，敞篷车到厢式汽车，再生纤维到尼龙轮胎线，空气冷却到氢冷却发电机，露天炉到氧气炉，以及在钢铁制造、铜线连续焊接、合成宝石和小规模生产的工业气体等方面的案例。在亨德森和克拉克对案例进行了如此全面的分析的基础上，我们补充了其他细致的单一产品案例：斜胶轮胎，胶合板为主的刨花板，铜线光纤以及冯·诺伊曼的大规模并行计算机。

框 架

刚才描述的组合样本包括 46 个非连续性创新，其中 26 个为产品非连续性创新，20 个为流程非连续性创新。在 46 个创新产品中，近 1/4 来自已经建立竞争对手的公司（12 个），而其余的绝大多数（27 个）则来自新进入该行业的公司。（其他 7 个来源大部分未定义，因为在有关创新之前不存在此行业。）整个样本详细显示在表 9-1、图 9-2 和图 9-3 中。

终端 / 替换	终端 / 市场拓展
光刻校准器 (A)	固态微型计算机 (N)
径向轮胎 (A)	迷你集成电路 (A)
内燃机车 (A)	晶体管 (A)
圆珠笔 (A)	电子计算器 (A)
喷气飞机发动机 (A)	立毛地毯 (A)
冰箱 (A)	大规模平行超级计算机 (A)
白炽灯 (A)	
全钢汽车 (A)	
原料 / 替换	**原料 / 扩展**
暂停预热 (D)	回转窑 (A)
玻璃绘图 (D)	集装箱机 (N)
连续成型 (D)	真空吸料 (A)
浮法玻璃工艺 (D)	乙烯基 (E)
基本氧气钢 (A)	纤维素胶卷 (A)
直接减铁 (A)	制造冰 (A)
光纤 (A)	合成宝石 (A)
	小型液氧植物 (A)

(A) 表示主要来自新进入者或攻击者的创新。
(D) 表示主要来自已经建立的公司或捍卫者的创新。
(N) 表示创新的起源没有分类，主要是以前不存在该行业的情况。

图 9-2 竞争能力与工艺非连续性创新

终端 / 替换	终端 / 市场拓展
核燃料供应 (A)	半导体存储器 (D)
空气冷却发动机 (D)	电动打字机 (A)
尼龙轮胎线 (N)	
氢冷却发电机 (D)	
荧光灯 (N)	
原料 / 替换	原料 / 扩展
计算机化窑炉 (D)	集成电路 (A)
爱迪生长窑 (D)	连续垂直窑 (A)
机器圆柱玻璃 (D)	
双采空区机 (D)	
安怡造瓶 (D)	
连续铸造 (D)	
连续绘制铜 (D)	
定向链板 (D)	

(A) 表示主要来自新进入者或攻击者的创新。
(D) 表示主要来自已建立的公司或捍卫者的创新。
(N) 表示创新的起源没有分类，主要是以前不存在该行业的情况。

图 9-3 能力强化的产品和工艺非连续性创新

　　这里的目的只是试图把不同的盲人对大象的看法放在一起，以便更全面和更准确地了解整体情况。这样做将在老牌公司的案例，以及来自已知竞争对手圈子之外的案例之间进行非常准确的比较。为了将这个马赛克拼成，首先我们将分别研究先前提出的三个因素，然后将它们努力放在一起进行分析。以问题的方式陈述这三个元素，具体如下：

● 非连续性是属于终端产品还是原料产品？

● 它是一个简单的替代品还是创造了一个更广泛的市场？

● 它的能力是增强还是摧毁业内老牌企业？

　　我们的假设是：每个因素都很重要，其共同运作的作用大过它们单独运作的作用。

终端产品与原料产品或同质产品的比较

1986 年，我和金霖苏谈论了工艺的非连续性创新是否主要与生产同质产品的行业有关。事实上，在整体样本中，有 20 个案例是非连续性的代表。我们认为，与传统论点（即这种非连续性通常由老牌公司引入）非常不同的地方通常是由寻求扩大市场份额的边际企业，或由在成本、供应或监管压力方面严重承压的大企业引起的。我们进一步得到的结论是，设备供应商有时会进入终端产品领域自行生产，从而引起这一非连续性创新。根据冯·希佩夫（von Hippefs）的工作和之前在 Sappho 项目的发现，我们认为部分原因是对工艺设备有最高要求的客户，以及拥有对于需求最微妙洞察的人，往往就是设备制造商本身。我们的观点是，工艺的非连续性创新将天然地强调实际成本或潜在成本的降低，提高产品质量和更广泛的可用性，并且需要朝着高度集成和持续生产工艺方向发展。

表 9–1 和图 9–2 显示，终端产品的非连续性创新几乎总是来自行业之外（21 个案例中有 15 个如此，其余有 3 个来自内部，还有 3 个无定论）。原料产品的非连续性创新通常来自行业内部（25 个案例中有 9 个，其余有 12 个来自外部驱动，有 4 个没有定论），但更多来自外部。在来自已有行业内的所有案例中，有 3/4 来自同质产品类别。

非连续性创新是产生了替代品还是创造了一个更广大的市场？

非连续性创新可能会带来对一个产业的产品的总需求的大大增加。晶体管取代真空管，后来由集成电路取代晶体管，使电子工业的销售额从几亿美元增加到数千亿美元。用涡轮喷气发动机替代活塞飞机发动机，也大大降低了成本，增加了商用飞机的飞行里程。电子计算器的出现使得这种设备变得司空见惯，而不是一种不常见的偶遇。伊斯特曼柯达相机和胶卷系统的出现，将摄影从一个小的专业市场，转变为现在成熟的广大爱好者市场。以金属丝代替碳纤维的白炽灯，使仅在美国每年对白炽灯的需求就从 2000 万增加到数亿盏。机器制冰的入侵使冰的需求与天然冰时期相比增加了 2 倍，从每年 500 万吨增加到每年 1500 万吨。玻璃制造中的每一次创新都对平板玻璃的总需求急剧增加起到促进作用，现场生产氧气的出现使得氧气需求翻了一番多。

从第 2 章总结的一个通用论点推断，人们会认为能够带来市场扩大的创新，会为新公司的启动提供空间，而创新激发的替代品将使老牌公司更加顽强地坚持下去，从而使得外来者很难站稳脚跟，也很难获得扩张和成为行业参与者所需的现金流。图 9-2 和图 9-3 显示，能够带来市场扩大的非连续性创新几乎总是来自行业之外（18 个案例中有 15 个如此，其余有 1 个来自内部，2 个没有定论）。替代现有产品和流程工艺的非连续性创新通常来自行业内部（28 个案例中有 11 个，其余有 12 个来自外部，5 个没有定论）。这与我们之前的结论一致。在 12 个内部创造的非连续性创新中，11 个是替代品，但在综合样本中，仍然有 12 个在替代品行列的非连续性创新来自外部。

总之，一些非连续性创新拓宽了市场，使新公司得以进入和生存。老牌公司失败的可能性大于成功的可能性，但许多公司确实成功了。新的公司和老牌的公司有大致相同的机会。案例包括晶体管、个人计算机和之前讨论过的大规模平行超级计算机。有些非连续性创新不会扩大市场或创造新的小众市场。在这种情况下，新的公司会经历艰难的阶段。只有少数的大公司能够幸存。老牌公司更有可能成功进入。在这种情况下，老牌公司的生存机会也比新公司大。案例包括前几章中讨论的电动打字机和金属灯丝灯盒。

一些非连续性创新创造了一个全新的小众市场并鼓励许多新的进入者加入。在这里，老牌公司不太可能成功进入，新公司有更好的生存机会。案例包括前几章中讨论的打字机、汽车、电视和晶体管电视机盒。回顾一下，此处的"新"有其特殊的含义：光纤中的康宁、打字机中的雷明顿、机车中的通用汽车，以及生物技术领域的 Genentec、微型计算机中的 DEC 公司等都是新进入者。

非连续性创新是增强了竞争力还是破坏了竞争力？

托士曼和安德森将技术非连续性描述为增强竞争力或破坏竞争力。破坏竞争力的非连续性创新使得过去的技术人员无法掌握新的替代技术的专业知识。例如，机械制表师或真空管生产商的技能分别被石英手表和集成电路这种与之无关的技术替代。同样，玻璃制造工匠的技能被鲁贝斯机器淘汰，它能够让非熟练操作员制造出玻璃柱。但是知道如何制造和平整玻璃柱对如何从罐中绘制连续的玻璃丝带没有什么帮助。制图机的知识反过来无法转化为浮法玻璃工艺，这在很大程度上取决于对合金特性的理解。根据托士曼和安德森所言：

> 竞争力增强的非连续性创新建立在它所取代的技术所体现的知识的基础上。例如，涡轮风扇在喷气发动机上的进步建立在先前的喷气技术之上，机械手表的一系列突破进步建立在之前的机械技术之上。同样，爱迪生水泥窑允许水泥制造商利用他们现有的旋转窑知识来生产更多的水泥。后来，对水泥窑的工艺控制进行了改造，使制造者能够在积累的知识基础上再接再厉，同时通过对工艺的分钟控制，大大加快了生产速度。

图 9-2 和图 9-3 显示，破坏既定核心能力（技术）的非连续性创新几乎总是来自行业之外（29 个案例中有 23 个，其余有 4 个来自内部，2 个没有定论）。提高既定核心竞争力（技术）的非连续性创新往往来自行业内部（17 个案例中有 10 个，其余有 4 个来自内部，3 个没有定论）。

三个因素的综合考量

基于上述论点得出破坏性最大的非连续性创新是那些在终端产品领域中发生的既扩大既定市场又几乎摧毁既定核心竞争力的创新，它们几乎总是来自行业之外（6 个案例中有 5 个，1 个没有定论）。这些案例在表 9-2 中得到了 3 分。 基于上述论点的破坏性最小的非连续性创新，即在原料产品行业发生的取代，已建立产品并增强既定核心竞争力（技术），它们几乎总是来自行业内部（8 个案例中有 7 个，1 个没有定论）。这些案例在表 9-2 中被给出了 0 的分数。处于中间的案例（如那些扩大既定市场或破坏既定核心竞争力的案例）实际上基本来自行业之外（18 个案例中有 16 个，其余有 1 个来自内部，1 个没有定论）。所讨论的 3 个因素中只有 1 个以最具破坏性的形式存在，这个案例的得分为 1。此类案例同样来自行业内外（14 个案例中 6 个来自新进入者，6 个来自内部，2 个没有定论）。

表 9-2　3 个因素的综合考量的案例数量

因素　　　　来源	源自内部	源自外部
3 个积极的因素	0	5
2 个积极的因素	1	16
1 个积极的因素	6	6
所有因素均为负	7	0

使用由 3 个维度形成的 8 个类别，令人吃惊的发现是极端案例被完美分类。很难想象这种情况会发生在一个更大、更具代表性的样本中。

总　结

关于技术非连续性创新在之前的研究中已经得出结论，如果不是所有老牌公司都尚未掌握的超级创新，那么这至少会是一个随机和不可预知的过程。然而，提取前文强调的 3 个因素可以帮忙区分新进入者占优势的情况，以及老牌公司占有利位置的情况，会让我们看到一个略微不同的故事。诚然，很大一部分超级创新确实是被一个行业的新竞争对手引入和采用，但在约 1/4 的案例中发现现有玩家要么引入了超级创新，要么能够迅速启动这些创新应用，并作为市场的主要参与者生存下来。因此，在这个竞争中老牌公司不一定总是失败。更重要的是，即使在前面的粗略分析中，我们也能够看到有利于他们成功的条件是存在的，使他们能够作出合理的分析和相应的行动。

显然，技术本身并不是关键。市场条件同样具有强大的影响力。虽然技术和市场很重要，但这两个因素必须与决定组织能力或核心能力的人相结合，来共同理解它们的重要性。当核心功能达成一致时（如定向链板取代胶合板的案例），管理层可以尝试在内部进行非连续性创新。当几个因素没有达成一致时，要么需要联盟，要么要求外部创业，在实践创新时必须付出巨大的努力创造适当的人力资源推动企业文化变革。

克里斯坦森的研究表明，老牌公司是引入薄膜磁盘驱动器的真正领导者，并用其取代了他们自己的磁力技术。大多数新进入者在这种本质上是进化的变化中失败了。同样，IBM 也花费了 3 亿美元为其磁盘驱动器开发薄膜头，而 DEC 则花费了 2 亿美元。然而，新进入者是引入新架构的领导者（用亨德森和克拉克的话说，技术理念相同，但具有不同的组件方式）。老牌公司引领了困难的组件增量变革部分。新公司使用已有组件引领了新架构的创造部分。增量创新的领导者无法保持这种专有性。增量创新除了提高了成本，并未影响任何产业结构变化。带来结构变化的新进入者，不仅有生产率高和成本低的优势，更推翻了温彻斯特公司在磁盘驱动行业的领导地位。

为什么公司愿意为增量创新支付数亿美元，而不愿意为新的框架尺寸支付数百万美元呢？因为新的框架尺寸不能满足其现有客户的需求。最初，较小的驱动运行速度要慢得多，成本也更高，但它们开启了台式计算机磁盘驱动器。一个很好的类比是汽车公司劝阻固特异、火石和其他厂商引入径向轮胎，因为他们不想改变自己的汽车悬架设计。同样，IBM 的问题不在于它没有仔细听取客户的意见，而在于它过分关注了部分现有的强大客户而将其拖入错误的技术轨道。绝大多数大型计算机都是出售给已经使用大型计算机的客户，其在软件、程序等方面的已有投资会为转换设备带来较大沉没成本。也许这是老牌公司倒闭的线索之一。克里斯坦森发现，竞争对手公司所监控的是那些处于相同技术和架构中的竞争对手。但最具威胁性的竞争对手将是那些来自意想不到的方向，具有新的架构概念的，如计算机中的大规模平行计算机领域。

具有讽刺意味的是，遵循以市场为导向追求创新的建议，通过不断改进产品来取悦客户，并寻找领先客户，可能是取得成功的道路，也可能是在为失败铺路，是要视外界环境而定的。对新进入者，这些是识别和指定有价值的创新方向，促进产品线优化的好方法。但是，将非连续性创新付诸实践时，它们可能会将一个强大的公司引向一个危险的陷阱。同样，精益制造（关于产品和制造能力）和大规模定制（关于营销和分销能力）等理念可能被视为一种建立核心竞争力和在区分知名产品方面非常成功的方法。但是，当超级创新正当时的时候，这些概念可能会导致公司走进死胡同。

创新带来的破坏性也是惊人的，如机器制冰。产品、市场和分销环节完好无损。只有采集天然冰的效能被中断了。但对他们来说，这似乎是一场彻底的革命。同样的道理，电冰箱应该而且已经销毁了更多的竞争力，造冰产业链的制造，产品、营销和分销竞争力都已成为过去。现在，客户可以根据需求自己制作冰饮料！关键问题不只是创新是增强了竞争力还是破坏了竞争力，而是对谁而言？固特异和火石认为径向轮胎是偏向式轮胎进入市场的切入点，而米其林则认为它们在尺寸和地理上都扩大了市场。柯达可能将电子成像技术视为正在切入化学成像市场，并侵蚀其高利润率；而佳能和索尼可能将这一创新视为市场扩张，并提高相对较低的利润率的方法。

能够回答这个问题可以让我们更深入地了解公司的潜在漏洞与战略。我们将在最后一章中提出核心竞争力和唤醒企业活力的问题。

第
10
章

创新和企业更新

只要对产业中的企业稍加关注，人们就会发现许多企业都经历了创建、成长、成熟和衰退的周期。企业最终会因新公司进入市场和残酷的竞争而消亡或黯然失色。曾经被喻为经济繁荣象征的蓝筹企业，也会突然之间因问题重重而破产。被挤下市场领导者的地位确实是极为痛苦的事，并且衰败意味着大量的财务损失，以及会因就业岗位消失而备受世人关注。一些人把企业的衰败归于广泛且逐步深入的全球竞争，还有一些人则把企业的衰败视为宏观经济和结构调整中，政府和企业经理人失控的牺牲品。其实，企业衰败更大程度上应归于大量的新企业，以及处于困境中大企业所孵化出的独立运营子公司的迅速崛起。

前面章节的例证和讨论说明了这样一个问题：技术实力雄厚对企业的生存和发展至关重要，而且对市场和财务状况的良好理解和把握也是相当关键的。人们有理由怀疑企业具有永久的竞争优势和能力，无论这些企业目前在国内或国际上如何强大。事实上，选择较长时间跨度的企业作为考察对象的目的之一，是易于通过类比对目前发展较好的企业进行审视。同时，显而易见的是技术变化对目前居于领导地位的大企业的挑战，几乎没有或根本没有一致答案，这主要取决于企业及其所在产业的发展状况、产品种类、附加值来源以及发展的路径等。本书的图表及图例解说，对企业经营者如何处理和把握技术创新带来的机遇和相伴而生的挑战是有帮助的，甚至还具有启发意义。

要提高和延长企业盈利产品的生命周期得依靠企业本身。这代表了企业重要的现金流和与现有消费者的重要联系。消费者和用户为企业将来的产品提供融资，而企业经理人则时刻不能忘记产品的技术创新。企业管理层通常总是陷入两难境地：一是保持原有产品的竞争力；二是着眼于未来市场的产品。积极着眼于未来市场的产品有高估新产品市场潜力和低估其成本的风险。因此，管理层必须把握好渐进式创新和突破式创新两者间的平衡。显然，理解和控制这种倾向有助于成为最终的赢家而不是输家。

此书也为创新企业的缔造者提供了重要的经验和参考，开拓新产品领域的新公司需要创造性地学习和借鉴其他的产业和公司的成功经验。我们看到，新领域的成功者总是富有经验和灵活性的，他们善于把产品的最初形态与不可预料的市场需求和机会紧密结合，并且善于用缜密且系统的方式来考虑创新的发展。正如我们所见，企业在发展过程中必须能够从多个方向确保战略迁移的能力与思想准备。企业家必须为企业着眼于全球市场和与同行业最强劲对手竞争作好准备。然而，各种例证表明，企业越大，企业组织体制越完备，所面临的困难就越大。这些企业必须时常更新，甚至重新创造市场。本章将着重探讨两个问题，首先，对现有产品进行不断的改善和更新，以及如何激励持续的渐进式创新问题；其次，总结在第 9 章所提到的企业因突破式创新而面临的挑战问题。

现有产品的持续性更新

渐进式创新对经济发展和市场竞争都是至关重要的。我们知道，打字机行业的领先者凭借其技术优势和低成本的规模经济效应而在其行业保持了近半个世纪的领先地位；渐进的产品改善提高了电灯的效率，同时流程及工艺的改善使生产成本降低至原来的 1/100；同样，制冰业在其前 30 年也显著提高了生产效率。这些日积月累的渐进式创新使打字机、电力照明和冷冻从奢侈产品变成企业和家庭的普通消费品，平板玻璃、摄影胶卷和再生纤维以及其他无数的产品都有着类似的经历。

成功的持续渐进式创新要求产品和工艺达到高度一体化。当威廉·艾博纳西和我最先提出这一观点时是十分新颖的，目前已在制造行业并行工程和设计中得到了广泛应用，而且，工艺先进往往能使产品，特别是产品可靠性和成本得到进一步改善，渐进式创新的领军企业有必要坚持不懈地重视产品和工艺性能，并致力于从各方面来改善产品和流程及工艺性能。节约源于更有效地使用原材料、能源和劳动力资源，但也经常是减少产品复杂性和流程及工艺步骤以及产品部件数量的结果。寻找简单方式来做复杂工作（如使用氩气替代灯泡中的氧气）和产品使用的简化（如伊斯特曼的预装胶卷相机）有可能产生增值效应。

重新焕发企业的生机与活力并不局限于技术选择或有效的研发活动，企业需要比实际运用多得多的创新。正如路易斯·布兰斯科姆（Lewis Branscomb）所言：

> ……必须掌握和理解技术，必须减少技术应用到实践的流程环节，必须通过有效的生产工艺来支撑技术，并将技术导入市场。然后，需要恰当的辅助资产、有效的销售渠道和响应消费者的服务来支撑和维持市场。然而，即使看到其他企业——有时是其他国家通过渐进式的功能创新、成本降低、质量优异和更好的营销和服务争夺了大量市场份额还是不够的，因为许多创新产品已找到了强劲的早期市场。

过去十年中商业领袖们采用了各种各样的灵丹妙药去维持他们所在企业的市场领导地位。例如，通过确定适当的企业规模和集中度、削减管理层级、项目团队化、实施全面质量管理（Total Quality Management）和精益制造，以及抢占时间等争取竞争优势。然而结果是，如今企业发展已相当滞后于销售和生产率的提高以及盈利性。尤其是最近，人们要求经理人多听听消费者的呼声，要求产品迎合大众需求。尽管以上每一种方法对支撑和发展企业都有作用，并且许多方法还具有显著效用，但是这些方法的效用非常有限，这些方法只能在一段时间内帮助企业在现有市场发挥效用。割裂地单独考察一种方法几乎没什么作用或存在的价值。

查理·贝登·弗勒（Charles Baden-Fuller）和约翰·斯托普福德（John Stopford）建议，企业管理者应把针对变化而采取的每一个行动视为战略阶段中的一步。尽管一个组织一次很少针对变化采取一个以上的行动，但是取得圆满效果的行动不会被下一个行动所抵消同样具有重要意义。因此贝登·弗勒和斯托普福德认为，企业管理者在考虑为实现战略阶梯而设计的方法时，应注意每一种方法的累积效应，而不是割裂地看待每一种方法。布兰斯科姆、贝登·弗勒和斯托普福德以及我自己都不赞成仅采用一种方法来适应技术变化。很明显，关键是要对能力和资源有深刻认识和坚持长期发展，而且更为重要的是要在两者之间保持平衡。正如我们所举的案例实证，平衡是动态平衡并且经常发生转换，实现平衡就好比骑自行车。

企业更新的一种根本方式是发展核心能力。普拉哈拉德（C.K.Prahalad）和盖里·哈默（Gary Hamel）认为，辨识和培育企业的能力，以及依托企业能力开发核心产品与竞争息息相关，同时也为组织提供了新的前景。他们还认为，高管层不应把企业视为业务组合，而应视为超越专门战略业务单元边界的核心能力组合。这些核心能力被称作"组织内的协同学习"，尤其被认为与各种生产技能和一体化的多样化发展方向的技术相协调。在普拉哈拉德和哈默看来，核心能力是基础，因为核心能力的多元化市场应用是很难模仿的，并且核心能力也为最终产品推向市场、满足消费者需求提供了物质基础。推向新市场的核心产品来自组织实力。尽管普拉哈拉德和哈默既没有提供评估企业核心能力的方法也没有提供评估的数据，但他们的观点依然是引人注目的。

选取适当的能力

巩固企业核心能力不是求得企业生存和发展的根本办法；相反，它衍生出了两个更深层次的问题。第一，企业应开拓和发展哪种核心能力？是目前拥有的还是未来期望的或两者兼顾的？曾经在制冰业极负盛名的新英格兰企业大量投资于核心能力，企业一度掌握了刻痕和切制冰块的更好方法，掌握了储冰几年的技术，以及成功地开发了能长距离运输易坏食品的技术，成本也相应从每吨10—20美元降到每吨10—20美分，从而占据了世界市场，并一度成为全球制冰业最有竞争力的企业，这些努力是必不可少的。但是，这些核心能力并不能保证企业在技术发生根本性变化时可继续生存和发展。随着机器制冰技术的应用，切割大块冰块的核心技术显得过时了，电力制冷技术的运用使原先储藏和运输大块冰块的核心技术在新式的电冰箱面前变得一文不值。

未能追赶上创新实际上是未能沿着变化和进步方向开发和集中核心能力。美国的轮胎工业是另一个核心能力的开发未沿着有潜力的方向发展而最终失败的一个例证。当美国的轮胎制造商本该谦虚学习，制造欧洲正在生产的新子午轮胎时，却继续迷恋于斜交轮胎的技术开发，并且有充分的理由认为应这样做。一是因为他们已投入可观的固定资产、配套设施和专业知识，二是因为他们的最大消费者——美国的三大汽车制造商认为子午轮胎与他们的车辆缓冲装置不配套，这也在很大程度上使他们放弃了对新技术的追求而继续沿用传统的斜交轮胎生产技术。

遗憾的是，要回答应如何选择核心能力来确保企业求得生存发展并不容易。毋庸置疑，基本的做法是参与技术迭代并尽力在迭代技术产生决定性影响之前采取行动。要做到这点，要求企业时刻注意外部技术环境的变化，以便留意到明显变化的先兆。我们已经看到，大多数企业严密地注视技术变化出现的重要先兆时，容易出错的地方往往是传统竞争者的领域。如今，大的竞争者及相似的竞争者成为今天许多企业向有活力的行业基准努力的焦点。行业基准是指企业进行变化和持续改进时极好的信息来源，但是，也许是反映技术断层的糟糕信息来源。重视模糊的、非常规的新竞争来源是有价值的，尽管这些来源是相当含混不清且难以监控的。然而，技术和市场的不确定性决定了人们不能按照清晰的规划或预测来采取行动。其他情况一样时，那些采取相应计划的人们会赢得市场竞争的胜利。变更计划是常态，并且最好的情况是，变更计划将面对比当初想象的更多的机会。选取何种能力去培养发展是至关重要的。

聚焦问题

第二个需要回答的重要问题是：企业构建核心能力范围界定的宽与窄的问题。很明显，没有简单的答案。每一个企业必须权衡广泛的技术核心能力和集中的技术核心能力的优劣。广泛的相关和不相关核心能力可以在一定程度上有效适应许多可能的技术变化，却没有鲜明或突出之处；而集中的技术核心能力往往经受不住突破式创新的冲击和影响。

解决这个问题的可能方法是利用核心能力生产多元化的产品。例如，低成本专业化生产氩气灯泡需要批量生产薄层玻璃泡的能力、嵌入细金属灯丝的能力以及制成真空和密封灯泡的能力，等等。真空管的研发成果为灯泡制造商把技术核心能力直接转换为运用无线电和电子设备提供了试验，这也为灯泡生产商提供了全新的商业市场。技术更为先进的晶体管是真空管的替代产品，晶体管的创新对真空管生产商而言，确实是技术的飞跃表现，真空管生产商也由此难逃破产劫难。一个类似的案例是新旧技术能力组合的集成电路的广泛运用使晶体管退出市场竞争舞台。

产品更新不是创造新的产业，但是，一旦突破式创新侵入现有市场，现有的企业便难逃衰退的命运，这是打字机、石油及随后的燃气照明、摄影影像和采冰业的教训。把现有技术开发得更精益也不能阻挡新企业采用新技术而抢占市场，并把反应迟钝的现有企业赶进产业历史的垃圾堆，这就是第二种类型的突破式创新。突破式创新对企业业务的重建是非常重要的，然而也是难以把握的。

尽管维持创新和市场的领先地位显然需要持续和不停的改进，但对突破式创新的考察表明，即使新的有效技术已得到显著应用，企业仍坚持保护原有产品并且更热衷于制造这些产品。

突破式创新与企业重建

作为个体，我们每个人的生命都是有限的。有一天我们会死去，但死的时间及方式几乎是不确定的。企业经理人知道，与人的寿命一样，产品的生命周期也是有限的，而且，除非是在回顾产品，否则产品的未来同样是难以预料的。一个产品可能因一个突破式创新产品进入市场并迅速垄断市场而被完全挤出市场，也可能是慢慢地退出市场，并有足够的时间去准备和研发新品。无论哪种情况，经理人都将面临艰难的决策，因为没有预先可得的答案或普适性的解决办法。

为了在之后的创新浪潮中生存下去，企业应具有重组能力，然而，有这种能力的企业并不是很多。从前面几章可以看出，产品超过生命周期后，生产该种产品的厂家能幸存下来的寥寥无几。具有讽刺意味的是，在产品选择和市场方面都相当成功的厂商也经常面临新一代产品对原产品的挑战，两代产品竞争的结果是旧一代产品很难在新一代产品市场有立足之地。依靠某一代产品占据最大市场份额的厂家很少出现于下一代产品的竞争市场。

事实很明确且残酷。然而，一些企业成功超越一代产品或流程及工艺技术而进入新一代产品生产的事实说明，并没有什么可怕的预先注定要失败的自然规律在起作用。摩托罗拉公司是这些幸运儿的典范，摩托罗拉公司成功实现了从真空管汽车收音机时代，向移动通信和计算机芯片新纪元的转化。惠普公司，20 世纪 30 年代末期还曾生产录像机振荡器和电子测试设备，但现在已是精密导航仪、激光打印机、计算机工作站、专业计算器和医疗诊断设备的全球领先者，所有这些产品都基于 40 年前难以想象的技术。

回顾产业进化和能够成功掌握几代技术产品的公司历史，我们可以看出，把研发和权衡核心技术作为成功的关键比当前的大量管理哲学和时髦话题更具有可信度。福特和柯达公司较早发展了他们进入欧洲市场和日本市场的销售能力；柯达和通用电器公司是世界上第一批建立中心实验室以更好地把握和理解自己产品功能原理的公司，这两个公司是高度重视技术核心能力的范例。百得公司和日本佳能公司已成为世界模数设计的先锋。托马斯·爱迪生和索尼的盛田昭夫（Akio Morita），尽管相差几代，但都为他们的公司确定了很高的目标，并且几十年来坚持不懈地向目标努力。当小托马斯·约翰·沃森（Thomas Watson）宣布所有的新技术研发将以固态电子学为基础时，他改变了 IBM 公司。这意味着 IBM 公司放弃一代技术和已被市场接受的产品设计，选择了人类历史上最成功的产品之一——360 系统。这些公司表现出长盛不衰特质的重要原因在于尊重人力资源与技能和对其进行的持续开发。

总而言之，一切最重要的变化均在于最高管理层重新正确评价员工，是员工建立和支撑了公司，并且具有学习和适应环境变化与挑战的能力。

现有企业中突破式创新的组织障碍

要了解为什么现有公司难于进行突破式创新，我们需要考察公司的组织行为和公司领导者的优先问题。拥有旧一代产品并带来丰厚利润的企业常比无经验的新企业更为保守，更重视对风险的规避。企业的规划人员和分析师，以及评价委员会和管理者都在保护现有的产品和技术，对可能发生的变化引起的相关风险加以识别和测度。企业越发展，总经理就越有必要起到守业者而不是创业者的作用。给企业带来利润的产品必须得到精心培育，以便为股东和员工继续带来利润。总经理们常把他们自己当成是尽职的仆人，在许多方面他们只是实施聪明的选择。试图挤进这个产品市场的新厂家和没有强劲竞争力的厂家都将因此而失败。因此就这一点而言，适度的保守通常是有价值的。

我们看到托马斯·爱迪生，其由接受变化和新思想的发明家，变成了一个抵制变化的保守者——在交流电和金属灯丝这个案例中便可见一斑。类似的例子是亨利·福特，他的 T 型车创新和同步装配线生产创新使他成为当时美国最富有的人，然而他强烈反对把 T 型车改换成 A 型车。因为他相信他已使汽车完美无缺了。实际上抵御某个概念是对的，而抵御另一个概念却是错误的。福特的流程及工艺创新使他的企业得到了几十年的发展，福特在流程及工艺思想上取得了巨大成功，而在极力保护产品方面他却失败了。福特的故事为这两方面提供了最好的例证。

正是这些人为和组织因素所导致的错误使以前的创造者变成了抵制变化的保守者。在一个稳定的、有效率的但保守的组织体系里，改善现有技术、产品和流程及工艺是大有前途的，然而这些行为常被视作困难的、不可预测的和冒险的分裂行为；而渐进式创新则被认为能更快地产生可靠且更具有预测性的结果。具有讽刺意味的是，曾经采用突破式创新为企业带来好运的许多企业现在都想方设法给这些类似的突破式创新设置种种障碍。事实上，一些企业对有利可图的投资项目采取了否决的态度。他们常说"这太冒险了""这个项目的现金流太小且回报率太低"或"投资项目的市场规模太小"，等等。不及时采取方法取代市场上已衰败的产品只能是暂时的，因为继续使用原来的生产线会置企业于更大的风险之中，从而使企业失败的可能性加大，仅采取渐进式创新，又没有为企业的未来发展做规划准备，那将不可避免地加速企业的消亡。

因此，现有企业几乎不会反对任何渐进式的创新，但渐进式创新所获得的阶段性成功往往让企业管理层步入陷阱。依照唐纳德·弗雷的观点，当突破式创新似乎具有可行性时，持续的渐进式创新会使经理人产生近视效用。弗雷认为，保持几十年成功之后，首席执行官们易变得官僚且更容易坚持流程及工艺导向，同时把企业的核心业务和技术能力视为既定的，有着类似背景的董事成员又加强了这一趋势。正如弗雷所说："成功的首席执行官是一种官僚化选择的产物，其选择依据缺乏合理性。当企业在主营业务生命周期的后期陷入困境时，企业的首席执行官根本没有能力去把握未来还不明晰的机会，他们的分析工具也不能预测充满不确定性的未来。"为了求得生存和发展，尽管在未来还是不明朗时，企业仍须时刻研究和把握出现的新机会。

阿诺德·库帕（Arnold Cooper）和克雷顿·史密斯（Clayton Smith）最近考察了受突破式创新活动威胁的 8 个行业中 27 家企业时发现，这些企业的优势未必能在任何情形下，提供进入新的领域需要某些新的技能和新技术的优势。更为重要的是，现有企业倾向于把新旧技术和产品紧密纳入旧体系之中（如晶体管被视为真空管的分支）。这常常导致一种心猿意马、三心二意的状态，而不是全心全意地为进入新技术领域而努力，即使现有企业是新技术的早期进入者时也是如此。通常，新产品有必要纳入现有战略之中，无论老产品多么适应现有战略或新产品多么不适应。从第 9 章的研究和本章的研究来看，该结论并不让人惊讶。在 27 家企业中只有 7 家是成功的。有意思的是，这 27 家企业在受到创新的威胁时，都作出了进入新技术领域的决定。但是，组织障碍和思维及行动方式制约了他们。

难以评估投资于突破式创新的前景

医学上有一句格言："勿将状况良好的病人送进手术室。"现代商业中有一句相类似的话："当你运气正佳时，不要作出改变。"同样，把钱投资于对现有盈利产品有潜在破坏性的技术研发被视为是反生产力的，是"搬起石头砸自己的脚"，是把渐进式改进现有业务的资金投到了错误的地方。显然，这是斜交轮胎企业面对欧洲子午轮胎技术可能进入美国市场时遇到的问题。

贴现现金流分析的数学逻辑是另一个重要障碍。净现值是评估投资项目的重要指标，近期收益概率较大的投资项目常常能通过净现值指标的检验和评估；而具有长期收益，但很多具有不确定性的投资项目，则往往经不起净现值指标的检验。因此用净现值作为考察指标时，渐进式创新投资项目比突破式创新投资项目更符合经济理性。预测渐进式创新投资的成本和收益比预测突破式创新投资更容易，数据也更可靠，而着眼于长期的突破式创新投资的收益和成本较难预测，并且所得数据也令人怀疑。在前面介绍皮尔金顿公司大量投资于浮法工艺技术制造平板玻璃时，我们提到过那些必须公布业绩的上市企业（这样做的目的在很大程度上取决于分析师和股东们）在大量投资方面受到限制，否则，企业的命运将押在未经验证的技术上。

投资于渐进式创新项目有可能在短期内给企业带来可观的利润，但一旦市场遭到毁灭性打击，渐进式创新改变不了企业破产的命运，自然也就谈不上具有长期生命力了。这些企业跟前文所说的燃气照明工业，新英格兰的制冰产业以及其他未能成功实现技术跃迁的企业一样难逃厄运。

零敲碎打方式在未来的失效

把技术断层比喻为一道现在与未来之间的鸿沟是有意义的。一边是现有技术及使用现有技术的企业，另一边是突破式创新的新技术及其拥护者和处于萌芽状态的潜在市场。通常而言，前者代表产业的现状，后者代表产业的未来。意识到危机存在，代表现有产业的企业须想办法跨越鸿沟，否则将被淘汰出局。然而什么是跨越鸿沟的桥梁呢？代表现有产业的企业将采用如下方式跨越鸿沟，迈向未来：

● 项目研发和技术的多元化组合。

● 收购、兼并、联盟与合资。

● 双重战略。

管理创新活动的一种组合方式是依照可预测的收益对创新前景做优先级排序。这样做的结果是：把很大的精力放在逐个考虑产品和流程及工艺的微小改进上，依据财务业绩判断每项改进，因此，没有充分考虑企业面对变化时应有的长期优势和能力。

兼并和收购经常达不到满意的结果。当大企业为获取技术而兼并创业型企业时，大企业常常并未从兼并中受益。因为创业型企业最重要的资产是创业者的头脑，而创业者常常因为不适应兼并后的、令人窒息的"大企业"环境而迅速离开。将具有互补优势的企业组成企业联盟和合资企业与焕发现有企业生机和活力的初衷同样相去甚远。特别是对技术小企业与大的现有企业来说，这种解决方式具有明显的动机。每一个企业都拥有另一个企业想方设法获取的某种东西，技术产品产业里的新企业相对现有企业而言，其产品和技术常常更靠近于发展前沿，而现有企业拥有的资金、制造和销售的经验与优势，新企业则几乎没有。从表面上看，这样完美的联姻存在弱点，因为各方之间的企业文化差异太大。新企业通常是创业型的，没有组织控制的负担；现有企业则恰恰相反。这些差异有可能伤害企业联盟和合资企业的利益；企业联盟也不可能纠正弗雷所说的管理状况缺陷。更为重要的是，大企业常以联盟和合资作为自己缩减研究人员和削减费用的借口。企业联盟可能是有价值的，但它不可能是激发企业生命力的灵丹妙药。只有当经理人承诺更新企业业务并坚持不懈时，现有企业才有机会取得新的成功。

双重战略在第 9 章 Sun 系统公司和 DEC 公司的案例中已提到。DEC 公司既着重强调当前顾客需要同时转移到一个更为现代的计算机化构造的双重战略并未证明是令人满意的。双重战略也给企业带来了破坏企业内既存势力的危险，成为为实力和稀缺资源而竞争的不同战略的一种。双重战略实际上是把两只脚分别踩在鸿沟的两边，即使在最佳状况下，这种方式也显然不能持久。

建立独立部门与联盟，为技术断层搭桥

前面章节已清楚地告诉我们，企业为自己的生存和发展需要不停地拼搏和奋斗，而且在下面两种情况下，企业生存也面临着挑战：第一，产品或流程及工艺技术的流动阶段。例如，在北美地区曾经约有 80 家手动打字机企业为生存而斗争。第二，两次技术浪潮的转折点。现存的手动打字机企业必须完成向电动打字机的跳跃，然后再由电动打字机升级为目前以计算机为基础的文字处理。每次考验都使产业中的参与者减少一些，并向其他参与者打开了大门，每次考验对长期生存都是不利的。

为适应市场变化和技术断层，企业需要不断更新改造。尽管许多企业在考验面前失败，但有些企业成功地经受住了考验。这些企业能不断推出有市场生命力和特色的新产品，而许多企业失去了开发新产品的持续能力，缺乏这种能力就意味着缺乏保持成功的竞争力。现有企业的主要难处显现在，当突破式创新侵入和抢占他们的市场时，他们不愿放弃老产品和接受新产品。较强的产品研发能力不一定确保企业获取商业利润，恰如其分的各种技巧和能力的组合，包括设计和制造产品、理解消费者的需求以及配置资源，才是保证企业赢利的重要因素。因此，企业更新的一种可行性战略可能应该是以已有市场营销和资源配置为基础来更新企业产品，另一种可行性战略应该是通过增强产品研发和生产制造的优势去争取新市场。

为迎接挑战而把企业原本相分离的部门组织起来也仅能解决部分问题。许多案例都表明，现有企业通过自己积极的组织行动在突破式技术创新所创造的市场上站稳了脚。在对待技术断层时，组织灵活性和企业家精神具有的流动阶段特性是必要的，现有的大企业经理人既可以选择建立独立运营的部门，也可以选择与小企业组成战略联盟。这些小企业是新技术开发的先锋。

库帕和史密斯发现，尽管大企业设立个别组织以追踪突破式创新的情况极少，但其他问题时常出现。这些问题包括组织的各单位与各管控新事业所需关键支持和经验的隐蔽企图之间的强烈冲突。威廉·汉密尔顿（William Hamilton）和哈勃·辛格（Harbir Singh）在对企业能力与新兴技术关系的研究中发现，现有企业和新创立的企业都不具备开创革命性技术所需的能力，至少在初期阶段是如此，两类企业的能力随着时间而增强。具有讽刺意味的是，根据汉密尔顿和辛格的阐述，在早期阶段，这些竞争对手的能力是高度互补的，现有企业拥有丰富的资金、市场营销和制造资源，而新兴企业一般拥有更好的技术方案，建立联盟，双方会相得益彰。对以上提出的联盟问题，我们有必要去认识和面对。

第1章描述了IBM公司是如何通过设立远离企业总部的独立核算业务单元成功地进入个人计算机市场的。我们随后在本书中看到的是金牛座小组使福特汽车公司的名声大振。通用汽车公司如何通过土星汽车进入小轿车市场。在每一个案例中，要培育出进入所选定市场的能力，取决于创造出指令明确、员工和委员会有大量自主权以及母公司干预少的组织。

然而，组织独立并不总是带来成功。施乐公司试图借助于它的施乐帕洛阿尔托研究中心（PARC）来更新自身就是一个著名的案例。施乐帕洛阿尔托研究中心是"发明"天才的一个典范，确实为先进的个人计算机、传真机、以太网（互联网的前身）和激光打印机奠定了技术基础。但这些天才的思想几乎与施乐的商业利益无关。许多人发现，通向市场的路是由新企业铺设的。

总　结

创新不只是企业技术专家的事，它也是企业所有主要职能领域工作人员的工作。企业的各职能领域对突破式创新的支持离不开来自企业管理层的胆略和坚持不懈的管理。面对突破式创新，企业经理人所承担的责任，绝对不亚于企业重建。

企业的成功与创新的程序步骤关系不大，除非能使企业员工恰当地开展工作，并赋予他们充足的资源以及为新思维和冒险提供激励的环境。要使突破式创新活动得以产生，就必须放松传统的组织管制。从长期角度和收益的不确定方面考核，应对资本预算程序进行重新评价。对使责任过于分散的委员会体制和组织要求必须加以制止。投资者要能良好地把握企业的新发展方向，必须牢记高回报往往伴随着高风险。而且，新企业总是不可避免地冲破资源约束，竞争者为了确立优越的竞争地位，要以牺牲曾经红极一时的产业领导地位为代价。重视已有的市场需求，虽能保证进入的新领域会有助于适合老产品的现有战略，却不利于新领域或对新领域造成损害。为确保商业成功，至少应同等程度地权衡和重视创新对新旧业务领域的作用。

务必不要低估领先地位的重要性。历史学家阿诺德·托尼贝（Arnold Toynbee）在其著名的《历史研究》（*Study of History*）中总结道：当让历史舞台上涌现出来的卓越领导人面对他那个时代的外部入侵者或内部衰败的挑战时，文明的衰落通常会得到控制或发生逆转。对托尼贝而言，"挑战及应对挑战的反应"是一个动态过程，经过这一动态过程，过去伟大文明的财富才得以继承和发扬。同样的道理，现有企业的经理们发觉，自己长期以来的优势和生存面临来自突破式创新侵入或企业核心业务衰落的威胁。无论威胁属于哪一种情况，最终结果都是一样的：他们不再拥有满足传统市场需求的能力。因此摆在他们面前的路只有两条，要么为现有产品寻找新的市场，要么更新改造自己。

对新企业而言，突破式创新是新企业进入该领域市场的唯一机会，并能使新企业在存在现有强大竞争对手的情况下成长。但是，最初的新产品往往是粗糙的，而且很贵。因此，实力强大的企业常常忽视这些新进入者，因为客观地讲，初期的威胁不值一提。然而，新企业敏锐而富有经验，依托研发新技术找到了恰当的市场空间而得以快速成长和发展。对现有企业而言，放弃老产品和技术的研发与生产显然是愚蠢的。新型企业要发挥重要作用还需要较长时间，因此，保持现状利大于弊。只有当预计现有市场和业务会蒙受重大损失时，企业才会开始转变。不过在刚开始的时候，对市场上的重点企业来说，常常认为发生这种转变是不可能的和难以置信的。我们不能判别和预测哪些威胁将会发挥作用，但本书的案例和事例表明，技术变化最终甚至能摧毁最强大的产品和商业战略。因此现在的中心问题不是这些威胁发生的时间和方式，而是肯定将要发生。只有拥有这样的认识才能为企业在技术断层上架起桥梁，因为只有全力以赴地把握创新时机，企业才会长盛不衰。

读书笔记

读书笔记